옥 한 흠
은 혜 의 발 걸 음

옥한흠, 은혜의 발걸음

초판 1쇄 인쇄일 2010년 9월 20일 • 초판 1쇄 발행일 2010년 10월 2일
엮은이 크리스채너티 투데이 코리아
펴낸이 김명호
펴낸곳 도서출판 국제제자훈련원
기획책임 이상화 • 편집책임 김은홍 • 편집 박동욱 유성문
디자인책임 신희수 • 디자인 나유진 안윤정 정선형
마케팅책임 김석주

등록번호 제22-1240호(1997년 12월 5일)
주소 (137-865) 서울시 서초구 서초1동 1443-26
e-mail dmipress@sarang.org • 홈페이지 discipleN.com
전화 (02)3489-4300 • 팩스 (02)3489-4309

ISBN 978-89-5731-498-2 책값은 뒤표지에 있습니다.

옥 한 흠
은혜의 발걸음

* 이 책의 수익금은 은보 옥한흠 목사 기념사업을 위해 전액 사용됩니다.
* 이 책에 실은 사진의 저작권은 국제제자훈련원, 교회갱신을 위한 목회자 협의회, 사랑의교회 디지털사역실, 사랑의교회 커뮤니케이션실, 크리스채너티 투데이 코리아, 한국기독교목회자협의회가 관리합니다.
* 이 책에 실은 인용문들은 옥한흠 목사님의 설교, 강연, 저서, 인터뷰에서 발췌하였습니다.

故 은보(恩步) 옥한흠 목사님을 기리며

● 차 례

프롤로그	김명호	8
감사의 글	오정현	10

강명옥 전도사 · 사랑의교회 　　　　　　　　　14
고명진 목사 · 수원중앙침례교회 　　　　　　　20
고직한 선교사 · YOUNG2080 대표 　　　　　　22
권성수 목사 · 대구동신교회 　　　　　　　　　26
권영준 교수 · 경희대학교 　　　　　　　　　　32
김경원 목사 · 서현교회 　　　　　　　　　　　38
김덕룡 특보 · 대통령실 　　　　　　　　　　　44
김병삼 목사 · 만나교회 　　　　　　　　　　　48
김원배 목사 · 예원교회 　　　　　　　　　　　54
김장환 목사 · 극동방송 이사장 　　　　　　　　60
김정영 선교사 · 캄보디아 　　　　　　　　　　62
김진경 총장 · 연변과학기술대학 　　　　　　　70
말콤 맥그리거 총재 · SIM 국제선교회 　　　　74
박광석 선교사 · 시에라리온 　　　　　　　　　80
박성규 목사 · 부전교회 　　　　　　　　　　　86
박성수 회장 · 이랜드그룹 　　　　　　　　　　90
박용규 교수 · 총신대학교신학대학원 　　　　　94
박원순 변호사 · 희망제작소 상임이사 　　　　98
박은조 목사 · 샘물교회 　　　　　　　　　　100
박응규 교수 · 아세아연합신학대학교 　　　　104
박정근 목사 · 영안교회 　　　　　　　　　　108
박정식 목사 · 은혜의교회 　　　　　　　　　112
박종화 목사 · 경동교회 　　　　　　　　　　118
박진석 목사 · 포항기쁨의교회 　　　　　　　120
반기성 목사 · 꿈이있는교회 　　　　　　　　124
방선기 목사 · 직장사역연구소 대표 　　　　128
방지일 목사 · 영등포교회 원로 　　　　　　134
배창돈 목사 · 평택대광교회 　　　　　　　　136
백성호 기자 · 중앙일보 　　　　　　　　　　140
백화종 부사장 · 국민일보 　　　　　　　　　146
손봉호 장로 · 서울대학교 명예교수 　　　　152

손인웅 목사 · 덕수교회	158
송태근 목사 · 강남교회	162
신재원 목사 · 새춘천교회	168
오덕교 목사 · 합동신학대학원대학교 전 총장	172
오정호 목사 · 새로남교회	174
요한 루카시 목사 · ECMI 회장	178
용첸파 주교 · 호주 성공회	184
윤형주 장로 · 온누리교회	188
이동원 목사 · 지구촌교회	194
이만열 장로 · 전 국사편찬위원장	200
이선민 기자 · 조선일보 문화부장	208
이성구 목사 · 구포제일교회	212
이찬수 목사 · 분당우리교회	218
이태웅 목사 · 글로벌리더십연구원 원장	224
이한의 목사 · 은항교회	230
이혜훈 국회의원 · 한나라당	236
이화숙 교수 · 연세대학교 법학전문대학원	240
정제순 선교사 · 아시아언어문화연구소 소장	248
정필도 목사 · 수영로교회	254
조용기 목사 · 여의도순복음교회 원로	258
조지 버워 박사 · 국제OM선교회 설립자	260
조현삼 목사 · 서울광염교회	264
주철기 사무총장 · 유엔글로벌콤팩트 한국협회	268
지형은 목사 · 성락성결교회	272
최종상 선교사 · 전 둘로스 선교선 단장	278
최홍준 목사 · 호산나교회	286
하용조 목사 · 온누리교회	290
한명수 목사 · 창훈대교회 원로	292
한완상 장로 · 전 부총리	296
한태수 목사 · 은평성결교회	300
허원구 목사 · 산성교회	304
홍정길 목사 · 남서울은혜교회	306
황병구 편집위원장 · 월간 〈복음과상황〉	312

에필로그	이상화	318

프롤로그

시골 마을 어귀마다 커다란 느티나무가 한 그루쯤 서 있는 것을 보셨는지요? 그 나무가 만들어 주는 그늘 밑에 평상이 몇 개씩 놓여 있고 동네 사람들이 모여 앉아 부채질을 하며 두런두런 이야기 나누는 모습을 쉽게 볼 수 있습니다. 느티나무는 언제나 큰언니의 넉넉한 마음같이 마을 사람들을 품어 줍니다. 느티나무 그늘 아래서 사람들은 기쁘고 또 슬픈 삶의 이야기를 나눕니다. 아이들은 이 나무 밑에서 마을이라는 공동체를 경험합니다. 마음껏 뛰어노는 가운데 성인으로 자라갑니다. 옥한흠 목사님을 생각하면 그런 느티나무가 생각납니다. 목사님은 사랑의교회라는 지역교회의 담임목사를 뛰어넘어 다양한 영역의 수많은 사람들이 기대고 쉴 수 있는 그늘이었습니다.

목사님의 이름 뒤에는 늘 '제자훈련'과 '교회의 일치와 갱신'이라는 수식어가 따라다닙니다. 이런 수식어가 늘 진지하고 다루기 쉽지 않은 주제임에도 불구하고 목사님과 함께 진정한 제자도를 추구하며 한국 교회의 미래를 걱정하는 사람들이 모여들었습니다. 그 그늘 아래서 함께 소망의 꿈을 꾸며 실천하기 원하는 동역자와 제자들이 만났습니다. 보수와 진보의 틀을 깨고 열린 보수와 열린 진보가 만났습니다. 비록 아직 허물과 흠이 많음에도 거룩을 위해 고민하며 몸부림치는 젊은이들이 찾아왔습니다.

그들이 만났던 옥한흠 목사님의 이야기가 듣고 싶었습니다. 겉으로 드러나고 치장된 모습이 아니라, 흐트러지고 방심한 순간에 엿보인 옥한흠 목사님의 인간적인 모습을 보고 싶었습니다. 격의 없이 삶을 나누었던 친구들에게서 목사님과 수십 년간 동역하면서 남들이 볼 수 없었던 진솔한 삶의 이야기를 듣고 싶었습니다. 그래서 목사님의 지인들께 그런 이야기를 들려 달라 부탁하여 모은 글들을 정리했습니다.

일흔두 해 옥한흠 목사님의 삶은 우리의 기대와는 달리 너무 아쉽게 마무리되었습니다. 하지만 여기까지가 끝이 아니라 믿습니다. 어쩌면 목사님의 삶과 사역은 저 멀리 바닷속에서 일어난 한 번의 지진과 같을지 모르지만, 시간이 지나면서 강력한 쓰나미와 같은 힘으로 우리와 다음 세대에 영향을 끼칠 것이라 믿기에 그분의 이야기를 모아 보았습니다. 목사님의 삶의 편린이 서로 이어져 더욱 깊이 만나고 이해할 수 있기를 바랍니다. 그리고 목사님이 꿈꾸셨던 하나님의 나라와 교회를 함께 바라보며 동역할 수 있기를 소망합니다.

김명호 목사 · 국제제자훈련원 대표

감사의 글

'은혜의 발걸음'을 좇아

옥한흠 목사님의 천국환송예배를 드린 후, 지난 한 주간은 목사님의 삶을 다시 돌아보면서 되새김하는 시간이었습니다. 목사님에 대한 그리움 속에서도 생각의 밑바닥에서부터 공명을 일으키며 가슴을 가득 채우는 질문들이 있었습니다. '옥 목사님의 심중에 가장 깊이 자리 잡고 있던 것은 무엇이었을까? 마지막 강단으로 알고 말씀을 전하셨다면 무엇을 가장 외치고 싶어 하셨을까? 목사님의 생애를 한 단어로 표현한다면 어떻게 말할 수 있을까?' 많은 생각과 단어들이 스쳐가는 중에 단연 '복음'과 '진정한 복음주의자'라는 단어가 선명하게 기둥처럼 떠올랐습니다.

목사님의 삶을 어떤 각도로 재든지 그 공통된 단어는 '복음'일 것입니다. 목사님의 사역은 복음으로 시작하고 복음으로 마친 생애였습니다. 목사님의 제자훈련 강의를 들은 사람들의 뇌리에 각인된 '광인론'은 복음과 제자훈련에 '미쳤던' 목사님의 삶 그 자체를 보여 준 것이라고 할 수 있습니다. 옥 목사님은 일평생 복음의 매력에 빠져 그 복음을 심고 뿌리를 내리며, 복음의 열매를 맺는 일에 자신의 전부를 쏟았던 목회자였습니다.

목사님 사역의 분수령이 된 로마서 강해설교를 다시 들었습니다. 목사님은

"로마 교회는 복음을 다시 들어야 했다"고 하셨습니다. 옥 목사님은 '복음'이라는 단어를 빼고는 설명할 수 없는 존재였음을 새삼 다시 확인하였습니다.

2002년 10월 초에 강단에서 선포한 "복음만이 세상을 바꿀 수 있다"는 설교에는 "저는 오직 교회만이, 오직 복음만이, 오직 예수 그리스도만이 이 세상을 바꿀 수 있는 유일한 대안이라는 사실을 한 번도 의심해 본 일이 없습니다"라고 펄펄 끓는 복음의 열정을 쏟아내는 사자후가 있습니다. 옥 목사님을 진정한 복음주의자로 말할 수 있는 이유는 이처럼 복음만이 교회가 이 세상 모든 문제에 해답을 줄 수 있는 유일한 대안임을 믿고 삶 전체로 한결같이 말하였기 때문입니다.

알리스터 맥그래스는 그의 「복음주의와 기독교의 미래」에서 복음주의의 특징을 이렇게 요약했습니다. "성경이 가지는 최고의 권위, 죄인의 구세주로서의 예수님의 위엄과 영광, 성령의 주권, 개인의 회심의 필요성, 복음전도의 우선권, 그리스도의 몸으로서 공동체로서 교회의 중요성…." 복음주의의 이러한 특징은 진정한 복음주의자인 옥 목사님의 설교자로서의 삶, 전도자로서의 삶, 교회 갱신자로서의 삶에서 그대로 구현되었습니다.

특별히 목사님에게는 성경말씀을 전하는 설교자의 존엄성, 즉 말씀을 전하는 설교자의 지극히 엄격한 태도가 있었습니다. 그는 하나님의 말씀인 성경이 설교자에 의해서 제대로 전해지지 못하거나, 편의적으로 해석되거나, 가볍게 취급되는 것을 못 견뎌 하셨습니다. 그렇게 말씀을 대하는 설교자들에 대해서는 분노하셨다는 표현이 적절할 정도로 말씀을 전하는 설교자로서의 절대적 존엄성이 어떤 경우에도 훼손되지 않기를 원하셨던 것입니다. 여기에는 하나님의 말씀인 성경에 대한 목사님의 불꽃같은 사랑, 개인과 교회의 모든 문제의 근원적인 답으로서 말씀에 대한 절대적인 믿음, 그리고 말씀을 추호라도 사사로이 풀지 않는 칼날 같은 엄격한 자세가 뒷받침되었습니다.

목사님은 복음으로 세상을 바꿀 수 있다는 데 일생을 헌신하셨습니다. 이러한 모습은 자유주의자의 눈에는 낭만적인 복음주의자로 비칠지 모릅니다. 그러나 기독교 역사는 종교개혁이 그러했듯이 하나님 나라의 복음, 예수 그리스도의 십자가 복음만이 이 세상의 유일한 대안이요, 모든 문제를 푸는 열쇠임을 믿었던 자들에 의해서 변화되고 갱신되었습니다. 진정한 복음에는 죽음을 생명으로, 어둠을 빛으로 바꾸는 변화와 창조와 갱신의 포자(胞子)가 가득합니다. 복음의 능력은 파편적이거나 분리적인 것이 아니라 전인적이며 통합적으로 거듭나게 하는 복음의 통전성에 있습니다. 하나님의 복음으로 진정한 일치와 갱신을 이루는 이것이 옥 목사님이 그렇게 소원하셨던 교회와 개인의 세속화를 극복하는 유일한 길입니다.

이제 우리는 복음으로 한 생애 전부를 드렸던 옥 목사님의 외침에 귀를 기울여야 합니다. "복음만이 세상을 바꿀 수 있습니다. 복음으로 우리가 바로 서면 세상이 바뀝니다. 진짜 예수를 만나 변화된 우리를 세상에 보여 줄 수만 있다면 세상은 바뀝니다. 한 사람을 통해 이 세상을 바꿀 수 있는 바로 이것이 복음입니다."

진정한 복음주의자인 옥한흠 목사님을 기리는 것은 "복음만이 세상을 바꿀 수 있다"는 목사님의 외침에 온몸으로 반응하는 거룩한 다짐이요, 우리 남은 자들이 복음의 경주자로서 기꺼이 감당해야 할 감사와 기쁨의 도전입니다.

여기, 恩步 옥한흠 목사님의 '은혜의 발걸음'을 기억하는 64인이 있습니다. 이들과 더불어 우리는 모두 당신이 걸었던 그 은혜의 길을 함께 걸어갈 것입니다. 당신이 꿈꾸었던 복음으로 바뀐 세상을 바라며 그렇게 한 걸음 한 걸음 은혜의 길을 좇아 걸어 나갈 것입니다.

오정현 목사 · 사랑의교회

옥한흠_은혜의 발걸음 강명옥

1983년 2월 강명옥 전도사 신학원 졸업식에서

"하관예배를 마치며 영정 사진 앞에서 엄마와 아들들이 사진을 찍었다.
아버지와 찍은 사진이 없어서다….
둘째 아들의 말은 그날 우리 모두의 가슴을 아프게 울렸다."

지난 6월 중순경 사모님이 전화를 하셨다. "강 전도사, 괜찮으면 우리 집에 와줄 수 있니?" 평소 댁에 한번 방문하겠다고 해도 늘 괜찮다며 거절하셨던 사모님이셨다. 망치로 머리를 맞은 듯 멍한 느낌이 들었다. 왠지 모를 불안함이 가슴을 휘감았다. 급히 모든 것을 뒤로하고 댁에 들어선 순간 자책이 들었다. '아, 그동안 내가 너무 무심했구나! 아무리 거절하셨어도 자주 찾아뵀어야 하는데….' 병원에 다녀오신 후 진통제를 드시고 계속 주무시는 목사님을 지켜보던 사모님이 혼자 감당하기 어려우셨던 것이다. '아무리 오지 말라고 해도 딸이라면 이렇게 예의를 지키면서 안 찾아뵐 수 있었을까? 이젠 아무리 오지 말라고 해도 목사님과 사모님을 챙겨야겠다.'

목사님이 조금이라도 드실 수 있는 음식을 준비해 가서 함께 식사하며 이야기 나누고 웃고, 힘들어 누워 있으려고만 하시는 목사님을 억지로라도 일으켜 운동 겸해서 사모님과 함께 거실을 돌았던 일들이 이젠 먼 과거의 일처럼 느껴진다. "목사님, 힘내세요! 모든 성도들이 기도하고 있어요"라고 말씀드리면 이렇게 대답하셨다. "하나님이 가장 좋은 것을 우리에게 주실 거야. 아직도 내게 남겨진 사명이 있다면 살려 주실 것이고, 사명이 끝났다면 이제 그만 쉬어라 하시면서 데려가시면 그것도 감사하고…." 삶과 죽음에 초연하셨던 목사님을 뵈면서 바울의 고백을 생각했었다. "나의 달려갈 길과 주 예수께 받은 사명 곧 하나님의 은혜의 복음을 증언하는 일을 마치려 함에는 나의 생명조차 조금도 귀한 것으로 여기지 아니하노라"(행 20:24). 마지막을 준비해야 한다는 의사들의 말을 들으면서 밀려오는 슬픔을 사모님께 들키지 않으려고 안간힘을 썼던 것도 먼 이야기처럼 느껴지는 것은 아직도 목사님을 보내 드리지 못한 미련한 모습일지 모르겠다. 우리에게 아쉬움과 그리움만 남겨 놓고 천국으로 훌쩍 떠나 버리신 목사님을 추억하면 30년이 넘는 긴 세월만큼이나 수많은 영상들이 뇌리에 생생하게 떠올랐다가 이내 슬픔으로 번져 눈물이 솟구치는 것은 어찌할 수가 없다.

눈을 감고 계신 목사님을 사모님과 함께 흔들어 깨우면서 "목사님, 무슨 생각하고 계세요?"라고 물으면 언제나 목사님은 "내 사랑하는 예수님 보고 싶다"고 대답하셨다. 고통의 순간에도 목사님에게는 예수님 밖에 없으셨나 보다.

"내가 떠나면 집사람이 가장 걱정이다. 불쌍해서 어쩌지…" 어느 날 사모님이 부엌에서 뭔가를 준비하는 사이, 목사님은 힘없이 혼잣말처럼 울먹이며 말을 잇지 못하고 다시 눈을 감아 버리셨다. 사모님보다 성도들이 우선이셨던 목사님은 이제 떠나고 나시면 혼자 남겨질 사모님에 대한 미안함과 안쓰러움으로, 그리운 예수님을 뵈러 가시는 것이 쉽지만은 않으셨던 것 같다. 그래서 중환자실에서 25일이나 버텨 주시면서 매일 수많은 무언의 대화로 사모님을 위로하셨고 그동안 못다 해주셨던 최고의 기쁨을 마지막 선물로 사모님에게 안겨 드렸던 것 같다. 사모님은 우시며 말씀하셨다. "내가 인생을 살아온 중에 지금이 가장 행복하다. 언제든지 목사님 보고 싶으면 볼 수 있고 만질 수 있고, 멀리 있어 볼 수 없던 세 아들이 곁에 있어서 너무 좋다." 그렇다. 지금까지 사모님은 성도들에게 남편을 빼앗기고 외로운 날들을 보내셨기에 중환자실에서만은 당신의 남편으로 누워 계심을 감사히 받아들이신 것이다.

삼형제가 귀국하여 뜨거운 여름 병실이 가족 상봉의 시원함과 사람 사는 온기가 가득 차기도 했다. 사랑스런 손주의 모습도 마지막으로 보셨고, 성도들에게는 온 마음과 정성을 쏟았지만 자식들에게는 아무것도 해준 것이 없다 하시며 미안해하시던 바로 그 아들들과도 지난 이야기들을 나누셨으니, 모처럼의 행복을 사모님에게 선물로 주신 것이다.

"나는 좋은 성도들을 만나서 행복한 목회를 했다. 좋은 동역자들을 만났고 모든 것을 함께 나눌 당회원들을 만났다. 무엇보다, 나의 약점을 감싸고 받아준 좋은 아내를 만났기에 오늘 내가 있게 되었다." 목사님은 그렇게 말씀하시면서 교회가 커 가는 것을 두고 마치 내가 한 것처럼 떠들썩한 것은 정말 듣기 힘든 일이라고 하셨다. 이것이 목사님의 마음의 고백이었다. 보잘것없는 자에게 베푸신 하나님의 은혜라고 말씀하셨던 목사님은 성도들에게는 한없이 좋은 목자셨고 자신에게는 한없이 흠을 찾기 위해 채찍을 가했던 분이셨다. 그러기에 가장 가까운 사모님보다 성도들이 우선이었고, 자식들보다 주의 일이 우선이었다.

하관예배를 마치며 영정 사진 앞에서 어머니와 아들들이 사진을 찍었다. "아버지와 찍은 사진이 없어서…." 둘째 아들의 말은 그날 우리 모두의 가슴을 아프게 울렸다. 이런 완벽주의 목사님도 아들이 잘되길 바라는 아버지셨다. 큰아들이 「심리학에 물든 부족한 기독교」라는 책을 냈을 때 단숨에 다 읽으시고는 나에게 전화를 하셨다. "나보다 성호가 글을 더 잘 쓴다. 너 읽어 봤니?" 그때 목사님의 「안아주심」이라는 책이 함께 나왔는데, 인터넷에서 아버지 책과 아들 책의 검색 순위가 엎치락뒤치락 할 때도 당신보다 아들의 순위가 올라가야 행복해하셨던 아버지셨다. 겉으로 내색하지 않으셔도 가슴 깊은 곳에 아들을 향한 진한 사랑을 품고 기대하셨던 아버지의 마음을 아들들은 알고 있을 것이다.

중환자실로 내려가실 때 의사들이 사흘을 넘기기 어려울 것이라고 말해서 미리 마음의 준비를 했기 때문에 떠나시고 나면 덜 아플 줄 알았는데 정작 떠나고 난 뒤의 가슴 저미는 아픔은 어찌해야 할지…. 시간이 갈수록 그리움의 골은 더욱 깊게 파인다.

강명옥 전도사 · 사랑의교회

"가끔 강사들이 이야기할 때 들으면 가정을 중시하라,
건강을 조심하라고 말합니다. 하지만 은혜에 확 사로잡히니까
가정도 눈에 안 보이고 건강도 생각이 안 나더군요.
어떻게 하면 주님이 기뻐하는 향기로운 제물이 되기 위해서
나 자신이 젊었을 때, 아직 힘이 있을 때 더 최선을 다해서 헌신할까?
이런 생각만 들더군요. 그러니까 어떤 때는 아내의 눈에 눈물을 빼고,
자녀들로부터 불평을 듣고, 어떤 때는 건강도 해치고….
잘했다는 말이 아닙니다.
말씀드리고 싶은 것은 은혜가 이렇게 강하다는 겁니다."

'그러나의 은혜' 중에서

옥한흠_은혜의 발걸음 고 명 진

"강단에서는 청중의 반응과 필요보다는 하나님의 심정을 전달하는 데
더 민감하였고, 시대를 읽고 분별하는 예리한 통찰력으로 한국 교회가 안고 있는
문제점들을 정확하게 지적해내는, 우리 시대에 참으로 필요한 목회자이셨고,
한국 교회의 건강성을 대표하는 진정한 영적 거장이었다."

옥한흠 목사님의 소천 소식은 사랑의교회뿐 아니라 한국 교회에 큰 슬픔이다. 목사님의 빈소에 들어서는 순간, 그곳을 가득 메운 사람들이 여기저기서 흐느껴 우는 소리가 내 마음을 더욱 무겁게 만들었다. 생전에 사랑의교회 성도들은 물론 한국 교회를 그렇게도 끔찍이 사랑하셨는데….

아마도 우리 시대에 목사님만큼 우직하고 신념이 강한 목회자도 드물 것이다. 내가 만난 목사님은 성경 속 옛 선지자들을 많이 닮았다. 강단에서는 청중의 반응과 필요보다는 하나님의 심정을 전달하는 데 더 민감하였고, 시대를 읽고 분별하는 예리한 통찰력으로 한국 교회가 안고 있는 문제점들을 정확하게 지적해내는, 우리 시대에 참으로 필요한 목회자이셨고, 한국 교회의 건강성을 대표하는 진정한 영적 거장이었다.

3년 전 평양대부흥 100주년 기념대회에서 옥한흠 목사님이 하신 절규에 가까운 설교를 결코 잊을 수 없다. 설교에 이은 참회 기도에서 "한국 교회를 망친 장본인이 바로 접니다"라며 하나님 앞에서 통회하고 자복하는 모습을 보며 나도 모르게 울컥 눈물을 쏟을 뻔했다. 꾸밈없이 맑고 순수한 영혼을 지니셨지만, 진리를 벗어나는 일에는 결코 동조하거나 뜻을 같이하지 않고 단호한 분이셨기에, 그날 상암월드컵경기장을 가득 메운 성도들의 눈에 비친 옥한흠 목사님은 이스라엘의 죄악을 짊어지고 하나님을 대면하여 선 모세와 같았을 것이다. 그날 저녁, 자기 심장을 찢는 듯한 고통을 동반한 목사님의 회개의 기도가 어쩌면 하나님으로 하여금 한국 교회를 긍휼히 여기시도록 했는지도 모른다.

옥한흠 목사님은 참으로 큰 목회자셨다. 대형 교회를 일구어 내셨기 때문이 아니라, 한 영혼을 참으로 소중히 여기셨기 때문이다. 한 사람의 성도를 1만 성도 대하듯 목양하는 것이 진정으로 큰 목회가 아니겠는가? 그래서 그는 하나님과 주변 사람들에게 사랑받는 목회자로 사셨다. 예수님을 가장 많이 닮은 목회자, 예수님께서 공생애에 추구하셨던 영혼 구원의 가치를 가장 성공적으로 계승하려고 몸부림치셨던 목사님, 사랑합니다. 그리고 존경합니다. 주님 품에서 평안히 쉬소서.

고명진 목사 · 수원중앙침례교회

옥한흠_은혜의 발걸음 고직한

1954년 3월 거제 대광중학교 시절(앞줄 오른쪽에서 세 번째)

"옥한흠 목사님을 한마디로 결론지으라면
나는 그는 정녕 목회자이셨도다! 라고 말할 것이다.
마치 로마의 백부장이 그 된 일을 보고 하나님께 영광을 돌려 이르되
이 사람은 정녕 의인이었도다 라고 한 것처럼."

"아버지!" 옥한흠 목사님의 소천 소식을 트위터로 접한 순간 이 말이 내 안에서 터져 나왔다. 이때의 '아버지'는 하나님 아버지도 아니고 나의 육신의 부친도 아니다. 옥한흠 목사님이었다. 나는 여태까지 옥 목사님 앞에서나 다른 누구에게도 옥 목사님을 지칭하며 아버지라고 해본 적이 없었다. 그러나 늘 속으로는 아버지처럼 생각했다.

1978년 사랑의교회를 창립하기 위해 미국에서 귀국하신 목사님의 거처에서 몇몇 청년들과 함께 준비하며 기도하던 때가 기억난다. 그 후로 얼마 전까지 근 33년간 줄곧, 그리고 근래엔 간간이 목사님의 설교와 가르침을 받아온 나로선 내 안의 영적·정신적 기둥이 갑자기 뽑혀나간 것 같아 무척 혼란스럽다. 이런 내 마음을 표현해 주는 것일까? 태풍 곤파스가 지금 우리나라 중부를 할퀴고 있어 여기저기서 나무가 뽑히고 간판이 떨어져 나가고 대형 트레일러가 폭풍에 밀려 전복되고…. 이곳저곳에서 온통 난리다. 영적 거인의 소천을 자연도 알고 하늘도 알고 있음에 틀림이 없다.

교회 개척 당시 옥한흠 목사님이 심방을 오셨다. 어머니가 목욕 중에 갑자기 찾아오셨기에 어머니는 그 사건을 우스갯소리로 말씀하곤 하신다. 목사님은 젊은이 사역에 평생 헌신하겠다는 나를 아주 실제적으로 격려와 위로를 해주셨고 어머니에게도 그 가치를 대신 설명해 주셨다. 그래서 대학 졸업 후 내가 '이상한 일'을 하는 것처럼 보셨던 어머니도 그 후로는 내가 하는 일을 수긍하셨다. 그리곤 내가 한국기독학생회(IVF)의 간사로 사역비를 모금할 때 개척교회임에도 불구하고 재정적으로도 후하고 한결같이 도움을 주셔서 나는 평생 목사님에게 은혜의 말씀뿐 아니라 돈을 받으며 살아왔고 사역하게 되었다. 1982년 IVF의 장기연수정책에 따라 3년간 호주에서 선교사 훈련을 받고 신학 공부하러 떠날 때도 목사님은 거의 준교역자 수준으로 재정 지원을 해주셨고, 내가 호주에서 돌아온 후엔 '성경대학'의 '교수'를 하라며 새로운 명분을 만들어 도와주셨다. 그뿐인가? 사랑의교회에서 독립하여 YOUNG2080 사역을 시작할 때도 지금의 작지 않은 사역 공간을 마련해 주셨으며 지속적으로 큰 후원을 해주셔서 내가 당당하게 젊은이 사역을 꾸준히 할 수 있도록 해주셨다. 그 외에도 목사님에게 도움을 받은 일이 너무도 많아 일일이 나열할 수도 없다. 그러니 내가 목사님을 '아버지'라고 생각할 수밖에 없는 것이리라! 물론 이에 비하여 나의 효성은 정말 보잘것없어 지금 이 순간에도 목이 메어온다.

옥한흠 목사님을 한마디로 결론지으라면 나는 "그는 정녕 목회자이셨도다!"라고 말할 것이다. 마치 로마의 "백부장이 그 된 일을 보고 하나님께 영광을 돌려 이르되 이 사람은 정녕 의인이었도다"(눅 23:47)라고 한 것처럼.

그는 그 바쁜 목회 일정과 수많은 외부 요청에도 불구하고 항상 그의 방을 지키셨다. 고통스러울 정도로 설교 준비로 씨름하셨고 기도 방에 방석이 패일 정도로 눈물로 성도들을 위해 기도하셨다. "지금 이 시간이면 목사님은 목사님 방에 계실 거야!" 하면 어김없이 계셨다. 오로지 교회를 중심으로만 도셨다.

말 그대로 한 영혼 한 영혼을 그리스도의 제자로 세우기 위해서 말이다. 그래서 개척 초기 10년간 오직 선택과 집중으로 진액을 쏟아 놓아 목회에 매진하셨기 때문에 병을 얻으셨고 우리 모두에게 너무도 큰 안타까움을 남기고 소천하셨다.

"직한아! 네가 넘어진 곳에서 다시 일어나! 내가 도와줄게!" 말씀해 주시던 목사님의 음성이 지금도 생생히 들려온다! 내 인생 최대 위기의 순간, 내 첫 사명이고 평생 비전이었던 IVF에서 해직되던 날, 1991년 그 여름 목사님이 해주신 말씀이다.

그리고 나를 사랑의교회 목회자 대우를 해주시면서 학원 선교사요, 선교를 위한 동원 선교사로 임명하고 파송해 주셨다. 그래서 난 내 부르심에 따라 학원복음화협의회의 연합사역과 선교한국 운동 등을 지속적으로 섬길 수 있었다. 지금까지 나의 젊은이 사역 33년은 옥한흠 목사님의 나를 향한 목회적 배려가 없었다면 불가능했음을 나는 잘 알고 있다.

"그는 정녕 목회자이셨도다!"

고직한 선교사 · YOUNG2080 대표

옥한흠_은혜의 발걸음 권성수

2005년 9월 예장합동 제90회 총회에서

"설교는 말씀과 현실을 연결하는 것이라는 말씀부터 한국 교회가 살기 위해서는 설교자들이 설교를 놓고 많이 고민해야 한다는 말씀까지, 아직도 수많은 말씀들이 귓전에 생생하다. 특별히 설교 준비는 진통이요 설교 전달은 해산이라는 목사님의 말씀은 내 뇌리에 깊숙이 새겨졌다."

내가 옥한흠 목사님과 본격적으로 교제하게 된 것은 1989년 말이다. 제자훈련 목회를 잘하시는 분으로 멀리서 존경하고 있었지만, 그때부터 가까이서 뵙게 되었다. 목사님이 사랑의교회 설교를 잠시 쉬고 계실 때 나는 사랑의교회 강단에서 1990년 말까지 격주로 설교할 수 있었.

그때 나는 목사님이 제자훈련 목회를 통해서 가꾸어 놓으신 목회 밭이 옥토라는 사실을 발견하고 많이 놀랐다. 신대원에서 강의할 정도의 내용을 설교로 바꾸어 전달해도 교인들이 스펀지가 물을 빨아들이듯 받아들이는 모습에 놀라지 않을 수 없었다.

사실 강해설교의 대가 옥한흠 목사님이 지키시던 강단에서 30대 후반의 새파란 교수가 설교한다는 것이 여간 부담스럽지 않았다. 처음에는 설교 준비를 하면서 입맛도 없어지고 잠도 설치곤 했다. 그러나 힘들게 준비한 설교를 전달할 때 내 마음과 입술을 강하게 사로잡으시는 성령님의 역사와 달게 받아들이는 교인들의 반응을 보면서 큰 위로를 받았다.

그때 나는 성경해석의 꽃이라고 할 수 있는 강해설교의 거성 옥한흠 목사님의 설교를 성경해석의 관점에서 연구하고 싶었다. 목사님의 설교를 연구하려면 일단 설교를 들어야 하기에 양지 캠퍼스로 왕래하는 자동차에서 50편의 설교를 들었다. 목사님의 설교를 들으면서 그야말로 '은혜를 많이 받았다.' 운전하면서 춤을 추고 싶은 때도 있었고, 차창 밖으로 하나님이 만드신 산과 나무와 풀을 보면서 감격하기도 했고, 눈물을 흘리며 울기도 했다. 정말 '살아 있는 메시지'를 체험한 것이다.

목사님의 설교를 성경해석 관점에서 평가하는 논문을 마감하기 전에 목사님과 설교에 대한 대담을 나누었다. 목사님은 나의 질문에 거침없이 대답하셨다. 설교는 말씀과 현실을 연결하는 것이라는 말씀부터 한국 교회가 살기 위해서는 설교자들이 설교를 놓고 많이 고민해야 한다는 말씀까지, 아직도 수많은 말씀이 귓전에 생생하다. 특별히 설교 준비는 진통이요 설교 전달은 해산이라는 목사님의 말씀은 내 뇌리에 깊숙이 새겨졌다.

한번은 목사님과 단둘이 식사할 기회가 있었다. 그때 목사님의 진통을 보았다. 식사 중에도 설교를 염두에 두고 고심하시는 모습이 역력했다.

내가 사랑의교회 강단을 맡고 있는 동안 이상한 루머가 돈 적이 있었다. "옥한흠 목사님이 사랑의교회를 그만두시고 권성수 교수가 맡게 된다." 터무니없는 루머였다. 하지만 엉뚱하게도 그런 소문이 신학생들과 일부 목회자들 사이에 있었다고 들었다. 목사님은 그것을 의식해서인지 내게 조용하게 질문하셨다. "권 교수님, 목회하고 싶어요?" 나는 곧바로 "아닙니다. 저는 목회할 생각이 없습니다" 하고 답변했다. 내가 대구동신교회 목회를 시작한 것이 2000년이었는데, 옥 목사님의 질문을 받았을 당시에는 전혀 목회할 생각이 없었다.

나는 대구동신교회 목회자로 나서기 전에 목사님에게 전화를 드렸다. 그때 목사님은 "권 교수님, 목회가 뭔지 아세요?"라고 질문하셨다. 나는 목사님이 목회자로 나서는 나를 보며 마음이 놓이지 않으셨구나 하는 생각을 했다.

목회자이신 아버님을 통해 몸으로 목회를 익혔고 목회하는 형제들을 통해서도 간접적으로 목회를 익혔기 때문에 내가 목회를 상당히 '잘' 안다고 생각했다. 그러나 대구동신교회에서 10여 년을 목회하고 보니, 내가 옥 목사님의 질문을 받았을 때는 목회를 '정말' 몰랐구나 하는 생각을 하게 된다.

목회는 이론 지식이나 간접 체험이 아니라, 온몸과 온 마음으로 부딪히는 삶의 체험이다. 목회는 간혹 처절한 고통으로 몸부림치기도 하지만 거의 항상 주님의 은혜 때문에 감격스러워 견딜 수 없는 삶의 체험이다. 이것을 깨닫고 보니, 완벽하신 제자훈련 목회자, 예수 그리스도를 가장 많이 닮은 제자훈련 목회자 옥한흠 목사님이 목회 초년생이었던 나를 보고 얼마나 안타까우셨을까 하는 생각에 부끄럽기도 하다.

목회를 하면서 옥한흠 목사님과 그의 제자훈련 목회철학을 알게 해주신 하나님께 늘 감사하고 있다. 목사님의 제자훈련은 목회의 '새로운 패러다임'이다. 내가 목사님의 제자훈련 목회를 모른 상태에서 지난 10년 동안 목회했더라면 어떻게 되었을까 생각하면 지금도 아찔하다.

대전중앙교회에서 개최한 합동측 제90회 총회 때 대다수 총대들이 이단성 있는 모 교회의 영입을 막기 위해 협력할 때, 옥한흠 목사님을 비롯해서 뜻있는 총대들이 자주 모여 회의했던 기억이 난다. 내가 문제 교회의 이단성을 성경적·신학적으로 논증해야 한다고 발언하자, 목사님은 이단성 논쟁을 시작하면 상대방에게 말려든다고 말씀하셨다. 이단 논쟁은 끝없이 진행될 수 있기 때문에 최종 결정을 내리지 못하게 된다는 것이었다. 목사님은 그런 말씀을 하시면서 내게 총신 교수회가 발표한 내용을 그대로 받아들이도록 발언해 달라고 당부하셨다.

나는 총회 회의장에서 '한 번 발언하고 테러를 당하느냐, 아니면 입을 다물고 장기 목회를 해야 하느냐' 하는 문제로 고민을 많이 했다. 그러다가 나가서 총신 교수회가 발표한 내용을 받아들여야 한다는 발언을 했다. 그리고 나는 금요 집회 때문에 대구로 내려와서 옥한흠 목사님이 그 문제를 매듭짓는 발언을 하시는 것을 동영상으로 보고 마음을 놓았다. 하나님의 은혜로 그 문제가 일단락되어 얼마나 감사한지 모른다. 나는 그런 경험을 통해 목사님의 현실적인 지혜와 판단에 다시 한 번 감탄하게 되었다.

나는 설교학 강의를 하면서 옥한흠 목사님의 제자훈련 목회를 성공으로 이끈 가장 큰 동기유발의 동력이 무엇일까 생각해 보았다. 그것은 목사님의 설교라는 판단이 생겼다. 설교로 '은혜'를 끼치지 못한 상태에서 교인들을 제자훈련으로 몰고 가면 교인들은 부담을 느끼고 심지어 역정을 내기도 할 것이다. 목사님이 강해설교로 은혜를 끼쳤기 때문에 사랑의교회 교인들이 제자훈련을 달게 받고 예수님의 제자가 되었다고 생각된다.

나는 이런 측면에서 설교가 제자훈련의 가장 큰 동기유발 동력이라는 것을 책으로 밝히고 싶어서 「성령설교」라는 책을 썼다. 집필을 완성한 후 목사님에게 전화를 드려 국제제자훈련원 출판부에서 그 책을 출판하고 싶으니 허락해 주십사고 부탁을 드렸다. 목사님은 기꺼이 허락해 주셨다.

2010년 4월 18일 사랑의교회 주일예배에서 설교하기 위해 토요일에 서울로 올라가서 목사님께 안부 전화를 드렸다. 사모님이 전화를 받으시면서 "옥 목사님이 전화 받으실 형편이 안 됩니다" 하셨다. 그때 '목사님의 건강이 매우 안 좋으시구나' 하는 생각을 했다. 4월 18일 주일 1부 예배 직전에 목사님이 잠시 내게 찾아오셔서 인사를 하셨는데, 많이 초췌해 보였다. 식사도 제대로 하시지 못하신다는 말씀을 듣고 마음이 많이 아팠다.

예수님에게 미친 예수님의 광인(狂人)으로 예수님의 생명을 전수하는 예수님의 장인(匠人)이 되신 옥한흠 목사님! 큰형님처럼 늘 내게 큰 버팀목이 되신 분!

한국 교계와 세계 교계에 예수님의 인격을 닮아 예수님의 사역을 감당하는 것이 무엇인지 이론과 실제로 가르쳐 주신 훈련의 거장! 옥한흠 목사님은 자정(自淨) 능력을 상실한 한국 교회에 제자훈련 목회를 통해 항상 개혁과 갱신과 부흥의 희망을 불어넣으신 분이다.

이제 옥한흠 목사님의 인품과 사역을 회고해야 할 시점에서 마음이 몹시 아프지만, 목사님이 그렇게도 사랑하고 사모하시던 예수님과 '한 집에 사시는' 것을 믿음의 눈으로 바라본다. 멀지 않은 장래에 그곳에 가서 나도 가슴 아프게 사랑하고 사모하는 예수님을 만나 뵈면서 동시에 '큰형님' 같은 옥한흠 목사님도 만나 뵐 것이라는 희망을 품고 새삼 제자훈련 목회에 더욱 충실해야 하겠다는 다짐을 해본다.

권성수 목사 · 대구동신교회

옥한흠 _ 은혜의 발걸음 권영준

2000년 2월 '유권자 다짐 천만인 서명운동' 발대식에서

> "워낙 자기과시를 경계하며 겸손한 분이셨기에,
> 생전에 성도들이 공유하지 못했던 목사님의 진면목이 소천하신 후에야
> 곳곳에서 드러나는 것이 안타깝기도 합니다. 하지만 어쩌면 그것이
> 진정 목사님다운 자연스러운 모습이 아닐까 싶기도 합니다.
> 목사님의 진면목은 여전히 대부분 '한 사람 철학'에서 드러났습니다."

존재만으로도 행복하고 위로가 되었던 스승, 옥한흠 목사님! 이제는 그 존영의 기억만 남기고 영원하신 주님의 품으로 들어가셨습니다.

저는 지금 목사님의 생애 마지막 설교를 다시 들으며 우리 마음속에 부활하신 목사님의 발자취를 따라가고 있습니다. 저는 목사님의 제자인 박성남 전도사님을 통해 목사님을 처음 알게 되었습니다. 1987년 미국 남부 앨라배마주립대학이 소재한 대학 도시에서 교수로 재직하며 일곱 가정이 공회로 모여 첫 예배를 드릴 때, 인접 미시시피 주 개혁신학교(Reformed Theological Seminary)에서 공부를 마치신 박 전도사님이 집회를 인도해 주셨습니다. 박 전도사님의 인품과 말씀의 능력은 이민 생활에 지치고 병든 성도들에게 회복과 치유의 은혜를 부어 주셨을 뿐 아니라 가난한 이민 교회에 경제적으로 적지 않은 도움을 주셨는데, 성도교회 대학부 출신인 박 전도사님 같은 훌륭한 제자를 키우신 분이 바로 옥한흠 목사님이시라는 것을 나중에 알게 되었습니다.

귀국 후 사랑의교회에 등록해서 제자 및 사역훈련을 받으며 먼발치에서나마 목사님의 제자가 되었습니다. IMF 외환위기를 계기로 심각해진 경제·사회 양극화 문제를 개혁하기 위해 시민단체 경제정의실천시민연합(경실련)에서 활동하게 되었을 때, 언제나 진액을 쏟으시면서 설교 준비와 조용히 잃어버린 한 마리 양을 찾아다니며 영혼 구원에만 관심을 가지신 것처럼 보이는 목사님께서 경실련을 위시한 시민사회단체들을 많이 지원하셨다는 것을 뒤늦게 알고 놀랐습니다. 가끔 길에서 뵙고 인사를 드리면 "관심 갖고 보고 있다" 하시면서 열심히 잘하라고 격려하셨습니다.

정감(정직과 감사)운동이 출범하고 몇 달 후에 정감기획위원회에서 목사님을 모시고 말씀드릴 기회가 있었는데, 정감운동이 제자훈련의 열매인 것을 아시고, 모이는 교회뿐만 아니라 흩어지는 교회에서 변혁적 성령운동이 되어 달라고 큰 격려를 해주셨습니다. 특별히 한국 교회 강단에서 가장 필요한 것이 정직이라고 설파하시면서 "나부터 정직하고 우리 교회부터 정직해야만" 이 운동이 성공할 수 있다고 강조하셨습니다.

모든 면에서 부족하기 그지없는 제가 죽어가는 한국 교육을 살리고 다음 세대를 바로 세우기 위해 대단히 위험한 모험인 서울시 교육감에 출마를 결단하고 목사님께 말씀드렸을 때, 목사님께서는 정감운동 하는 사람이 세상을 변화시키기 위해 몸을 던지는 것은 용기 있는 일이라고 격려하시고 후원금도 보내주셨을 때에는 오직 눈물만 흘렀습니다.

워낙 자기과시를 경계하며 겸손한 분이셨기에, 생전에 성도들이 공유하지 못했던 목사님의 진면목이 소천하신 후에야 곳곳에서 드러나는 것이 안타깝기도 합니다. 하지만 어쩌면 그것이 진정 목사님다운 자연스러운 모습이 아닐까 싶기도 합니다. 목사님의 진면목은 여전히 대부분 '한 사람 철학'에서 드러났습니다. 소천하신 후에 저희 집에서는 가족이 모여 목사님 얘기를 하였는데,

딸아이에게서 들은 주일학교 시절 목사님과의 옛 기억은 저에게 다시 한 번 신선한 충격이었습니다.

딸아이가 중학교 2학년 때, 좋은 소문을 익히 들었던 이찬수 목사님이 이상하게도 자기들 또래 지도 교역자가 되는 순서가 오지 않는 것을 아쉬워해 목사님께 투정 섞인 이메일을 드렸다고 합니다. 그냥 지나쳐도 아무렇지도 않을 편지에 목사님은 너무도 다정스럽고 인자한 위로와 사랑이 가득 담긴 답신을 보내 주셨다고 합니다. 10년 전이면 이미 출석 성도가 2만 명을 넘었을 때인데, 진액을 쏟으시면서 말씀 준비와 사역으로 바쁘셔서 가족사진 한 장 찍지 못하신 분이, 그저 평범한 주일학교 학생 한 명의 투정에까지 답장을 해주신다는 것을 어떻게 해석해야 하는 것인지 저에게는 불가사의하기만 합니다. 잃어버린 양 한 마리를 찾으러 나가셨던 예수님을 진정 닮았다는 것 말고는 해석이 불가능한 일이었습니다.

200년 전 예수 공동체인 클래팜 공동체를 만들고 노예해방과 악습철폐를 통해 영국을 고결한 사회로 만들고 역사상 영적으로나 물적으로 가장 막강했던 빅토리아 시대를 연 영국의 윌리엄 윌버포스도 평소에 워낙 겸손하고 조용히 선행을 했었기에 사후에 그에 관한 아름다운 발자취를 다 모으는 데 오랜 세월이 걸렸다고 합니다. 친분 관계에 있던 사람들과 주고받은 개인 서신을 모으고 일기와 증언들을 모아서 훗날 다섯 권짜리 윌버포스 평전이 만들어졌으며, 그것을 통해 오늘날까지 후대 사람들은 그의 정신을 기리고 이어갈 수 있게 되었습니다.

우리도 이제 모두 눈물을 닦고, 목사님과 아름다운 관계를 맺었던 모든 분들에게 알려서, 목사님의 발자취를 모두 모아 목사님의 정신을 다시 구현할 수 있는 사료를 하나도 빠짐없이 서둘러 정리할 수 있기를 강력히 소망합니다. 오른손이 하는 일을 왼손이 모르게 하신 일들이 많으셔서, 오른손은 왼손에게 알리고 왼손은 오른손에게 부탁해서 하루속히 목사님의 삶을 재구성하는 작업을 하는 것이 다음 세대를 위하고 사랑의교회는 물론 한국 교회가 바로 서는 일에도 큰 구심점이 될 것입니다.

저에게 옥한흠 목사님은 가장 균형적인 믿음의 삶을 사셨고 언제나 말보다는 소리 없이 삶으로 지성과 영성과 결단의 믿음을 보이셨던 사도 요한과 같은 분이셨습니다. 예, 목사님! 맞습니다. 하나님의 나라는 말에 있지 아니하고 능력에 있습니다!

권영준 교수 · 경희대학교

"진정한 소명자는 부흥 콤플렉스에 희생당하지 않습니다.
다시 말씀드립니다.
진정한 소명자는 사람 수가 많고 적음에 흔들리지 않습니다.
이 사실을 진정 고백할 수 있다면 여러분은 소명 받은 사람입니다.
그러나 이 사실을 고백할 수 없다면
여러분의 소명을 다시 한 번 점검하셔야 합니다."

'소명자는 낙심하지 않는다' 중에서

옥한흠_은혜의 발걸음 김경원

은평교회 교육 전도사 시절 (1968~1970년경)

> "목사님은 '배가 지금 침몰하고 있는데 꼭대기 VIP 룸은
> 고급 음식과 클래식 음악을 즐기고 있는 모습과 같은 교회와 목회자'를
> 통탄하면서 한국 교회 전체가 침몰해 가는 듯한 안타까움으로
> 목회자 바로 세우기와 교단 갱신, 교회 개혁과 일치에 관심과 심혈을 기울이셨다."

1995년 10월 어느 날, 옥한흠 목사님의 전화를 받았다. 목사님은 당시 한국 교회 목회자들의 문제, 더 나아가서는 우리 교단(대한예수교장로회 합동)의 여러 가지 좋지 못한 문제들을 탄식하면서 그냥 있어서는 안 되지 않겠는가, 뜻을 같이하는 사람들이 모여서 목회자를 갱신하고, 더 나아가서 교단을 새롭게 하고 한국 교회를 새롭게 하는 운동을 벌이면 좋겠다는 제안을 하셨다. 그렇게 처음 만난 목사님은 기독신문에 실린 나의 글을 보고 연락했다며 "나는 목회만 해서 인맥도 없고 정치는 아무것도 모르니 당신이 도와줘야겠다"고 간곡하게 요청하셨다.

교단 내 역기능적인 풍토를 시정하여 체질을 강화하고, 나아가 새로운 시대에 교회가 향도 역할을 감당할 수 있도록 무장해야 한다는 성찰을 공유한 교회갱신을위한목회자협의회(교갱협)는 1996년 3월 7일 그렇게 출범했다.

목사님은 교단의 부패상에 누구보다도 가슴 아파하신 분이었다. 타락한 일부 지도자들이 교단의 교권을 장악하여 지도자 행세를 하는 것을 보며 개탄하였고, 그런 상황에서 의식 있는 목회자들이 조직되지 못하여 힘을 발휘하지 못하는 현실에 안타까워하였다.

  2005년 8월 교갱협 영성수련회에서 목사님은 교단 현실을 이렇게 탄식하셨다. "한국 교회 지도자들, 너무 돈을 사랑합니다. 너무 돈 사랑하고, 너무 음란합니다. 한국 교회 너무 거짓말 잘합니다. 나는 교단이고 노회고 교회 안의 정치 조직에 환멸을 느끼는 사람입니다. 그러다가 나중에 이래서는 안 된다는 생각이 들었습니다. '한국에 있는 모든 교회가 잘못될 때 네가 그 책임을 벗을 수 있느냐. 모두가 그리스도의 몸이요 지체다. 그러므로 관심을 가져야 한다.' 잘못될 때는 잘못되지 않도록 몸부림쳐야 합니다. 오늘날 우리의 도덕성이 얼마나 마비되었는지 압니까? 여러분, 지금 교단 안에 문제가 되고 있는 심각한 문제의 배후에는 돈이 깔려 있잖아요. 입에 올릴 수가 없어요. 어떻게 그런 일이 가능할까요."

  목사님은 교갱협의 창립 배경이 교단 총회 선거 풍토의 개선이라고 단언하셨다. 그것은 곧 제도 및 정책의 갱신을, 사람의 갱신을 의미했다. 2005년 6월 어느 신문과의 인터뷰에서 목사님은 교갱협이 탄생할 수밖에 없는 상황을 이렇게 전했다. "교갱협은 1996년 3월 예장합동 목회자들이 자발적으로 참여해 만든 NGO입니다. 직접적 동기는 혼탁한 총회 선거 현장 때문이었습니다. 1990년대 들어오면서부터 이 같은 현상이 심화됐고 세상 정치에서도 보기 어려운 상황까지 갔습니다. 이에 따른 위기의식에서 뜻있는 목사님들과 함께 시작했습니다. 이름은 갱신이라고 붙였지만 선거 제도를 개선해 보자는 데 초점을 맞췄고 그에 따른 동기부여에 힘썼습니다. 합동 교단의 총회 풍토를 건강하고 미래 지향적으로 바꾸는 데 기여하기로 한 것이지요."

  창립 이후 교갱협은 세미나를 개최하고 교단 기관지인 기독신문에 칼럼을 연재하고, 소식지를 발간하고, 영성수련회를 개최하며 예장합동 교단에 신선한 바람을 불러일으키기 시작했고, 목회자 윤리강령을 제정하고 총회 선거 풍토 쇄신을 위한 호소문을 발표하고 공정선거감시단을 가동하면서 교단 총회의 잘못된 선거 풍토를 개선하는 데 온 힘을 기울였다.

그러나 이 모든 노력에도 불구하고 임원 선거에서 금권 선거와 매표 행위가 공공연하게 발생하자 목사님과 교갱협 회원들은 이 참담한 현실을 자복하는 마음으로 "예수님이 울고 계십니다"라는 호소문을 만들어 총회 현장 앞에서 배포했다. 그리고 이 일은 예장합동 교단이 총회 임원 선거를 제비뽑기 제도로 바꾸는 원동력이 되었다.

제비뽑기가 관철된 직후인 2001년 9월 한 일간지 인터뷰에서 옥한흠 목사님은 그때의 감격을 이렇게 전했다. "1996년 교갱협 출범 이후 계속 제비뽑기를 주장해왔어요. 민주 사회에서 자기 의사를 표현하는 투표 방식의 선거를 보류하고 제비뽑기로 선거 제도를 바꾸자고 주장하는 것은 제 살을 깎는 힘든 작업이었습니다. 그럼에도 불구하고 그 방향으로 나가지 않으면 안 되는 절박한 상황에 있었습니다. 이번에 한국 교회에서 처음으로 제비뽑기를 제도화한 것은 우리 교회 지도자들이 교회가 새로워지지 않으면 안 된다는 위기의식에 공감을 하고 있다는 것으로 받아들입니다." 이로써 합동 교단 내에서는 적어도 선거 브로커나 돈 봉투가 사라질 수 있는 일차적인 방패를 마련하게 되었다.

목사님이 선두에 서신 교갱협은 그 후 동일한 취지를 가진 다른 교단의 기구들이 연대하고 연합한 한국기독교목회자협의회로 확대되어, 교단을 초월한 교회 갱신과 교회 일치 운동으로 발전했다.

목사님은 "배가 지금 침몰하고 있는데 꼭대기 VIP 룸은 고급 음식과 클래식 음악을 즐기고 있는 모습과 같은 교회와 목회자"를 통탄하면서 한국 교회 전체가 침몰해 가는 듯한 안타까움으로 목회자 바로 세우기와 교단 갱신, 교회 개혁과 일치에 관심과 심혈을 기울이셨다.

이 모든 일을 두 어깨에 짊어지셨던 목사님은 이제 주님 품으로 돌아가셨다. 전화 드릴 때마다 "잘해라" 하셨던 목사님의 목소리가 아직도 귓전에 맴돈다. 우리가 바로 살면 교회가 변하고, 교회가 변하면 교단이 변하고, 이 세상이 변화될 것이다. 목사님의 정신은 우리 가슴과 뇌리에 변함없이 살아 있다.

"세상에 감동을 주는 교역자, 감동을 주는 평신도, 그들이 모인 교회, 그래서 감동을 주는 자들이 세상 구석구석에 파고들어서 소금 역할을 하면 이 세상 문화를 바꾸어 놓을 수 있다고 생각합니다. 한국 교회가 아무리 병들어 가도, 분명히 거기에는 새로운 새 생명의 역사가 일어날 수 있다고 생각합니다."

김경원 목사 · 서현교회

"표준을 낮추지 마세요. 우리의 표준은 예수 그리스도입니다.
그는 완전한 자입니다. 하나님이십니다.
비록 그 표준이 너무 완전해서 우리 모두에게는 너무나 부담스럽지만,
그러나 표준을 낮추지 마세요."

'표준을 낮게 잡으면 망한다' 중에서

옥한흠_은혜의 발걸음 김덕룡

은평교회 교육전도사 시절(1968년~1970년경)

> "나는 목사님의 엽서를 처음에는 대수롭지 않게 생각했다.
> 교회에서 의례적으로 보내는 행사 안내려니 생각했다. 그러나 그게 아니었다.
> 그것은 옥 목사님께서 친필로 직접 쓰신 엽서였다. 나에 대한 사랑과 정성이 담긴
> 그분의 글을 보고서는 더 이상 교회에 나가는 것을 주저할 수 없었다."

나는 언제부터인가 한 개인의 역사는 물론, 이 나라, 이 겨레가 걸어온 역사도 사람의 능력만으로 된 것이 아니라, 거기에는 어떤 보이지 않는 손길이 내재하고 있음을 느끼기 시작했다. 그것을 역사의 힘이라고 할 수도 있겠고, 하나님의 섭리라고 할 수도 있을 것이다.

돌이켜 보면 일제 식민지 치하에서 벗어나자마자, 국토는 분단되고 민족은 갈라져서 동족상잔의 전쟁을 겪은 그 폐허 위에서 우리가 산업화와 민주화에 성공할 수 있었던 것이 과연 인간의 힘만으로 가능한 일이었을까.

고난의 역사를 견딜 수 있었던 것도, 그 고난을 딛고 일어설 수 있었던 것도, 거기에는 보이지 않는 어떤 손길이 있었기 때문에 가능한 일이었던 것이다.

사실 30여 년에 걸친 군사정치 문화를 청산하고, 우리가 민주화의 길을 걷기까지 교회의 인권 운동, 민주화 운동이 큰 힘이 되었다. 그것은 교회를 통한 하나님의 역사였다고 할 수도 있지만, 이것 말고도 크고 작은 모든 일에 하나님의 손길을 느끼지 않을 수 없었다. 그것은 내 인생도 마찬가지다.

언젠가 작자 미상의 "발자국"이라는 글을 읽고 크게 감동을 받은 적이 있는데, 그 내용은 이렇다.

"어느 날 밤 그는 꿈을 꾸었다. 그는 주님과 함께 해변을 걷고 있었다. 그때 하늘 저편에 그가 살아온 순간들이 영상으로 펼쳐지고 있었다. 영상마다 모래 위에는 두 쌍의 발자국이 나 있는 것을 볼 수 있었다. 하나는 그의 것이었고, 다른 하나는 주님의 것이었다. 지난 발자국들을 돌이켜 보던 그는 그의 생(生) 많은 길목에서 다만 한 쌍의 발자국만이 있는 것을 알게 되었다. 그는 또한 그것이 그의 생에서 가장 절망적이고 슬플 때 그러했다는 사실을 알게 되었다. 그는 그게 너무 슬퍼서 주님께 여쭈었다. '주님, 주님께서는 제가 주님을 따르기로 처음 결심하였을 때, 언제나 저와 함께 계시겠다고 말씀하시지 않았습니까. 그러나 제 생의 가장 힘겨웠던 고비마다 저는 제 발자국 외에 주님의 발자국을 볼 수 없었습니다. 주님, 저는 알지 못하겠나이다. 주님을 제가 가장 절실하게 필요로 할 때 주님께서는 왜 저를 떠나 계셨는지?'

주님께서 말씀하셨다. '내 아들아, 나의 귀중한 아이야. 나는 너를 사랑하고 단 한 번도 네 곁을 떠난 적이 없었다. 네가 힘들고 고통스러웠을 때마다 오직 한 쌍의 발자국만 있는 것은 그때마다 내가 너를 품에 안고 갔기 때문이란다.'"

나는 비록 교회는 나가지 않았지만, 일찍부터 스스로 심정적으로는 그리스도인이라 생각하고 있었다. 독실한 그리스도인이었던 김영삼 전 대통령과 정치 행보를 같이하면서는 더욱 그랬다. 교회에 등록하고 세례를 받지 않아도 예수님을 존경하고 그분의 뜻에 따르면 되는 것이 아닌가 하는 건방진 생각이 있었다. 그래서 교회에 나가는 것을 이러저러한 이유로 미루고 있었다. 그러던 나를 교회로 이끌어 준 것이 옥한흠 목사님이었다.

1996년 9월이었을 것이다. 나는 사랑의교회에서 하는 새생명축제에 초청한다는 옥한흠 목사님의 엽서를 받았다. 물론 나는 옥한흠 목사님이 일찍부터 선교에 새바람을 불러일으키고 있다는 사실을 알고 있었고, 나의 선거구였던 서초에서 목회를 하고 있어서 만나 뵌 일도 있었다. 나는 목사님의 엽서를 처음에는 대수롭지 않게 생각했다. 교회에서 의례적으로 보내는 행사 안내려니 생각했다. 그러나 그게 아니었다. 그것은 목사님이 친필로 직접 쓰신 엽서였다. 나에 대한 사랑과 정성이 담긴 목사님의 글을 보고서는 더 이상 교회에 나가는 것을 주저할 수 없었다. 이렇게 하여 신앙 안에서 나와 목사님의 교제가 이루어졌다. 나는 목사님의 제자훈련을 통해, 부족한 믿음을 다소나마 채울 수 있었다. 나는 목사님의 인도를 내 일생에서 가장 보람 있는 일로 지금도 생각하고 있다. 뿐만 아니라 전혀 예기치 못했던 시련이 어느 날 갑자기 닥쳤을 때, 목사님은 내 곁에 있어 주셨고, 나를 위해 기도해 주셨으며, 나를 끝까지 믿어 주셨다. 아마 그때 내게 신앙이 없었거나, 목사님이 내 곁에 있어 주시지 않았다면 그 엄청난 시련을 견뎌내기 어려웠을 것이다.

내게 그랬던 것처럼 옥한흠 목사님은 많은 사람들에게 똑같은 사랑과 정성을 베풀었을 것이다. 애도하는 많은 사람들의 눈빛에서 나는 목사님이 남긴 사랑을 보았다. 날로 영혼이 황폐해지는 오늘, 옥한흠 목사님이 더욱 그립다.

김덕룡 특보 · 대통령실

옥한흠_은혜의 발걸음 김병삼

1974년 성도교회 대학부 모임에서

> "'가까이하기엔 너무 멀 수 있었던 당신!'
> 길지 않은 목사님과의 만남에는 이 말이 꼭 어울리는 것 같습니다.
> 가까이하기엔 너무 멀 수 있었던 목사님과의 만남을 통해
> 따뜻한 사랑을 경험할 수 있었던 것이 저에게는 참 행운이었습니다."

그 날 아침, 습관처럼 집어든 스마트폰에서 접한 첫 번째 소식입니다. "옥한흠 목사님께서 소천하셨습니다." 그리고 이곳저곳에서 추모하는 글들이 떠오르기 시작했습니다.

이제 은퇴하신 지 꽤 되셨으니 어찌 보면 교계의 원로로 잊혀 가는 분인데, 트위터와 페이스북에 올라오는 글들을 보면서 많이 놀라고 감사했습니다. 젊은이들에게 목사님의 자리가 이렇게 큰 것이었다는 사실이 경이롭기까지 했습니다. 돌아가신 어른을 생각하며 감사하다는 생각이 들었습니다. 한국 교회에도 젊은이들에게 이렇게 존경받는 목사님이 있다는 사실에 말입니다.

누군가 그런 말을 했습니다. "그 사람의 삶은 죽음 앞에서 말하게 될 것이라고…."

목사님이 떠나시고 나니 목사님의 삶과 영향이 어떠했는지 새삼스레 느껴지는 것 같습니다. 한 젊은 목사님의 글이 페이스북에 실렸습니다.

"어제 옥 목사님께서 소천하셨다. 일이 손에 잡히지 않았다. 한국 교회뿐만

아니라 신앙의 걸음마를 하던 20대 초반의 나에게 큰 도전과 영향력을 주셨던 분인데…. 대학 시절과 코스타에 오셔서 예수 사랑, 십자가, 제자도에 대해 주신 말씀이 너무 귀해 아직도 기억하고 있다. 옥 목사님, 사랑합니다. 주님 품에서 평안을 누리세요. 천국에서 다시 만날 날을 기대합니다."

많은 이들이 이런 마음으로 목사님을 아쉬워하고 또 그리워하겠지요.

"가까이하기엔 너무 멀 수 있었던 당신!"

길지 않은 목사님과의 만남에는 이 말이 꼭 어울리는 것 같습니다. 가까이하기엔 너무 멀 수 있었던 목사님과의 만남을 통해 따뜻한 사랑을 경험할 수 있었던 것이 저에게는 참 행운이었습니다. 한국 교회의 갱신을 외치며 날카롭게 질타하는 모습 이면에 감춰진 따뜻함을 경험한 행복한 사람이 저였습니다.

저에게는 목사님과 가까이하기에는 너무 멀 수밖에 없었던 이유가 있습니다. 한국 교회에 좋은 본을 보이겠다고 자원해서 은퇴하시고 후임자에게 목회를 아름답게 넘겨주신 분이었기에 더욱 그러했습니다. 유학을 마치고 한국에 돌아왔을 때, 저는 아버지가 개척하고 시무하던 교회에서 사역하게 되었습니다. 한국 교회는 '세습'이라는 이슈로 한참 시끄러웠기에 저 역시 자신의 의지와는 별개로 여러 가지 구설에 올라야 했던 때였습니다.

그런데 담임목사였던 아버지가 쓰러지시고 제가 담임이 될 시점, 사랑의교회에서는 옥한흠 목사님의 은퇴와 오정현 목사님의 취임이 있었습니다. 한국 교회에 좋은 본을 보이시겠다고 일찍 은퇴하시고 후임자에게 교회의 리더십을 양도한 목사님과 제가 만난다는 것 자체가 무척 힘든 일이었습니다.

그래서 가까이하기에는 왠지 쉽지 않았던 분이 은퇴하시던 날, 은퇴보다는 취임에 더 무게를 두고 사랑의교회를 방문하게 되었습니다. 그리고 그 자리에서 처음 정식으로 뵙고 인사를 드리게 되었습니다. 그 순간 참 따뜻하게 손을 잡아 주시고 당신 방으로 초청해 주셨습니다. 그리고 저의 사역을 격려해 주셨습니다. 아마도 그 어른 앞에서 제 목회를 긴장하며 바라보게 되었던 것 같습니다. 사랑의교회가 좋은 후임자를 통해 본을 보였던 것처럼 한국 교회에서 아들이 담임이 됨이 '세습'이 아닌 좋은 목회의 전통이 될 수 있다는 것을 증명해야 한다는 부담 때문에 말입니다.

얼마 지나지 않아 목사님의 수술 소식을 접하고, 전화로 안부를 여쭈었을 때 참 반갑게 전화를 받고 격려해 주셨습니다. 그때부터 목사님은 저에게 부담스러운 분이 아니라 늘 가까이하고 싶은 그런 분이셨습니다.

올해 설을 맞이해 목사님께 작은 선물을 드리고 싶었습니다. 얼마 지나지 않아 바로 전화를 주셨습니다. 조금은 힘이 없어 보이는 목소리에 염려가 되었습니다. "많이 힘이 들어 활동을 잘 못해"라고 말씀하시고는 늘 그랬듯이 제 목회에 관심을 두고 물으셨습니다.

"제자훈련 열심히 해?"

"목사님, 죄송합니다. 저는 제자훈련 하는 목사는 아니어서요."

"그래, 제자훈련을 하려면 미쳐야 하지."

어찌 보면 제가 목사님과 따뜻함을 나눌 수 있는 연결점이 없었던 것 같습니다. 하지만 목사님에게 저는 한국 교회의 후배 목사로, 그저 목회를 잘했으면 하시는 염려의 마음이 있으셨던 것 같습니다. 아마도 뜨거운 가슴이 느껴지는 목사님이라는 잔상이 저에게 남아 있는 이유가 그것인 것 같습니다.

언젠가 한 성도가 그런 말을 합니다. 옥한흠 목사님의 영향을 받은 많은 교회가 제자훈련을 하지만, 너무 율법적으로 변해 가는 것 같습니다. 목사님에게서 제자훈련을 받을 때는 뜨거운 가슴과 감동이 있었는데, 지금은 훈련만 남아 있습니다.

목사님은 제자훈련이 율법적인 질타와 금욕적 절제가 아닌 뜨거운 가슴에서부터 나온다는 것을 삶으로 보여 주셨습니다.

그렇습니다. 제가 느꼈던 그 따뜻함, 그 뜨거운 가슴이 이 땅의 수많은 젊은 이와 그리스도인을 변화시킨 이유가 아니었을까 합니다. 조금 더 사셨더라면 그 따뜻함이 저에게 많은 격려가 되었을 것 같다는 아쉬움이 남습니다. 아마도 한국 교회가 아쉬워하는 이유가 바로 그 뜨거운 가슴이겠지요. 하지만 땅에 뿌려진 씨가 싹이 나듯, 목사님의 뜨거움과 열정이 많은 후배를 통해 열매를 맺을 것입니다.

후배들에게 자랑스러운 목사님이셨습니다. 목사님, 감사합니다.

김병삼 목사 · 만나교회

"가장 두려워해야 할 일은 가라지가 교회의 지도자가 되는 것입니다.
'그런 일이 있겠는가?' 천만의 말씀입니다.
그 지도자가 목사일 수도 있고 장로일 수도 있습니다.
우리는 누가 가라지인지 겉으로 보아서 함부로 판단할 수 없고
또 판단해서도 안 됩니다. 그러나 교회가 은혜에서 멀어지고
하나님의 임재 의식에 둔감해져서 '내가 여호와를 항상 내 앞에 모심이여'라는
은혜로운 고백이 입에서 나오지 않게 될 때,
그리고 지도자가 자기만족에 빠져서 교만해지면
교회의 토양에 곡식보다도 가라지가 더 잘 자랄 수 있게 됩니다."

'가라지가 섞인 교회' 중에서

옥한흠_은혜의 발걸음 김원배

2007년 6월 한목협 정기총회에서 김원배 목사와

"오늘 한국 교회에 이루어지고 있는 다양한 연합운동의 결실은
목사님이 흘리신 눈물의 기도와 헌신이 밑거름이 되어 이루어진 결과라고
나는 감히 증언하고 싶다. 목사님이 뿌린 헌신의 씨앗은 언젠가
30배, 60배, 100배의 열매로 나타날 것으로 믿는다."

에큐메니컬 진영에 속한 내가 옥한흠 목사님을 만난 것은 하나님의 특별한 섭리였다. 10여 년에 걸친 독일 체류를 마치고 귀국한 나는 한국 교회를 배우기 위하여 몇몇 교회를 탐방하는 기회를 가졌다. 그 과정에서 사랑의 교회를 찾았는데, 복음의 깊이를 담지하면서도 참신한 선교의 열정으로 가득 찬 교회와 옥한흠 목사님의 모습에 신선한 충격을 받았다. 그 길로 「평신도를 깨운다」를 읽으면서 새 시대가 요구하는 교회는 "바로 이것이다"라는 공감을 갖게 되었다.

그 후 21세기목회자협의회 창립 모임에 목사님을 주제 강사로 초청하였다. 21세기목회자협의회는 교회 활성화를 통한 하나님 나라 운동의 새로운 좌표를 찾던 내가 속한 교단(한국기독교장로회)의 목회자들로 구성된 모임이다. 몇 번이나 초청을 고사하신 목사님은 계속되는 강청에 끝내 응낙하셨다. 목사님은 우리에게 꼭 해주고 싶은 얘기를 세계교회협의회(WCC)의 경우를 들어 말씀하셨다. WCC가 평신도를 선교의 주체로 파악한 것은 매우 선구적 발상이었으나 그들을 의식화만 했을 뿐 예수 그리스도의 제자로 양육하는 데 실패했기에 진보 진영 교회의 위기를 초래했다는 요지였다. 발제를 진지하게 경청하는 목회자들의 모습에 진한 감동을 받았다고 훗날 어느 모임에서 당시를 회고하면서 목사님은 "기장 목사님들은 머리에 뿔이 난 사람들이라고 생각했는데 나하고 똑같네" 하며 웃으셨다. 본인의 고정관념을 깨며 마음을 열어 스스럼없이 농담처럼 말씀하시는 바람에 동석했던 여러 교단 목회자들은 박장대소를 했다. 목사님은 기장의 21세기목회자협의회 모임에 참석한 목회자들의 진지함과 열정을 지켜보면서 진보 진영 사람들도 저렇게 교회 갱신을 통한 건강한 교회를 위해 고민하고 열심을 내는데 우리는 무엇인가 하는 반성을 하게 되었다는 것이다. 이처럼 목사님은 열려 있고, 포용하며, 사고의 폭이 넓은 유연한 분이셨다.

그 후 목사님은 생각을 같이하는 목회자들을 중심으로 교회갱신을위한목회자협의회를 만드셨는데, 그 동기가 기장 목회자들과의 만남 때문이었다고 말씀하기도 했다. 이미 조직되어 교계에 신선한 바람을 일으키던 통합 측 바른교회실천목회자협의회를 비롯한 장로교단의 갱신 운동은 장로교목회자협의회로 발전했고, 얼마 후에 한국기독교목회자협의회(한목협)의 창립으로 이어졌다.

1998년 12월 사랑의교회에서 1000여 명의 목회자들이 모여 출범한 한목협은 한국 기독교 역사상 처음으로 에큐메니컬 진영과 복음주의 진영에 속한 목회자들의 협의회였다. 창립 당시 우리를 하나로 묶어 준 것은 한국 교회의 전진을 가로막는 닫힌 진보와 닫힌 보수를 넘어 열린 진보와 열린 보수의 만남이 절대적으로 요청된다는 공감대였다. 옥한흠 목사님을 대표회장으로 추대하고 출범한 한목협은 지난 12년 동안 한국 교회의 일치, 갱신, 섬김을 목표로 설정하고 이 정신을 구현하기 위해 진력해왔다. '옷 로비' 사건 등으로 기독교의 이미지가 땅에 떨어졌을 때 "하나님과 국민 앞에 우리 자신을 고발합니다"라는 제하의 죄책 고백으로 한국 교회의 죄를 대신 참회한 한목협의 선언은 큰 사회적 반응과 공감을 일으켰고 이 죄책 고백의 중심에 옥한흠 목사님이 서 계셨다.

예수 그리스도의 인격과 삶을 닮은 겸손한 인품의 소유자이신 옥한흠 목사님이 아니었다면 15개 교단에 속한 목회자들이 한뜻으로 한국 교회의 일치와 갱신과 섬김을 위한 꿈을 공유하며 한 목표를 향해 달려가는 것은 불가능했을 것이다. 목사님은 쉽게 근접하기 어려운 지도자이나 한 번 신뢰하고 믿는 사람은 끝까지 신뢰하는 분이셨다. 목사님은 한 번 신뢰를 준 사람에게 믿고 권한을 위임하는 탁월한 리더십을 소유한 분이셨다. 목사님의 주변에 있는 사람들이 역량을 마음껏 발휘하고 성장할 수 있었던 비결이 여기에 있었다.

목사님을 회고하면서 꼭 언급하고 넘어가고 싶은 것은 한목협 대표회장으로서 섬기는 동안 한국교회연합을위한교단장협의회(교단장협)의 탄생을 위해 헌신한 목사님의 수고의 열매이다. 자기를 내세우지 않는 목사님의 겸손한 인품과 지도력이 아니었다면 26개 교단이 참여하는 교단장협은 결코 창립될 수 없었을 것이다. 교단장협을 통해 한국기독교교회협의회와 한국기독교총연합회는 18인 위원회를 구성하고 평양대부흥운동 100주년이 되는 2007년에 양 기구를 통합하기로 하는 로드맵에 합의했다. 교회사에 기록될 이 놀라운 성취는 자기 이름을 내세우지 않고 한국 교회 연합을 위해 헌신하신 옥한흠 목사님의 한국 교회를 향한 사랑과 기도가 아니었다면 불가능했을 것이다. 오늘 한국 교회에 이루어지고 있는 다양한 연합운동의 결실은 목사님이 흘리신 눈물의 기도와 헌신이 밑거름이 되어 이루어진 결과라고 나는 감히 증언하고 싶다. 목사님이 뿌린 헌신의 씨앗이 언젠가 30배, 60배, 100배의 열매로 나타날 것으로 믿는다.

개인적으로 목사님과의 만남이 없었다면 나는 본격적으로 목회자의 길로 뛰어드는 결단을 하지 못했을 것이다. 늦은 나이에 기관 목사 사역을 마감하고 목회지로 떠나는 내게 목사님은 "한 3년 정도는 되어야 목회자 체질이 될 거요!" 하며 걱정하셨다. 당시는 이해되지 않던 말이 3년이 지난 지금에 와서는 깊이 공감이 되고 있다. 목회 3년이 되는 시점에서 드린 메일에 대한 답장에서 목사님은 "교단의 중책을 맡은 때도 귀한 사역이었지만 한 영혼의 구원을 위해 생명을 거는 목회야말로 이 세상의 무엇보다도 소중한 것임을 명심하십시오." 이렇게 격려해 주셨다. 지난 3년여 기간 나의 목회에 멘토 역할을 감당해 주셨고 내가 개척한 예원교회의 창립에도 귀중한 헌금으로 격려해 주셨다. 스승의 날을 맞이하여 드린 메일에 대한 답장에서는 그 사이 깊어진 영성을 느낄 수 있다고 칭찬과 격려를 아끼지 않으셨다.

수술 후 목사님의 건강이 예전 같지 않음을 전화 통화로 감지할 수 있었다. 매일 아침 새벽기도 때마다 히스기야 왕에게 베풀어 주셨던 은혜를 목사님에게도 베풀어 주시라는 간절한 기도를 드렸다. "하나님, 옥 목사님은 하나님께서 이 땅에 보내신 목적을 유감없이 실천하셨습니다. 그럼에도 한국 교회에는 아직도 목사님이 필요합니다. 목사님이 그냥 우리 가운데 있는 것만으로도 족합니다. 그에게 히스기야 왕에게 베푸셨던 은총을 베풀어 주시어 목사님의 겸양한 지도력과 영향력으로 복음의 진보와 한국 교회 연합의 역사를 보게 하옵소서!" 실로 목사님은 후회 없는 삶을 사셨고 타의 추종을 불허하는 선한 발자취를 남기셨다. 목사님의 발자취와 영향력은 오고 오는 세대에 축복이 되리라 생각한다.

내가 영향을 받은 20세기 개혁교회 신학을 대표하는 칼 바르트는 그의 삶에 결정적인 영향을 끼친 두 스승이 거의 같은 시기에 세상을 떠났을 때 "과거와 미래"라는 유명한 수상을 남겼다. 그가 진정으로 사랑하고 존경했으나 안타깝게도 복음을 기껏해야 민족중흥의 이데올로기로 상대화하는 데 그친 스승의 삶에 대해서는 "과거"라고 명명했다. 그는 그 스승의 삶을 "현재가 되기도 전에 과거가 되어 버리고 말았다"고 안타까워했다. 반면에 다른 한 스승의 삶을 "미래"라고 명명했다. 왜냐하면 그 스승의 삶 가운데는 예수 그리스도의 복음의 역사가 상대화되지 않고 재현되었기 때문이라고 평가했다. 그는 말하기를 그가 사랑하는 스승의 삶은 예수 그리스도의 부활의 역사와 함께 미래 가운데 영원히 살아남을 것이라고 고백했다.

나는 사랑하는 옥한흠 목사님의 삶 가운데 예수 그리스도의 복음의 역사가 그대로 재현되었음을 믿는다. 그래서 목사님의 삶을 "미래"라고 명명하고 싶다. 옥한흠 목사님은 예수 그리스도의 부활의 역사와 함께 미래 가운데 영원히 살아 있을 것이다. 영원한 하늘나라와 우리 가운데, 그리고 오고 오는 복음의 역사 가운데….

김원배 목사·예원교회

옥한흠_은혜의 발걸음 김장환

> "무엇보다도 옥한흠 목사님이 끼치신 가장 큰 공헌은
> 평신도를 깨우고, 제자훈련을 국내외에 확산시킨 일입니다.
> 중요한 것은 목사님 자신이 예수님의 제자로서 그렇게 자신을 부인하고,
> 말씀 안에 거하는 삶을 사셨기에 가능한 일이었고,
> 더 큰 영향력을 미칠 수 있었습니다."

1975년 미국 유학 환송모임에서

참으로 값진 인생은 하나님께서 이 땅에 보내신 계획대로 살다 가는 사람일 것입니다.

옥한흠 목사님의 지난 1972년은 이에 꼭 맞는 삶이었습니다. 하나님을 뜨겁게 사랑하고, 이 나라와 민족과 교회를 위해 일평생 헌신하신 목사님은 한국 교회의 영적 지도자로서, 성도들에게는 진정한 목회자로서, 목회자들의 선생으로서 참으로 큰 족적을 남기셨습니다.

무엇보다도 목사님이 끼치신 가장 큰 공헌은 평신도를 깨우고, 제자훈련을 국내외에 확산시킨 일입니다. 중요한 것은 목사님 자신이 예수님의 제자로서 그렇게 자신을 부인하고 말씀 안에 거하는 삶을 사셨기에 가능한 일이었고, 더 큰 영향력을 미칠 수 있었습니다.

교회갱신을위한목회자협의회나 한국기독교목회자협의회를 통해 끊임없이 교회 및 목회자들의 자기 정화를 이끌어 내고 대안을 제시해 나간 것 역시 목사님의 빼놓을 수 없는 공헌입니다.

이와 함께 사랑의교회에서 정년보다 5년 일찍 은퇴하시고, 오정현 목사님에게 담임목사직을 물려줌으로써 한국 교회나 사회에 아름다운 세대교체의 본을 보여 주신 것 또한 한국 교회를 대표하는 영적 지도자로서 목사님을 느낄 수 있는 대목입니다.

오늘날 한국 교회의 부흥과 발전이 있기까지 목사님의 역할이 참으로 컸기에 이제 소천하신 그 빈자리가 크게 느껴집니다.

이제 남아 있는 우리 모두가 그 뜻을 잘 이어 나가는 일이 필요한 때입니다.

옥한흠 목사님을 이 땅에 보내 주신 하나님께 진정으로 감사드립니다.

김장환 목사 · 극동방송 이사장

옥한흠_은혜의 발걸음 김정영

1979년 1월 불광동 기독교 수양관에서

> "무서움에 떨며 기도하였던 어린아이들은 하나님이 목사님을 통해
> 우리가 버려진 아이들이 아님을 확증하여주셨다고 안심하면서,
> 그때부터 목사님을 옥 할아버지(끄루 공비얼 록따 옥)로 부르게 되었습니다.
> 이것이 이곳 아이들과 목사님의 첫 만남이 되었고
> 목사님은 이 아이들을 사랑과 관심으로 돌보아 주셨습니다."

지극히 작은 자 하나도 외면치 않고 고아를 불쌍히 여기시는 하나님의 긍휼하심과 사랑이 하나님의 축복의 통로가 되신 옥한흠 목사님의 삶을 통해 캄보디아 아이들에게 흘러 들어왔습니다.

당신의 삶을 통해 흘러 들어온 하나님의 은혜로 캄보디아의 다음 세대가 일어나고 있음을 글로 표현하는 것이 목사님의 뜻에 어긋날까 조심스럽습니다. 감사 표현을 드릴 때마다 정색하시면서 당신이 드러나는 것을 극구 사양하셨던 목사님, 언제나 하나님께만 영광을 돌리라고 당부하셨던 목사님을 기억하며, 하나님의 크신 은혜 가운데 이루어진 캄보디아 '주님의 자녀'(Hischild) 아이들과 목사님과의 첫 만남을 나누고자 합니다.

캄보디아는 유엔 관여 하에 오랜 전쟁과 내란에서 벗어났지만, 개방을 시작한 1993년에서 1990년도 말에 이르기까지 잦은 내전이 끊이지 않았습니다. 전쟁의 상흔으로 남겨진 아이들과 여인들이 전체 인구의 절반 이상이고, 여차하면 피난을 떠날 만큼 혼란스러운 캄보디아에서 구호 활동을 통한 선교 사역이

다양한 단체를 통해 시작되고 있었습니다.

1995년, 인구의 과반수인 12세 미만 아동 중에서도 위기 가운데 놓여 있고 누군가의 사랑의 손길이 절실히 필요하며, 거리에서 구걸로 생활해야 하는 부모 없는 고아들, 국경에서 매매되고 있는 아이들을 대상으로 '주님의 자녀'는 수도인 프놈펜에서 10km 떨어진 딱흐마흐 지역을 중심으로 사역을 시작했습니다. 갈 곳 없는 아이들을 위하여 고아원을 먼저 시작했는데, 고아원 사역이 어느 정도 진행될 무렵, 공항이 폐쇄되고 곳곳에 폭탄 불길이 치솟기 시작했습니다. 두려움에 사로잡힌 난민 행렬이 도시에서 시골로 이어졌고, 선교사들에게도 철수 지시가 긴급히 전달되었습니다. 피난길을 떠나기 위해 한줌 소금과 쌀, 초가 든 괴나리봇짐을 각자 준비해야만 하는 아이들은 또다시 집을 떠나 흩어져야 한다는 두려움으로 고사리 같은 두 손을 모아 기도하고 있었습니다. 그때 긴장감이 어둡게 드리워진 고아원에 전화가 한 통 걸려왔습니다.

당시만 해도 전화가 드물었고 연결이 잘 안 될 뿐더러 정국은 비상 계엄령을 선포한 상태인지라 전화벨의 울림은 기나긴 기다림인 동시에 두려움과 불안으로 다가왔습니다.

목사님이 우리 연락처를 어떻게 알아내셨는지 아직도 우린 궁금합니다. 아이들은 안전한지, 아이들의 정서는 어떠한지, 선교사는 대피해야 하지는 않은지 안타까워하며 염려해 주셨습니다. 이후로도 어느 정도 정국이 안정될 때까지 계속 전화로 상황을 물으셨고 항상 아이들을 위해 기도하고 있으며 함께하지 못하여 미안하다고 하셨습니다.

무서움에 떨며 기도하였던 아이들은 하나님이 목사님을 통해 우리가 버려진 아이들이 아님을 확증하여 주셨다고 안심하면서, 그때부터 목사님을 옥 할 아버지(끄루 꽁비얼 록따 옥)로 부르게 되었습니다. 이것이 이곳 아이들과 목사님의 첫 만남이 되었고 목사님은 이 아이들을 사랑과 관심으로 돌보아 주셨습니다. 이 아이들 또한 옥 할아버지에게 항상 감사하는 마음과 존경하는 마음을 갖고 목사님의 건강을 위해 날마다 기도했습니다.

전쟁과 내란 가운데 태어나고 성장한 아이들은 전쟁의 실체를 잘 압니다. 그렇기 때문에 극한 공포에 처해 있을 때 관심을 갖고 연락을 주신 분께 감사하는 마음을 잊지 못합니다. 처음 목사님의 전화를 받고 기쁘고 감사한 마음으로 어떻게 아시고 전화 주셨는지 질문했습니다. 목사님은 한국OM선교회의 이사장이라고 하셨습니다.

많은 성도를 돌보시는 대형 교회 목회자요, 여러 기관과 선교단체에서 이사장이라는 직함을 갖고 계시지만, 그것들이 단순히 형식적인 직함이 아니었습니다. 세계 각지에서 하나님 나라 확장을 위해 목숨 다해 뛰고 있는 선교사들을 놓고 뜨겁게 중보하시는 진정한 하나님의 사람, 옥한흠 목사님은 바로 그런 분이셨습니다.

선교단체의 정책상 선교의 필요를 기도로만 하나님께 간구합니다. 하나님께 간구할 때 여러 도움의 손길로 필요를 채우시는 것을 목도하는데 이것을 믿음 선교(Faith Mission)라고 합니다. 목사님은 언제나 믿음 선교의 응답 통로였습니다. 하나님은 목사님을 통해 단체 내의 사역마다 영향을 미쳤고 계속해서 사랑과 관심을 베풀어 주셨습니다. 하나님께서 목사님을 통로로 사용하셔서 기도 응답을 주셨던 사건 중 몇 가지만 나누겠습니다.

거리에서 구걸하다가 고아원에 와서 양육을 받은 아이들이 처음으로 대학에 진학하게 되었습니다. 아이들과 우리 모두 신나고 좋았지만 학비를 준비하지 못하여 기도로 간구할 때 하나님은 목사님을 통하여 역사해 주셨습니다.

국경 지역 성매매에서 구조된 어린 여아들의 보호와 안전, 상담과 회복을 위해 재활 센터가 절실한 상황이었으나 여건이 되지 않아 간절히 기도하고 있을 때 통장에 꼭 필요한 만큼의 재정이 입금되었습니다. 우리에게 이렇게 큰돈은 처음인지라 은행이나 선교단체의 업무상 실수라고 추측하고 문의를 했는데 한 달이 지나서야 목사님이 송금하셨다는 사실을 알게 되었습니다.

구조되었으나 갈 곳이 없어 척박한 상황 가운데 있었던 어린 여아들의 기도 제목에 응답하신 하나님을 찬양하고 목사님께 감사 인사를 전할 때면 항상 "나는 모른다. 하나님이 하셨다" 하셨습니다. 소외된 아이들을 돌아보시는 주님의 마음을 가지신 분이었습니다.

현지인이 개척한 교회 성도들에게 예배 처소가 없어 장소를 옮겨 다니면서 예배를 드릴 때 목사님은 그들을 위한 예배당 건축 헌금을 보내 주셨습니다.

날로 급변하는 캄보디아의 지난 사역들을 연구·평가하고 효과적인 미래 사역을 준비하며 기도할 때 하나님은 기독교 학교 사역을 비전으로 허락하셨습니다. 단체가 이 비전을 놓고 함께 기도로 나아갈 때, 목사님은 학교 건축 부지를 마련해 주셨습니다.

아이들을 긍휼히 여기시는 하나님 아버지의 사랑이 목사님의 삶을 통하여 이곳 아이들에게 전해졌습니다. 목사님을 통해 캄보디아 어린 영혼들이 주님의 은혜를 누리는 주님의 자녀임을 확실히 알 수 있었으며, 하나님께서는 목사님을 통해 이곳 사역자들 격려해 주셨습니다.

귀국 후, 어려울 때 관심과 사랑을 베푸신 분께 감사 인사를 드리려고 목사님을 뵙겠다고 하였을 때 모두들 만류하였습니다. 캄보디아에서 온 촌뜨기 사역자라 목사님이 많이 바쁘신 분인 줄 미처 알지 못하고 약속도 미리 잡지 않았기 때문입니다.

OM선교회 사무실이 당시 사랑의교회 교육관에 있었기 때문에 교회 앞마당에 가서 목사님 사무실이 어딘지 두리번거리며 살피고 있을 때 차 한 대가 주차장에 멈추어 섰습니다. 많은 사람이 그 차를 둘러쌌고, 차에서 내린 분은 주위 사람들에게 일일이 악수로 인사를 청하셨습니다.

따뜻한 웃음으로 한 사람씩 악수를 다 마치신 분이 저만치 떨어져 있던 내게 다가와 이름을 부르면서 "이게 누군가. 병원에 가봐야 되겠구나" 하시면서 안쓰러운 표정으로 맞이하여 주셨습니다. 처음 뵙는 분이 먼저 다가와서 이름을 불러 주셔서 어리둥절하면서도 이분이 옥한흠 목사님이심을 직감했습니다. 처음 보는 사람의 이름을 부를 정도라면 선교사 한 사람 한 사람 이름을 불러가며 기도하시는 분이며 사역자의 형편을 소상하게 살피시는 분이실 것을 의심하지 않았습니다.

치안이 열악한 10년 전, 대낮 프놈펜 중심가에서 구호물자를 실은 소형트럭을 몰던 중 총기를 든 강도들에게 트럭과 구호물자를 통째로 강탈당하는 어려움을 당한 적이 있습니다. 아이들에게 필요한 물자를 강탈당했다는 상심에 허탈해할 때 가장 먼저 선교사의 안전을 더 염려하시며 위험한 현장에서 철수하라고 간곡히 말씀하시던 목사님의 따뜻한 마음은 아직까지 제 지친 마음을 따뜻하게 보듬어 줍니다.

방황하는 영혼을 찾으시고 구원의 은혜를 베푸시는 하나님의 사역이 열매를 맺고, 필요에 의하여 확장되며, 다양한 나라에서 온 선교사들로 이루어지는 국제 팀 사역은 여러 장점이 있습니다. 그러나 다양한 배경에서 온 선교사들은 사역에 대한 접근 방식도 다르며 사고방식도 다릅니다. 그 결과 국제 팀은 필연적으로 팀원 사이의 분열이라는 어려움을 한 번씩 경험하게 됩니다.

풍랑을 맞은 배가 난파되듯 각자의 생각이 앞서 하나님의 사역이 분리되는 어려움을 당할 때 목사님은 하나님을 믿는 마음으로 서로 신뢰하고 사랑하라고 권면해 주셨습니다. 병상 가운데서도 선교사들이 하나 될 수 있도록 영상 메시지를 보내 주시던 목사님의 관심은 언제나 선교사들의 연합과 안녕이었습니다.

바쁜 일정에도 불구하고 늘 선교지 상황과 고아원 아이들의 안부를 따뜻한 관심으로 물어보시며, 거리 아이들의 형편은 나아지고 있는지, 더 필요한 것은 없는지 소상히 챙기시던 목사님, 움직이는 안식처 버스를 직접 운전하여 거리에 나가서 그 아이들을 목욕시키고 돌보아 주고 싶다고 하시면서 아이들과 함께할 수 없음을 항상 안타까워하셨던 목사님, 당신은 저희 단체와 함께 사역하는 모든 선교사의 근황도 알고 싶어 하시는 아버지 같은 자상한 분이셨습니다.

선교지에서 늘 하나님의 사역이 열매 맺는 것은 아닙니다. 언제나 하나님의 사역이 순탄하게 진행되는 것도 아닙니다. 오히려 힘들고 지칠 때가 더 많습니다. 사방에 욱여쌈을 당하여 기도하기조차 어려울 때 하나님은 목사님을 통하여 전화를 주셨습니다. 꼭 우리의 형편을 아신 듯이 질문하고 위로하셨으며 책망하고 기도해 주셨습니다.

캄보디아의 다음 세대는 하나님의 세대일 것입니다. 예수님의 세대일 것입니다. 그 세대를 일으키시고자 하나님께서는 목사님을 통해 소망의 빛을 비춰 주셨습니다.

우리 선교사들에게 항상 해주시던 목사님의 말씀을 적어 봅니다.

"참 미안하다. 내 대신 선교사들이 고생한다. 모든 선교사를 존경한다."

김정영 선교사 · 캄보디아

"왜 세상 정치판에서도 보기 어려운 추태들이 교회 지도자들이
모인 자리에서 일어납니까? 왜 진실과 정의와 하나님의 뜻을 표방하면서
거짓과 음해를 합니까? 한국 교회의 조직적인 비리들을
어떻게 설명해야 할까요? 이와 같은 우리의 현실을 보시고 하나님이
어떻게 반응하고 계시는가를 우리는 신경을 곤두세우고 살펴야 합니다.
얼굴을 찡그리고 계시는지, 채찍을 들고 계시는지,
진노의 잔을 준비하고 계시는지 모르기 때문입니다."

'가라지가 섞인 교회' 중에서

옥한흠_은혜의 발걸음 김진경

1993년 9월 연변과기대 개교식에서

"목사님, 옥한흠 목사님, 수고하셨습니다.
참으로 큰일을 하시느라 수고 많이 하셨습니다.
이제는 그리던 하늘나라에서 편안히 쉬시리라 믿습니다."

옥한흠 목사님, 당신은 행복하십니다. 그 행복이 부럽습니다. 인내심이 많으시고 항상 보이지 않은 곳에서 많은 덕을 베푸신 귀하신 김영순 사모님과 평생을 함께하셨으니 말입니다. 훌륭한 자녀를 두셨습니다. 게다가 훌륭한 후임을 선택하셨습니다.

당신은 승리하셨습니다. 마지막 숨을 거두시며 "다 이루었다" 하시고 떠나가신 예수님처럼 당신도 다 이루고 가십니다. 그러므로 승리하셨습니다. 승리하신 당신이기에 남은 우리는 박수를 치며 승리의 노래를 부르며 성령님과 더불어 환송의 잔치를 베풉니다. 하늘나라에서도 이 시간 하나님께서 면류관 씌우시고 보좌에 앉히시며 기쁘게 맞이하시리라 믿어 저희는 기쁨의 찬양을 바칩니다. 이 노래 같이 부르시며 당신도 기뻐하시리라 믿습니다.

목사님을 하늘나라로 환송하며 돌이켜 보니 목사님과 처음 만났던 일이 떠오릅니다. 1987년이었지요. 중국에 대학을 세우겠다는 저의 이야기를 들으시고 이렇게 말씀하셨습니다. "김 박사님, 제가 사랑의교회를 개척할 때 처음부터 두 가지 목적이 있었습니다. 하나는 제자훈련이고 다른 하나는 북방 선교입니다. 제자훈련은 제 나름대로 열심히 하고 있습니다만 북방선교는 도무지 문이 열리지 않고 길이 없어 기도만 하며 기다리고 있었습니다. 마침내 오늘 하나님께서 박사님을 보내 주셨군요."

그렇게 반가워하시면서, 북방 선교에 관심이 많은 또 한 분이 계시다며 곽선희 목사님을 그날로 함께 가서 만났지요. 이리하여 목사님과 곽선희 목사님, 두 분 목사님이 저희 연변과학기술대학(연변과기대)의 터전을 닦으셨습니다. 이 크나큰 은공을 영원히 기리고자 저희 대학에서는 조각공원 대리석에 목사님의 성함을 새겨 놓았습니다. 하지만 하늘나라에서는 더 크고 더 아름다운 이름이 새겨졌으리라 믿습니다.

이제 연변과기대는 자라서 이 넓은 중국에서 중점 대학이 되었습니다. 그러나 이보다도 세우신 연변과기대에서 길러진 학생들이 바로 목사님의 자랑이며 보람일 것입니다. 지금 졸업생들은 중국 전역은 물론 온 세계로 나아가 그들이 받은 사랑을 전파하고 있습니다. 사랑의교회에서 목사님을 도우며 중국어 예배를 인도하는 류영준 사역자도 바로 연변과기대 졸업생이지 않습니까?

이뿐만이 아닙니다. 더 크고 놀랍고 감사한 일이 벌어졌습니다. 이 연변과기대의 아름다운 열매를 바탕으로 평양에도 평양과학기술대학(평양과기대)이 세워지지 않았습니까? 목사님이 터전을 마련하여 지어 주시고 키워 주신 연변과기대가 없었다면 결코 평양과기대도 없었을 것입니다. 많은 사람이 절대로 불가능하다며 반대하고, 더 나아가 미워하고 저주까지 하는 북한 땅, 북방 사역의 마지막 보루인 북한 땅에도 이제 사랑의 터를 둔 평양과기대가 서고 지난 7월부터는 학생들이 들어와 공부하기 시작하였습니다. 목사님에게서 제자훈련을 받아 예수의 제자가 된 교수들이 가서 그들을 가르치며 또 제자를 삼을 것입니다. 지난봄에 건강이 회복되면 꼭 평양과기대에 가보고 싶다고 하셨는데 가보지 못하시고 먼저 가신 목사님, 저희 마음이 허전합니다. 지난 23년간, 그 어려운 북한 땅을 드나들며 꾸준히 돌보고 먹여 주고 치료하여 주고 사랑하여 준 보답으로 이런 결실이 있었다고 여깁니다. 더 나아가, 그들과 이 일을 하는 저희를 위하여 쉬지 않고 기도하며 후원하여 주신 목사님과 사랑의교회 성도들의 은혜라 여겨 감사의 말씀을 드립니다.

그러나 이 시간이 지나면 아무래도 우리는 연약한 인간이기에 당신이 떠난 자리가 늘 아쉽고 당신의 그 웃음 띤 얼굴이 언제나 그리움으로 남을 것입니다. 크게 외치시던 그 은혜로운 말씀이 더 듣고 싶어질 것입니다. 때로는 말씀에 갈증이 나고 허기져 눈물을 흘릴 것입니다.

하오나 목사님, 예수님께서 살아 계실 때 배신하였던 제자들도 부활의 예수님을 만난 후로는 모두 하나가 되어 예수님을 위하여, 복음 위하여 충성하였듯이, 우리 또한 목사님을 먼저 보내 드리고는 더욱 하나 되어 하늘나라 위하여 당신의 뜻 따르며 하나님께 충성을 다할 것입니다.

옥한흠 목사님, 천국에서 웃으며 다시 만납시다. 할렐루야.

김진경 총장 · 연변과학기술대학

옥한흠_은혜의 발걸음 말콤 맥그리거

2008년 12월 말콤 맥그리거 SIM국제선교회 총재와

"목사님은 하나님이 주신 비전에, 마치 목마르신 예수님께
냉수를 한 그릇 드리듯 헌신하였습니다. 사역을 위해 긴 세월 동안
엄청난 자기희생을 하시며 각 성도를 예수님의 제자로 훈련시키셨습니다."

옥 목사님에 대해서는 「평신도를 깨운다」라는 책을 읽은 것이 전부였던 저희 부부는 2006년에 사랑의교회 '평신도를 깨운다 제자훈련 지도자 세미나'(CAL 세미나)에 참석하는 은혜와 영광을 누리게 되었습니다. 거기서 저희는 지난 십수 년간 아시아와 아프리카 선교지에서 사역하며 느낀 것들에 대한 해답을 얻었으며, 목사님의 제자훈련에 큰 영향을 받았습니다.

저희 부부는 18년 동안 아프리카 나이지리아와 에티오피아에 거주하며 선교사로 사역했습니다. 또한 지난 30년 동안 아시아, 아프리카 및 남아메리카 지역을 돌며 여러 사역을 하게 되었지요. 이 기간은 전 세계적으로 교회가 폭발적으로 성장한 기간이었지만 말씀에 대한 가르침과 제자훈련의 중요성을 간과했던 시기이기도 합니다. SIM은 각 선교지에 교회를 개척하고 개척한 지역교회와의 협력을 중요하게 여기며 바로 그러한 협력을 통해 예수 그리스도의 세계 선교 사역을 이루어 나가는 단체입니다. 그럼에도 우리는 세워진 각교회의 DNA 속으로 제자훈련을 위한 열정을 스며들게 하는 일에 실패하였습니다. 지금도 교회 성장을 위한 복음전도 사역에서는 엄청난 열정을 엿볼 수 있는 반면, 성도 한 사람, 한 영혼을 예수 그리스도를 따르는 진정한 제자로 만드는 일에는 부족한 점이 많은 것이 현실입니다.

국제총재로 부임한 후 바로 이러한 맹점을 보완할 수 있는 교회를 찾는 것이 우리 사역의 우선순위였습니다. 그러던 중 샬롯에 있는 국제본부를 방문한 옥한흠 목사님과 사랑의교회 제자훈련의 목회철학을 알게 되었습니다. 솔직히 규모가 큰 대형 교회에 선입견이 없지 않았는데, 사랑의교회 내부를 자세히 들여다 보니 목회철학의 핵심 가치가 성도 한 사람 한 사람을 주님이 가신 길을 진정으로 따르는 성숙한 제자로 철저히 변화시키는 데 있었습니다.

목사님의 사역의 본질은 세상으로부터 부름 받은 하나님의 백성과 함께 교회를 이루어 하나님께 예배를 드림과 동시에 각 성도를 세상으로 보냄 받은 그리스도의 군사로 무장시켜 복음을 전하게 하는 것이었습니다. 교역자가 아니라 평신도가 주역이 되어 이런 사역을 한다는 사실이 참으로 놀라웠습니다.

솔직히 말씀드리면 사랑의교회가 어떻게 초창기 9명을 데리고 개척했을 당시부터 30년이 지나 재적 8만 명이 되도록 이런 동일한 사람을 세우는 비전을 잃지 않고 달려올 수 있었는지가 저에게는 큰 의문이었습니다. 옥한흠 목사님과 만나 한 영혼을 향한 양육과 훈련에 대한 그분의 마음과 열정을 확인하였을 때 이러한 의문이 풀렸습니다. 바로 그것이 핵심이었다는 것을 알 수 있었지요. 교회의 양적 성장이 주목적이 아니라 제자훈련으로 일당백의 사람을 키워내는 것이 사랑의교회 사역의 핵심이었습니다. 하나님은 사랑의교회에 양적 부흥을 허락하셨지만 그럼에도 불구하고 한 영혼을 제자화하는 일에 들어가는 헌신과 희생은 계속 이어져왔습니다. 바로 이러한 요소들이 전 세계 수많은 교회에서는 찾아보기 힘든 것이라 할 수 있습니다.

성장은 우리 삶의 모든 영역에서 동일하게 일어나는 현상입니다. 우리 자녀와 사업, 심지어는 우리가 가꾸는 정원, 국가의 경제도 성장합니다. 성장이 없는 정체는 도태를 불러옵니다. 우리가 보통 교회 성장을 이야기할 때 대부분의 지도자들은 양적 성장과 통계를 중요하게 생각합니다. 다른 여러 교회와 눈에 보이는 사역의 결과를 비교하고 평가하기에 용이하기 때문이지요. 그러나 이는 틀린 생각입니다. 우리 하나님은 양적 성장도 중요하게 생각하시지만 각 성도의 제자도에 관심이 있으십니다. 매일매일 세상에서 예수님을 닮아 가는 삶을 중요하게 생각하십니다. 바로 이런 목회철학 안에서 목사님의 심장 박동을 발견할 수 있었습니다. 하나님께서 목사님께 맡겨 주셨던 소수의 영혼을 통해 놀라운 다수로 성장시키는 역사를 이루셨습니다.

2008년 11월 SIM 국제본부는 인도, 에티오피아, 파라과이, 나이지리아, 파키스탄, 잠비아 등 세계 여러 지역에서 사역하는 선교사들과 현지 교회 지도자들을 CAL 세미나에 참석시켰습니다. 이 지도자들이 꼭 옥한흠 목사님의 가르침을 배우고 돌아가야 한다는 생각에 저희 부부는 1년의 준비 과정을 거쳐 선발한 이들 지도자들과 함께 다시 CAL 세미나에 참석하게 되었습니다. 이 지역 교회들은 회중을 제자로 훈련하고 키워 내는 사역이 무엇보다도 시급했습니다. 참석자들은 엄청난 충격을 받고 돌아갔으며 이미 나이지리아와 에티오피아, 잠비아 지역에서 제자훈련을 교회 사역에 접목하려는 노력들이 계속 일어나고 있습니다.

목사님의 겸손함은 우리 부부에게 큰 영향을 주었습니다. 모든 사람에게 항상 자신을 열어 오픈하시는 분이었습니다. CAL 세미나 기간 중 예기치 않게 목사님과 엘리베이터를 함께 타게 된 제 아내가 들려준 이야기입니다. 다음 강의를 위해 내려가시는 목사님을 위해 다른 젊은 한국 목사님들이 엘리베이터에서 내리려고 했을 때에, 목사님은 그들에게 내리지 않아도 된다며 함께 엘리베이터를 타고 내려가셨다고 합니다. 내려가는 중에도 거기 같이 탔던 한 분한 분과 따뜻하게 이야기를 나누며 내려가셨다는 이야기를 제 아내에게서 들었습니다. 목사님은 하나님이 주신 비전에, 마치 목마르신 예수님께 냉수를 한 그릇 드리듯 헌신하였습니다. 사역을 위해 긴 세월 동안 엄청난 자기희생을 하시며 각 성도를 예수님의 제자로 훈련시키셨습니다. 비전을 품고 스스로 본을 보이며 사역에 임했던 리더이셨기에 저희 부부는 목사님과 친분을 맺었다는 것을 큰 영광으로 생각합니다. 또한 목사님이 저희 부부의 남은 사역에 큰 영향력을 끼친 분이라는 사실을 숨길 수가 없습니다.

서울의 병원에서 고투하고 계신다는 소식을 들었을 때 옥 목사님을 기억하는 저희 부부와 같은 전 세계 사람들이 중보기도로 하나님께 간구하였습니다. 히스기야 왕같이 하나님께서 목사님의 삶을 연장시키시는 은혜를 체험하게 해달라고 말입니다. 하나님이 이를 허락하지는 않으셨지만 우리는 목사님이 하나님이 친히 주신 비전을 품고 평생 전력 질주하셨다는 사실과 전 세계 수많은 사역자들의 마음에 목사님의 동일한 비전이 살아 숨 쉬고 있다는 사실을 잊지 않고 간직할 것입니다. 이는 목사님이 지상 교회에 남겨 주신 위대한 유산입니다.

옥한흠 목사님에 대한 깊은 감사의 마음을 담아,

전 세계 선교지에서 모인 SIM 선교사들과 함께 태국 치앙마이에서,

말콤 맥그리거와 리츠 드림

말콤 맥그리거 총재 · SIM국제선교회

"특별히 교회에서 중요한 직분을 받은 분들은
더욱 귀담아 들으시기 바랍니다. 변화되고 성장하는 성도가 되십시오.
물론 문제를 일으키는 사람이 없을 수는 없습니다.
그러나 교회 안에 아름답고 믿음직스러운 성도들이 더 많다면
그 교회는 좋은 교회라 할 수 있을 것입니다.
좋은 교회가 되려면 목사에서 어린아이까지 영적으로 자라 가야 합니다.
물론 성장의 목표는 예수 그리스도를 닮는 것입니다.
이것은 쉽지 않은 일입니다. 예수께서 우리를 초청하십니다.
"누구나 올라오라!" 우리는 부르심을 따라가면 되는 것입니다.
계시록의 일곱 교회를 보십시오.
처음에는 좋은 교회였으나 어느 순간 성장을 멈췄고 썩어 갔습니다.
자라기를 멈추면 절대로 좋은 교회가 될 수 없는 것입니다."

'좋은 교회의 꿈을 갖자' 중에서

옥한흠_은혜의 발걸음 박광석

2006년 5월 프랑스, 칼빈 생가 앞에서

"어떻게 아셨을까. 영적으로 흔들릴 때마다,
위기를 겪을 때마다 이메일로 당신의 마음을 전하셨다.
'사랑하는 박 선교사와 사모에게…'"

나를 포함한 모든 사역자의 축복과 행복이라면, 이 시대 주님이 각자에게 맡기신 사명과 비전을 붙들고 고민하며 사역현장에서 최선을 다하는 일일 것이다. 한 시대에 대한 사명의식을 가지고 사역현장 가운데 서 있는 사역자들에게 평생 내가 맡은 사역과 영적 삶에 그림이 되고 본받을 선배와 멘토가 있다는 것은 더더욱 큰 행복이자 축복이요, 이 땅에 사는 동안 어느 누구에게서도 받을 수 없는 포기할 수 없는 큰 격려일 것이다.

선교사로 보냄을 받고 현장에 머문 세월이 어느덧 스물네 해가 지나간다. 세월이 흐른 만큼 사역에서 기쁨과 행복과 희열을 맛보기도 했고, 때로는 좌절의 아픔을 겪기도 했으며, 위기를 맛보기도 했다. 그러나 이것 때문에 한 번도 좌절해 본 적은 없었다. 사역지에서 오랜 세월 우리 가족에게 가장 힘들었던 일은 영적으로 우리를 날마다 주님 앞에 세워 나가는 일이었다.

영적으로 무너져 스스로 헤어 나올 수 없는 큰 위기를 겪을 때도 있었다. 그럴 때마다 선교현장에서 무너지지 않고 위기의 수렁에서 헤쳐 나와 다시 주님 앞에 설 수 있었던 것은 내 생애에 두 분의 소중한 영적 멘토가 있었기에 가능했다.

지난 스물네 해 동안 우리 가족이 크고 작은 영적 위기를 맞을 때마다 그것을 극복할 수 있었던 배후에는 언제나 옥한흠 목사님이 자리 잡고 있었다.

어떻게 아셨을까. 영적으로 흔들릴 때마다, 위기를 겪을 때마다 이메일로 당신의 마음을 전하셨다. "사랑하는 박 선교사와 사모에게…."

언제나 첫 문장은 아내인 김남희 선교사에게 전하는 당신의 섬세하고 부드러운 마음의 안부로 시작된다. 그런 다음 가족의 안부와 사역에 대해 묻고, 마음을 움직이는 격려를 아끼지 않으신다. 그런 후에 당신이 목회를 하면서 사역자로 하나님 앞에 어떤 자세로 일관하는지를 말씀하신다.

"부름 받은 증인이 지치면 큰일 난다. 증인이 지치면 모든 것이 끝이다. 정신 차려 지치지 않게 최선을 다해라." "조그마한 일이라도 그냥 지나치지 말고 하나님을 의지하고 사역해야 한다. 어떤 일이 있어도 하나님의 뜻이 아니라면 가지도 말고 시작도 하지 마라. 늘 하나님의 음성에 민감해야 한다."

장문의 글은 아니라도 이메일 군데군데 보이는 오자가 당신이 직접 메일을 쓴 흔적이 그대로 드러나 있어 우리 부부를 향한 마음이 더 진하게 깊이 자리를 잡는다. 또한 사역자로 주님 앞에서 하루하루 어떻게 당신을 세워 나가시는지를 삶으로 보여 주시는, 마치 영적으로 위기에 처한 우리 부부에게 경고하는 말씀으로 들려오는 것 같다. 그래서 다시 긴장하며 일어나 사역을 붙들게 만드시는 우리 부부의 영적 스승이자 멘토셨다.

그래서 우리 부부는 언제나 이렇게 말한다. 황량하고 척박한 땅에 살지만 우리는 축복을 누리며 사는 행복한 선교사라고.

또한 선교사의 마음을 품은 목회자셨다. 목사님은 어느 목회자보다 선교사들에 관대하시고 넉넉한 분이셨다. 아마도 그 이유는 목회자이기에 선교사의 삶을 직접 공유하지 못하는 부담감이 언제나 목회현장 가운데 마음에 자리를 잡고 있었던 것 같다. 나이를 불문하고 현장에서 사역하는 선교사를 마주하시면 언제나 한없이 자세를 낮추시며 항상 듣고만 계시는 목사님, 그리고 또 다시 마음에 부담감을 가지시고 목회현장에 전념하시는, 선교사의 마음을 품고 헤아리시는 목회자였다.

1991년 4월에 일어난 쿠데타가 참혹한 시에라리온 내전 11년의 서막을 알리는 시발점이라는 사실을 어느 누가 예측할 수 있었을까. 가난하고 힘없는 헤아릴 수 없이 수많은 사람들이 내전의 희생양이 되었고, 수많은 젊은이들이 납치되어 반군의 앞잡이로 내전의 소용돌이 속으로 휘말려 들어갔다. 시에라리온 내전은 공식적으로는 4만, 비공식적으로는 6만에 육박하는 사람들이 반군의 도끼에 두 손 두 발이 잘려 평생 불구로 살아가야 하는, 세계 전쟁 역사 가운데 가장 참혹한 전쟁으로 기록되었고, 20만 명이 넘는 아까운 생명이 희생되었다. 그렇지만 헤아릴 수 없는 수많은 사람들이 아픔을 겪고 지금까지 고통 속에 처해 있는 이 사실을 아는 사람은 그렇게 많지 않다.

우리 가족은 내전이 시작될 때부터 시에라리온 수도에서 북쪽으로 기니 국경 가까이 있는 카발라 마을에서 사역하면서 정치적으로 나라 전체가 내전의 기운에 휩싸이는 모습을 목격했다. 점점 피폐해져 가는 사람들을 위해 사역하면서 슬픔과 절망 속에 처한 내전이 종식되기만을 기도하고 있었다.

선교본부에서는 신변의 안전을 위해 1991년 이후 여러 차례 철수를 요구했지만 우리는 그곳을 쉽게 떠날 수가 없었다. 마을 전체가 무슬림들이었기에 오랜 시간 어렵사리 이들과 쌓은 관계를 내전을 핑계로 내팽개치기가 쉽지 않았다. 또한 무슬림 마을에서 오랫동안 제자훈련을 통해 제대로 된 예수의 제자 한 사람 세우기 위해 최선을 다해 이제 리더십이 세워져 교회가 개척된 지 얼마 되지 않았기에 포기하기가 쉽지 않았다. 그러나 1994년 11월 7일, 우리가 사역하던 카발라 마을에 반군이 들이닥쳤다. 집집마다 불을 지르고 우리 집은 반군의 처소가 되었다. 개척한 교회와 형제 여러 명이 반군 손에 희생되었고 젊은 형제 몇 명은 납치까지 당했다. 우리는 수도로 대피해 한동안 머물렀다. 최악의 상황에 우리는 많이 지쳐 있었다. 이런 상황을 견디며 사역하는 것에 한계가 왔다.

그때 전화벨이 울렸다. 전화기를 든 내 손은 떨리고 목이 메어왔다. 독일 OM선교회 컨퍼런스에 오셨다가 영국에 들르신 목사님의 전화였다. 여러 번 시도해도 국제 전화를 연결하기가 쉽지 않은 지역인데 어렵사리 전화를 주셨다. "영국에 와보니 너희들 사역하는 시에라리온까지 6-7시간이면 갈 수 있는데 가보지 못해서 너무나 미안하구나. 너희들이 겪고 있는 상황 가운데 함께하지 못해 미안하구나." 이미 상황을 듣고 계신 목사님이 어렵게 전화를 연결해 우리 가정을 염려하시며 격려와 안부를 전하신다. 그리고 현재와 같은 내전 상황에서 우리가 어떤 태도를 취해야 하는지 당신의 의중과 조언을 전하신다. 옥 목사님의 목소리를 들은 우리 부부가 너무나 지쳐 있어서일까? 마음 깊이 북받쳐 오르는 감정과 눈물을 주체할 수가 없었다.

그렇게 목사님은 내전 가운데서 힘들게 사역하던 우리 부부를 격려해 주시며 상황을 이해하시고 가장 마음 아파해 주셨다. 말과 생각만 앞세우지 않으셨다. 어느 누구도 쉽게 할 수도, 품을 수도 없는 가슴과 마음으로 우리 가정을 다루며 세우셨다. 그때 목사님이 우리 부부에게 보여 주신 세심한 배려와 자상한 격려는 지금까지 선교지에서 사역을 지속하게 해준 큰 원동력이 되고 있다.

우리 가정이 옥한흠 목사님을 만난 지 어언 30년의 세월이 흘렀다. 그 오랜 세월 직접 찾아뵙고 교제할 수 있었던 시간은 그렇게 많지 않다. 24년 선교 사역 중에 당신이 가장 힘겨운 시간에도 여러 차례 직접 이메일과 전화로 그렇게 우리 가정에게 격려와 사랑의 마음을 전해 주셨던 분, 우리 부부가 때때로 힘든 시간을 지나며 감당할 수 없는 위기에 처해 아픔을 겪을 때, 누군가의 필요를 절실히 원하며 지쳐 있을 때, 항상 그 현장에는 목사님이 개입하셔서 우리를 세워 주셨다. 그 따스한 마음과 자상하신 목소리는 늘 우리 부부 가슴에 지워지지 않는 사랑으로 전해온다. 그래서 우리 부부 이렇게 말한다.

당신은 선교사의 마음을 품은 목회자였습니다.

박광석 선교사 · 시에라리온

옥한흠_은혜의 발걸음 **박성규**

1983년 1월 사랑의교회 부교역자들과 함께

"히브리서 11장 4절 말씀이 생각납니다. '그가 죽었으나 그 믿음으로써 지금도 말하느니라.'
목사님은 죽음으로 사라지신 것이 아니라, 더 강력하게 나타나셨습니다.
목사님의 죽음은 무언의 침묵이 아니라 무언의 웅변이었습니다."

옥한흠 목사님의 천국환송예배와 하관예배는 또 하나의 제자훈련 시간이었습니다. 거기서 저는 다시 한 번 제자훈련의 지도자 옥한흠 목사님을 만났습니다. 그리고 이제까지 만난 그 어떤 만남보다도 가장 강력한 교훈을 받았습니다. 히브리서 11장 4절 말씀이 생각납니다. "그가 죽었으나 그 믿음으로써 지금도 말하느니라." 목사님은 죽음으로 사라지신 것이 아니라, 더 강력하게 나타나셨습니다. 목사님의 죽음은 무언의 침묵이 아니라 무언의 웅변이었습니다.

제가 목사님을 만난 것은 1980년 9월 내수동교회 대학부에서였습니다. 1980년 대학 1학년이었던 저는 대전에서 올라와 교회를 정하지 못하고 있다가 2학기에 친구 소개로 내수동교회에 갔습니다. 저는 그해 여름수련회에는 참석하지 못했지만, 참석했던 형제자매들에게서 옥한흠 목사님이 강사셨고, 수련회에서 수많은 대학생들이 복음을 믿고 구원받은 감격을 나누었다고 들었습니다. 이렇게 옥한흠 목사님과 저의 만남은 얼굴로 대면한 만남이 아닌 소문으로 대면한 만남이었습니다. 그 후 군목으로 있을 때 내수동교회 선배들 사이에 끼여 몇 번 목사님을 뵈었습니다.

그리고는 제가 남가주사랑의교회 선임부목사로 있을 때 미주 제자훈련 세미나 주강사로 오신 목사님을 뵐 수 있었습니다. 열정을 품고 광인론을 외치시던 목사님의 모습에서 무한한 도전을 받았던 것을 잊을 수가 없습니다. 그 시절 목사님을 가까이서 모실 때마다 느꼈던 것은 목사님이 꾸밈이나 과도한 대접을 참 싫어하신다는 것이었습니다. 목사님은 늘 목회의 본질을 붙잡으라고 제게 말씀해 주셨습니다.

제가 부전교회에 담임목사로 부임하여 제자훈련을 시작하고, 78년의 역사를 가진 전통 교회의 당회와 교회에 변화가 나타난다는 소문을 들으시고 그토록 기뻐하셨던 목사님을 지금도 잊을 수가 없습니다. 전화를 드릴 때마다 "네 소식은 듣고 있다. 계속 잘해라" 하시면서 늘 관심을 아끼지 않으시고 격려해 주시던 목사님을 기억합니다.

지금도 사역훈련 중에 목사님의 저서 「평신도를 깨운다」를 훈련생들과 읽으며 목사님을 만나고 있습니다. 제자훈련의 뿌리가 되는 교회의 사도성에 대한 목사님의 재발견은 제게도 제자훈련을 감당할 큰 확신을 주었습니다. 오늘의 교회는 사도성을 계승하는데, 그것은 사도의 교훈(신약성경)과 사역(복음전도와 사회봉사)을 계승하는 것이라고 말씀하셨습니다. 사도적 신앙(성경)에 의해 훈련받은 제자가 될 때 비로소 사도의 사역인 지상명령을 수행할 수가 있습니다. 지상명령을 수행하기 위해서는 바른 복음전도와 사회봉사를 해야 하는데, 이것은 성도들을 그리스도의 제자로 훈련해야만 성취할 수 있다는 말씀입니다. 이것은 제자훈련의 목적을 제게 알려 주었습니다. 제자훈련의 목적은 교회의 소명 회복입니다. 즉 교회가 세상으로부터 부름 받은 하나님의 백성이라는 특권에 머물지 않고, 세상으로 보냄 받은 그리스도의 제자라는 소명을 위해 살아야 한다는 것입니다. 결국 제자훈련은 세상을 구원하며 변화시키는 하나님 나라를 위한 훈련이라는 확신이 들었습니다.

저는 목사님의 천국환송예배와 하관예배에 참석하면서 다시 한 번 목사님을 만나 가르침을 받았습니다. 목사님은 살아 계실 때보다 더 강력한 목소리로 말씀하셨습니다. 저의 제자훈련이 목사님의 광인론에는 너무나 부족하다는 것입니다.

저는 천국환송예배를 드리며 하나님 앞에서, 목사님 앞에서 주께서 맡기신 성도들을 그리스도의 제자다운 제자로 세워 가는 일에 성령님의 능력 안에서 힘을 다하여 섬기겠다는 결단을 했습니다. 그리하여 작은 자가 천을 이루며 약한 자가 강국을 이루는 메시아 시대의 환상이, 목사님과 함께 꿈꾸던 제자훈련이 저희 교회에서도 이루어지길 소원합니다.

"그가 죽었으나 그 믿음으로써 지금도 말하느니라."

박성규 목사 · 부전교회

옥한흠_은혜의 발걸음 박성수

1983년 7월 사랑의교회 새성전 기공예배에서

"사도 바울처럼, 잡은 줄로 여기지 않고 앞에 있는 것을 잡으려고
푯대를 향해 계속 달리고 경주하는 삶을 사셨다.
교회가 커지고 명성을 얻으면 그 자리에 안주하는 목회자들과 비교되는 분이었다.
자신의 부족을 심하게 확대하여 보는 분이기에 가까운 제자들에게조차 겸손하였다."

누가 내게 옥한흠 목사님에 대해 묻는다면 세 가지로 설명할 것 같다.

첫째, 일찍 깨었던 분이다. 한국 교회가 성과 속을 구분한 이원론적 사고에 갇혀 있을 때 철저히 일원론적 신앙을 가지셨던 분, 세상 모든 영역을 하나님의 영역으로 파악했던 분이었다. 목사님을 교회에서 처음 만난 1970년대 한국 교회는 지금은 누구에게나 익숙한 구원의 확신이라는 개념조차 이단시했다. 헌신했다면 목회자가 되어야 하는 때였고, 교회 바깥은 죄악으로 가득 찬, 할 수 없이 몸담는 곳이었다. 목사님은 제자들에게 교회 밖으로 나가 직업을 통해 세상을 복음으로 정복하고 하나님 나라로 바꾸라고 가르치셨다. 그리스도인으로서 기업을 이끄는 나도 다른 지도자를 만났다면 목회의 길을 걸었을지 모르겠다. 내가 사랑의교회 장로가 된 이후에도 목사님은 내게 교회 일을 맡기지 않았다. 내 회사를 사역지로 인정하고 일체 부담을 덜어 주셨다. 직원들을 사랑의교회 교인으로 요구하시지도 않았다. 하나님 나라의 확장으로 족하게 여기셨다.

둘째, 계속 성장하신 분이었다. 자신의 노력과 현재 수준에 결코 만족하지 않으셨던 분이다. 설교와 사역을 사전에 철저히 준비해야 했던 분이다. 머리가 좋은 분이셨지만, 내겐 재능보다 노력의 사람으로 항상 여겨졌다. 설교는 언제나 뛰어났지만 40년간 계속 발전하였다. 과거의 자신을 계속 따라잡아야만 만족하는 분이었다. 사도 바울처럼, 잡은 줄로 여기지 않고 앞에 있는 것을 잡으려고 푯대를 향해 계속 달리고 경주하는 삶을 사셨다. 교회가 커지고 명성을 얻으면 그 자리에 안주하는 목회자들과 비교되는 분이었다. 자신의 부족을 심하게 확대하여 보는 분이기에 가까운 제자들에게조차 겸손하였다. 제자들에게도 언제나 친하게 대하였으나 함부로 하지 않은 분이었다.

셋째, 하나님께 의존하는 분이었다. 옥한흠 목사님처럼 노력했던 하나님의 사람은 드물 것이다. 그럼에도 하나님의 일은 하나님께 의뢰해서만 이루어진다는 것을 언제나 기억하는 분이었다. 준비나 노력 이상으로 기도에 의존하고 성령께 의뢰하는 분이었다. 노력의 중요성과 그 한계를 균형 있게 아는 분이었다. 자식과 제자는 아비와 스승에게서 말보다 행동으로 배운다. 내가 가장 크게 목사님께 배운 것은 이것이었다. 30년 회사생활 동안 남보다 더 노력하는 것과 아침 첫 시간에 기도 시간과 경건의 시간을 갖는 것이었다.

이 세 가지 외에도 목사님의 기여와 가치를 설명하고 싶은 중요한 내용이 있다. 나는 목사님을 제2의 종교개혁을 일으킨 분으로 생각해왔다. 기독교는 종교개혁으로 가톨릭의 전통에서 성경으로 돌아왔지만, 그 뒤 수백 년 동안 가톨릭 사제의 중재자 역할이 개신교에서 없어지지 않았다. 한국 교회에서도 목회자가 양이 어릴 때 지던 양육 책임을 계속 지려 하는 전통이 남아 있었다. 사실상 구약의 제사장들, 가톨릭의 사제 역할에서 크게 벗어나지 못한 것이다. 하나님과 양 사이에 목회자가 계속 서 있다면 예수님의 십자가 이후 성전의 막이 찢어진 것은 의미가 없지 않은가.

목사님이 사랑의교회에서 정립한 제자훈련은 신약의 의미답게 모든 성도가 제사장으로 하나님 앞에서 자기 인생의 제사를 직접 드릴 수 있도록 하는 것이었다. 이것은 양이 성장해야 가능하다. 성장하지 않는 양은 언제까지나 목자가 설교로 먹여 간신히 목숨을 유지하는, 젖 먹는 아이나 마찬가지다. 부모가 아이를 키울 때는 독립이 목표다. 키나 지식이 자라지 않으면 조바심을 내고 좋은 것을 먹이고 학원까지 보낸다. 아이가 자신을 떠날 수 있을 만큼 성장해야 부모는 비로소 의무를 다했다고 생각한다. 그러나 이런 목회자나 교회는 많지 않다. 자신에게 언제까지나 의존하는 양을 당연히 생각하고, 양의 성장과 관계없이 양의 숫자에만 관심 있는 목자들이 있다. 그러나 목사님은 언제나 영적 어른을 기대하셨다. 대학생이었던 우리에게도, 사랑의교회 초신자에게도, 가급적 빠른 시간 내에 성장하여 독립하고 영적 아이를 낳고 돌보는 부모가 되기를 바랐다. 성장한 그리스도인이어야 사회에서도 승리할 수 있다. 월요일부터 토요일까지 스스로 하나님의 공급을 받아야만 세상을 하나님 나라로 바꾸어 나갈 수 있다. 목회자에게 매어 있는 어린 양은 사회에서 이기기 어렵다.

내가 목사님께 배운 제자훈련과 하나님과 매일 갖는 기본 생활은 세상과 직업에서 승리할 뿐 아니라 모든 세상과 사람을 하나님 나라와 권세로 인도하는 목표를 갖게 하였다.

그래서 나는 목사님의 제자훈련의 의미를 제2의 종교개혁으로 여겨왔다. 목사님은 예수님이 하신 두 가지 일, 곧 중재자 없이 하나님과 교통의 문을 여시고, 제자들을 성장시켜 그들 스스로 하나님 나라를 개척하도록 하신 일을 재현하여 한국과 세계 교회에 커다란 도전을 하셨다.

박성수 회장 · 이랜드그룹

옥한흠_은혜의 발걸음 **박용규**

1985년 1월 사랑의교회 새성전 입당식에서

"당시 나는 학문적인 글보다는 대중을 염두고 두고 글을 전개한 것이 사실이었다.
처음 이 말씀을 들었을 때는 섭섭한 마음도 없지 않았지만
결과적으로 그 조언은 정확한 진단이었다."

동서양을 막론하고 기독교 역사의 어떤 인물이 교회를 깨우기 위해 40여 년이 넘도록 한 가지 철학을 품고 흔들리지 않고 혼신을 다해온 사례는 많지 않다. 아니, 보기 드문 일이다. 옥한흠 목사님을 역사에서 높이 평가해야 할 이유가 여기 있다. 한국 교회가 나아갈 방향을 역사신학자로서 깊이 고민하고, 바라는 바를 목회 일선 및 교단과 한국 교계에서 뛰어난 리더십을 통해 놀랍게 구현해 나가는 모습을 보면서 존경을 금할 수 없었다. 미국 유학 시절 목사님의 설교 테이프를 듣고 깊은 감동을 받았던 기억이 새롭다. 그런 옥한흠 목사님을 만날 수 있었던 것은 내 생애에 너무도 큰 축복이었다.

2003년 가을, 신학생들의 영적갱신 문제를 놓고 고민하던 나는 목사님을 찾아뵀다. 그때 목사님은 거침없이 이렇게 말하셨다. "신학생들이 살아야 한국 교회가 산다고 생각합니다. 신학교 교수들이 연합해서 이 일에 앞장선다면 기꺼이 돕고 싶습니다." 2003년 11월 13일, 17개교 신학교 교수가 모여 결성한 '한국 신학교 영적갱신을 위한 신학교수 신학생 기도모임'(KR)은 이렇게 시작

되었다.

2005년 우리 교단이 평강제일교회 영입 문제로 혼란스러웠을 때도 목사님은 교단과 한국 교회의 순결을 지키는 일에 앞장섰다. 총회 일각에서 영입을 찬성하는 상황에서 쉽지 않은 일이었다. 그러나 늘 그렇듯이 목사님은 그 일이 한국 교회와 교단 전체를 위해 꼭 필요한 일이라고 확신하고 주저하지 않고 앞장섰다.

2007년에 평양대부흥운동 100주년을 맞아 한국 교회의 많은 교단이 각자 기념행사를 준비하고 있을 때도 100주년이 어느 특정 교단의 전유물이 되어서는 안 된다는 생각에 상암월드컵경기장에서 교단과 교파를 초월하여 연합 기념행사를 할 수 있도록 배후에서 중요한 리더십을 발휘한 분도 옥한흠 목사님이셨다. 그가 사명감으로 감당한 많은 일을 하나님께서 축복하셨듯이 100주년 기념대회 때 하나님은 목사님의 설교에 기름을 부어 주셨다. 그날 상암에 모인 10만의 청중은 물론 방송이나 인터넷으로 지켜본 수많은 국내외 교우들에 큰 감동을 주었던 사실은 널리 알려진 일이다.

옥한흠 목사님은 이타적인 사랑을 실천하신 인간적인 분이셨다. 내가 암 수술을 앞두고 있을 때 당신의 건강도 안 좋으신 상황인데도 여러 차례 전화로 격려해 주셨다. 내가 "목사님은 어떠세요?" 말씀드리면 그는 "박 교수, 나는 살 만큼 살았잖아. 박 교수야 아직 젊고 할 일이 많은데 건강해야지"라며 자신의 건강 문제는 뒤로하고 다른 사람의 건강을 먼저 챙기시던 분이셨다.

때로는 따끔한 충고로 좀더 열심을 다해 맡겨진 일에 최선을 다하도록 도전을 주셨다. 지금부터 12년 전인 1998년의 일이다. 사랑의교회가 20주년을 맞아 지난 역사를 정리하는 책임을 맡고 일을 진행하면서 1년 후 초고를 만들어 목사님께 드렸을 때, 목사님은 원고를 다 읽은 후 진심 어린 조언을 주셨다. "이 원고를 다른 학자가 썼다면 모르지만 박 교수 이름으로 이 원고를 출간하면 박

교수의 명예에 손상이 가지 않을까요?" 당시 나는 학문적인 글보다는 대중을 염두에 두고 글을 전개한 것이 사실이었다. 처음 이 말씀을 들었을 때는 섭섭한 마음도 없지 않았지만 결과적으로 목사님의 조언은 정확한 진단이었다. 그렇게 해서 사랑의교회가 20주년을 맞는 1998년에 그 책이 출간되었다. 12년이 흐른 지금에도 나는 그런 솔직한 조언을 주신 목사님께 마음 깊이 감사하고 있다.

옥한흠 목사님은 개인과 가정보다는 사랑의교회를, 필요할 경우 사랑의교회를 넘어 한국 교회 전체의 유익을 먼저 구했던 분이다. 세상 직함이나 자리보다는 하나님의 영광을 먼저 구했던 목사님은 분명 세계 기독교를 빛낸 한국 교회가 낳은 위대한 인물이다.

박용규 교수 · 총신대학교신학대학원

옥한흠 _ 은혜의 발걸음 박 원 순

"오늘날 한국 교회가 모두 깨끗하고 신뢰받는 것이 아닌 상황에서
당신의 아름다운 퇴장은 많은 신자와 국민을 감동시켰습니다.
당연한 일이라고 당신은 겸손해했지만 그러나 당신의 아름다운 퇴장이 당연하지 않은 것은
우리 시대의 절망 때문입니다. 그것은 더운 무더위를 식혀 주는
한줄기 소나기와 같은 사건이었습니다."

"한국 교회의 큰 별이 지다." 많은 언론이 일제히 내건 헤드라인입니다. 바로 오늘 소천하신 옥한흠 목사님, 당신의 부음을 전하는 뉴스들입니다. 목사님은 수많은 그리스도인의 마음을 사로잡고 교회 개혁을 이룩한 몇 안 되는 기독교 지도자였기 때문에 이런 헌사는 당연한 일인지도 모르겠습니다. 그러나 저는 다르게 생각합니다. 목사님은 한국 교회의 지도자였을 뿐만 아니라 한국 사회의 큰 별이었고 정신적 지주였기 때문에 "한국 사회의 큰 별이 졌다"라고 해야 더 맞을 것입니다.

애달프고 애석합니다. 이제 우리가 신뢰하고 의지할 지도자가 몇 사람이나 이 땅에 남았는지 참으로 걱정스럽기만 합니다. 이제 누구를 의지하여 사회적 통합과 믿음의 불씨를 키우고 미래에 대한 희망을 가질 수 있다는 것입니까.

한 사회가 유지되는 것은 단지 법률과 제도에 의해서만은 아닙니다. 그 사회의 모범이 되고 사표가 되는 정신적 인물들에 의해 사회적 소통과 통합이 이루어질 수 있습니다. 옥한흠 목사님, 당신은 단지 그리스도인들로부터만 존경을

받은 것이 아닙니다. 당신을 흠모하고 당신을 사표로 생각하고 따르는 국민들이 아주 많았습니다. 저도 그 한 사람입니다.

옥한흠 목사님, 당신은 사랑의교회를 가장 모범적인 교회 공동체로 키우셨습니다. 당신이 키웠다기보다 당신의 순수한 믿음과 사랑의 헌신에 매료된 신자들이 구름같이 모여든 결과였습니다. 그러나 당신은 어느 날 정년을 한참 남기고 깨끗하게 뒤를 정리하고 떠나셨습니다. 오늘날 한국 교회가 모두 깨끗하고 신뢰받는 것이 아닌 상황에서 당신의 아름다운 퇴장은 많은 신자와 국민을 감동시켰습니다. 당연한 일이라고 당신은 겸손해했지만 그러나 당신의 아름다운 퇴장이 당연하지 않은 것은 우리 시대의 절망 때문입니다. 그것은 더운 무더위를 식혀 주는 한줄기 소나기와 같은 사건이었습니다.

오늘날은 아쉽지만 교회가 나라와 사회를 걱정하기보다 사회가 교회를 걱정하는 불합리한 상황에 처해 있음을 부정하기 어렵습니다. 교회는 화해와 일치 대신 분열과 갈등, 중용과 화해 대신 극단과 대결을 불러일으키기도 했습니다. 당신은 교회갱신을위한목회자협의회 대표회장, 한국기독교목회자협의회(한목협) 대표회장 등을 지내면서 한국 교회의 회개와 자성을 이끌어왔습니다. 저도 몇 차례 한목협 모임에 나가 우리 사회와 교회의 미래를 논의하는 자리에 목사님과 함께했습니다. 목사님은 늘 대화와 타협, 평화와 일치, 중립과 합리를 주장하면서 당신의 목숨이 끝나는 날까지 그 어려운 역할을 자임해왔습니다. 교계에서, 우리 사회에서 이제 누가 그 역할을 담당할 것입니까?

오랫동안 책과 강연을 통해 목사님을 사숙한 한 그리스도인은 "홀로 광야에 있는 기분"이라고 안타까워했습니다. 오늘 그런 기분을 느끼는 사람이 어찌 그 한 사람뿐이겠습니까? 진실로 목사님 없는 이 세상에서 우리는 갈 길 몰라 합니다.

박원순 변호사 · 희망제작소 상임이사

옥한흠_은혜의 발걸음 박은조

1988년 경배와 찬양 대학로 집회에서

> "그토록 염려하고 사랑했던 한국 교회를 두고 떠나시기에는 너무도 빠른
> 옥 목사님의 소천을 생각하면서 '지금이 정말 가장 정확한 시기인가?'라는
> 생각을 해보지 않을 수 없습니다. 하나님께서 그분을 지금 데려가셨으니
> 정확한 시기일 것입니다. 이제 우리는 더 이상 뒤를 돌아보지 말고
> 그분이 꿈꾸었던 미래를 바라보며 달려가야 할 시점입니다."

제가 고신 신대원을 졸업하고 사역지로 부임한 직후인 1982년 옥한흠 목사님을 처음 뵈었습니다. 당시 서울 강남의 5개 교회가 연합으로 자주 집회를 했습니다. 제가 서울영동교회의 실무자로 준비 회의에 가면 목사님을 비롯한 여러 어른들을 자연스럽게 뵐 수 있었습니다.

서울영동교회의 담임목사가 되고 1989년 영국에서 공부를 마치고 돌아올 무렵, 제자훈련 목회를 하고자 하는 마음을 주께서 제게 주셨습니다. 이전에 학생신앙운동(SFC)을 통해 받은 훈련과 교회 현장의 실전 경험이 있었고 영국에서 보낸 2년 반 세월 동안 나름대로 준비를 했습니다. 그러나 방향은 잡았지만 방법론에 자신이 없었습니다.

그때 목사님을 만나 상의할 수 있었던 것은 하나님의 은총이었습니다. 목사님의 배려 속에 사랑의교회 제자훈련 세미나에 참여하게 되었습니다. 한 주간 훈련을 받으면서 "바로 이거다!" 하는 확신을 받았습니다. 그때 이후 지금까지 저의 사역은 그 토대 위에 이루어지고 있으므로 목사님을 통해 받은 은혜는 지대합니다.

　세미나 때 접한 목사님의 '광인론' 강의는 평생 잊지 못합니다. 복음에 대한 그분의 열정과 사람에 대한 애정은 짧은 강의였지만 저의 영혼에 깊이 각인되기에 족했습니다. 저 자신도 항상 그런 마음으로 살고자 노력하는 모범이 되어 제 마음에 남아 있습니다.

　1997년 무렵 학교 인수 문제로 목사님을 만난 적이 있습니다. 그때 목사님은 "나는 제자훈련이나 열심히 해야겠다. 학교를 하는 것은 생각해 본 적도 없는 일인데 어떻게 시작을 하겠느냐"고 말씀하셨습니다. 결정만 하면 인수할 수 있는 일이었지만 제자훈련 외의 일은 생각지 않겠다는 목사님의 태도는 두고두고 제 자신을 점검하는 기준으로 삼고 있습니다. 저는 사역을 너무 산만하게 한다는 비판을 늘 받았기 때문입니다.

　비슷한 무렵 진로 문제로 목사님을 뵌 적이 있습니다. 지방의 한 교회로 부임하는 문제로 의논을 드렸을 때 제 말이 끝나자마자 "지방으로 가는 것은 안 된다. 자유롭게 서울에서 목회하던 사람이 답답한 상황에서 일하면 사역이 위축될 가능성이 많다. 개척을 해라. 오늘 당장 몇 곳을 둘러보자" 하셨습니다. 강하게 말씀하시는 목사님의 제안에 교회 개척은 생각지도 않았던 저로서는 두렵고 주눅이 들었습니다. 너무 간곡하게 말씀하셔서 차마 다른 말을 하지 못하고 "기도해 보겠습니다"라고 말씀드리고는 한동안 목사님을 찾아뵙지 않았습니다. 여러 가지 사정으로 지방행은 무산되었습니다. 전혀 예상치 못했는데, 이듬해인 1998년 분당에 교회를 개척하게 되었습니다. 한 해 전 목사님의 강한 도전이 있었기에, 다시 다른 선배님들을 통해서 주신 개척의 도전을 비교적 담담하게 하나님의 뜻으로 받아들일 수 있었던 것은 제 개인사에서는 큰 사건이었습니다.

　어느 해 봄, 목사님과 사모님을 모시고 몇몇 동역자들이 함께 열흘 동안 이스라엘 여행을 했던 일이며, 한국기독교목회자협의회 창립을 앞두고 함께 한국 교회의 미래를 꿈꾸며 나누었던 대화들이며, 민족을 섬겨 보자고 함께 나누었던 이야기들이며, 지난 30여 년 동안 함께했던 기억들은 모두 보석같이 아름다운 추억입니다. 저와 동시대에 목사님이 계셨고, 가까운 곳에서 목사님을 모시고 작지만 결코 작지 않은 일들을 함께 섬길 수 있었던 것은 저와 많은 사람들에게 축복이었습니다.

분당 샘물교회 창립감사예배 설교를 위해 오신 목사님께 "목사님 말씀대로 1년 전에 개척을 했더라면 좋을 뻔했는데 그때 순종하지 못해 죄송합니다"라고 말씀드렸습니다. 그때 목사님은 "지금이 가장 정확한 때이기 때문에 주께서 지금 시작하게 하신 것이다"라고 말씀하셨습니다. 그토록 염려하고 사랑했던 한국 교회를 두고 떠나시기에는 너무도 빠른 목사님의 소천을 생각하면서 '지금이 정말 가장 정확한 시기인가?'라는 생각을 해보지 않을 수 없습니다.

하나님께서 목사님을 지금 데려가셨으니 정확한 시기일 것입니다. 이제 우리는 더 이상 뒤를 돌아보지 말고 목사님이 꿈꾸었던 미래를 바라보며 달려가야 할 시점입니다. 지난 2007년 상암월드컵경기장에서 피를 토하듯이 하신 말씀을 기억합니다. 한국 교회가 말만 앞서고 행함이 없는 교회가 되게 만든 죄인이 바로 저라고 토해 놓던 목사님을 기억합니다. 살려 달라고 부르짖던 그 음성을 누가 잊을 수 있겠습니까. 이제 목사님을 기억할 때마다 목사님이 꿈꾸었던 '살아나는 한국 교회'를 꿈꾸겠습니다. 회개하고 되살아난 한국 교회를 통해서 열방이 살아나는 꿈을 저의 꿈으로 품고 살겠습니다. 그것이 목사님을 먼저 데려가신 하나님 아버지의 저희를 향한 뜻임을 믿습니다.

박은조 목사 · 샘물교회

옥한흠 _은혜의 발걸음 박응규

1986년 3월 제1기 CAL 세미나에서

"한 사람의 영혼에 깊은 관심을 가지고, 한 사람의 성숙한 변화에
심혈을 기울였던 옥한흠 목사님은 성경에 표현된 사도적 기독교를
새롭게 발견한 영적 순례자였으며, 참된 제자들을 양육하여
한국 교회 갱신을 위해 하나님의 말씀으로 신실하게 헌신했던 목회자였다."

은보(恩步) 옥한흠 목사님을 처음으로 뵌 것은 한국이 아닌 미국에서였다. 목사님이 목회학박사 학위를 받으러 필라델피아에 소재한 웨스트민스터신학교를 방문하셨을 때였다. 나는 그와 특별한 관계도 없었고, 유명하실 뿐만 아니라 신학생들에게 선망의 대상이 되시는 선배 목사님에게 다가가기가 쉽지 않았다. 축하 인사조차 제대로 드리지도 못하고 그저 먼발치서 그의 모습만 응시할 뿐이었다.

그런데 그와 함께 학위과정을 마친 다른 한 선배를 축하하기 위해 신학교 근처의 한 식당에 도착한 나는 의외로 거기서 목사님을 만나게 되었다. 내가 기다리던 선배와 일행은 아무리 기다려도 나타나지 않았고, 초조하고 당혹스러워하던 나에게 목사님이 다가오셨다. 그리고 나를 그의 손님인 양 맞이하며 자리로 인도해 주셨다. 목사님이나 사랑의교회와 각별한 인연이 있는 사람들만 모였는데, 내가 그 자리에 앉아 있다는 것이 몹시도 어색했다. 하지만 목사님은 마치 예전부터 알고 지냈던 사람처럼 대해 주셨고, 그 모습에 너무나 황송

하고 감사할 따름이었다. 자신이 전혀 모르는 사람이고, 그의 학위 취득을 잘못 축하하러(?) 온 사람이라도 아무 거리낌 없이 품으로 안아 주는 너그러운 목사님의 모습이 오랫동안 내 마음속에 남아 있었다. 어떻게 보면, 그날 식당에서 미아가 될 뻔했던 내가 목사님의 아량으로 한시적으로나마 그의 제자들 무리에 포함된 것이었다. 야속하게도 내가 기다렸던 그 선배 일행은 결국 그 식당에 오지 않았고, 그래서인지 목사님의 은혜로운 초청의 손길이 더욱 따뜻하게만 느껴졌다.

지난해에 나는 한국기독교사연구소가 주관한 '사랑의교회 30년 평가와 전망'이라는 심포지엄에서 '한국 교회를 깨운 옥한흠 목사의 설교 세계'에 대한 발제를 맡게 되었다. 그의 삶과 사역, 설교 세계를 연구하면서 '한 사람'에 집중하는 그의 목회사역의 일관성을 발견하게 되었다. 제자훈련이나 심오한 교리적 내용을 언급하거나, 혹은 실제적인 교훈을 강조하는 설교 속에도 항상 현장감과 친밀감이 진하게 배어 나왔다. 목사님의 설교 속에서는 설교자와 청중의 괴리를 거의 발견할 수 없었다. 그의 설교는 설교자 자신에게 외치는 선포이자, 그 반향이 고스란히 청중의 가슴으로 파고드는 묘한 매력이 있었다. 그의 설교는 "한 사람, 그리고 또 한 사람"에게 집중하며 제자훈련의 현장 속에서 솟아오르는 말씀선포였기에 그러했음을 곧 깨닫게 되었다. 출판된 설교를 통해서도 주체할 수 없는 감격을 경험했는데, 그의 육성설교를 들은 청중의 감동은 훨씬 더 강력하게 체감되었을 것이다.

한 사람의 영혼에 깊은 관심을 가지고, 한 사람의 성숙한 변화에 심혈을 기울였던 옥한흠 목사님은 성경에 표현된 사도적 기독교를 새롭게 발견한 영적 순례자였으며, 참된 제자들을 양육하여 한국 교회 갱신을 위해 하나님의 말씀으로 신실하게 헌신했던 목회자였다. 목사님은 대부분의 한국 교회가 성장일변도로 목회 방향을 설정하고 몰입해 가고 있을 때에, 교회를 정화하고 갱신하며, 한 사람의 평신도를 깨워 종교개혁의 원리인 만인이 그리스도의 참된 제사장이 되어 교회뿐만 아니라 사회 전체를 섬길 수 있는 제자훈련의 기반을 조성하고 확장하셨다. 그는 무엇보다도 복음에 대한 강력한 열정을 품었던 제자훈련가요 설교자요 목회자였다. 그가 신봉했던 개혁신앙은 결코 온건하고 유약한 종교가 아니었다. 사람을 변화시키고, 교회를 개혁하며, 사회의 변혁을 도모할 수 있는 역동적이며 강력한 신앙 주인공들을 양육해 낼 수 있는 실제적인 원동력을 제공하였다. 옥한흠 목사님이 수많은 성도들과 목회자들에게 영향을 미칠 수 있었던 것은 그의 삶에 배어 있는 고결한 인격과 더불어, 성경적 사상과 한 사람을 변화시키는 가르침의 능력 때문이었다. 그런 면에서 목사님은 '실천적 개혁주의 목회자'라고 할 수 있을 것이다.

지난 9월 2일, 태풍 곤파스가 몰아치던 그 아침에 목사님이 소천하셨다는 속보에 사랑의교회 성도들과 제자들, 목회자들, 사회 각계 인사들 그리고 직접 그를 만난 적도 없었던 수많은 조문객들이 빈소로 줄지어 애도했던 이유는 무엇이었을까? 아마도 한 사람 한 사람에게 지극한 관심과 사랑을 품고 그리스도의 신실한 제자가 되기를 원하는 진솔한 그의 열정과 희생에 감복했기 때문일 것이다. 그래서 나를 비롯한 익명의 우리는 '정체성이 모호한 일체감'을 그에게서 느꼈던 것도 사실이다. 이것이 목사님이 떠난 빈자리를 사랑의교회뿐만 아니라, 한국 교회와 사회가 더 크게 공감하는 이유일 것이다.

우리는 지금 옥한흠 목사님이야말로 길 잃은 어린 양 한 마리를 찾아나서는 참 목자장 되시는 예수님의 진정한 제자였고, '한 사람에게 집중했던 큰 사람'이었음을 확인하고 있다. 나도 아주 짧은 순간이었지만, 그가 주목했던 '한 사람'이었다는 사실을 너무도 소중하게 추억하고 있다.

박응규 교수 · 아세아연합신학대학교

옥한흠_은혜의 발걸음 박정근

1986년 주일예배 후 성도들과 인사를 나누며

"같은 교단도 아니건만 제자훈련에 목숨을 걸었다는 그 한 가지 사실만으로 목사님은 과분한 사랑을 내게 부어 주셨다. 난 목사님의 격려와 도움으로 그토록 원하던 '평신도를 사역자로 세우는 교회'를 든든히 세울 수 있었다."

아침에 사무실에 나가는 날, 마중 나온 아내가 조심스럽게 묻는다. "혹 무슨 걱정거리 있어요?" 참을성 많은 아내가 물은 것이니 아마도 지난 며칠 동안 내 표정이 어두웠나 보다. 늘 기쁘게 살아야 한다고 강조하는 내가 아내에게 그렇게 보이다니…. 실은 며칠 동안 이상하게 마음이 편치 않았다. 무엇이 내 마음을 이리 무겁게 하는 것일까? 가정이나 교회나 모든 것에 이상이 없었다. 사무실에 앉아 마음을 살피는 중 마음 저 깊은 곳에 한 가지가 떠올랐다. 그분이 많이 아프시다는 소식, 중환자실에서 위험한 고비를 맞고 있다는 소식. 그래 그것이었다. 며칠 동안 내 마음을 무겁게 한 것이….

내가 옥한흠 목사님을 처음 만난 것은 얼굴이 아닌 책을 통해서였다. 신학교를 졸업하고서도 여전히 성경을 몰라 답답한 마음으로 막연하게 떠난 유학 생활, 감사하게도 하나님은 그 길을 세밀하게 인도해 주셨다. 댈러스신학교에서 9년째 머물던 어느 날, 친구가 생소한 책을 한 권 전해 주었다. 「평신도를 깨운다」라는 제목이 마음에 들었다. 성경 한 권 한 권을 연구하며 "교회란 이런 것이구나!" 하며 교회론에 빠져 있었던 때다. "제목은 괜찮은데 과연 제목만큼 제대로 방향을 잡았을까?" 당시만 해도 난 우물 안 개구리여서 옥한흠 목사도, 사랑의교회도 몰랐고 한국 목회자나 신학자를 은근히 무시하고 있던 터였다.

책을 읽으며 받은 충격과 감동을 지금도 잊을 수 없다. '한국에도 이런 목회자가 있었구나. 도대체 이 교회는 어떤 교회일까?' 다음 해 영안교회에 오자마자 난 '평신도를 깨운다 제자훈련 지도자 세미나'에 참석하였다. 그리고 그곳에서 그토록 뵙고 싶었던 목사님을 비록 멀리서나마 뵐 수 있었다. 그리고 어느새 15년의 세월이 흘렀다. 그 동안 틈틈이 만날 때마다 관심 가져 주시고 귀찮은 질문에 일일이 답해 주시고, 바쁜 시간을 내어 부흥회도 와주시고, 그렇게 목사님은 내 인생과 목회에 멘토가 되어 주셨다. 같은 교단도 아니건만 제자훈련에 목숨을 걸었다는 그 한 가지 사실만으로 목사님은 과분한 사랑을 내게 부어 주셨다. 난 목사님의 격려와 도움으로 그토록 원하던 '평신도를 사역자로 세우는 교회'를 든든히 세울 수 있었다.

이제 이곳에 안 계시니 새삼 목사님의 소중함이 더 절실하게 다가온다. 목사님에게 받았던 은혜의 교훈들이 뚜렷이 떠오른다. 목사님은 내 마음에 '한 영혼에 집중하신 분'으로 평생 기억될 것이다. 그 많은 성도, 그 많은 교단 일, 그 짐의 무게를 어찌 상상할 수 있으랴? 그러나 놀랍게도 목사님은 그 많은 일 속에서도 언제나 한 영혼에 대한 관심을 놓지 않으셨다. 한 영혼에 대한 목사님의 철학은 강의실이 아닌 삶의 현장 곳곳에 녹아 있었다.

수년 전 우리 교단 젊은 목회자 부부 20여 쌍이 경주 현대 호텔에서 수양회를 가졌다. 아침식사 시간에 우연히 식당에서, 막 은퇴하신 목사님과 마주쳤다. 교단의 미래를 꿈꾸는 젊은 목회자들이 모였다는 소식을 접하시고는 아침 일정을 기어이 조정하시고서 두 시간이 넘도록 우리를 만나 주셨다. 그날 우리 모두는 일생에 잊지 못할 목회 강의를 들었다. 그리고 기어이 목사님은 호텔

강의실은 물론 음료까지 손수 계산하셨다. 지금도 우리는 만나면 가끔씩 그때의 감동을 이야기하곤 한다.

지난해에는 '제자훈련 지도자 네크워크' 팀장 수련회가 상하이에서 있었다. 수련회 기간에 우리는 놀라운 소식을 들었다. 한 교회 제자훈련반 여성도 네 분이 같이 택시를 타고 가다가 하나님의 부름을 받은 참으로 가슴 아픈 사건이었다. 수개월 후 그 교회 담임목사님을 만났다. 이런저런 이야기 중에 그 목사님이 옥한흠 목사님 이야기를 꺼냈다. 사고를 당한 후 얼마 되지 않아 병중에 계신 목사님이 중국으로 전화를 하셨더란다. 그리고는 침통하고 슬픈 목소리로 "제자훈련 하는 교회에서 그런 사고가 난 것은 다 내 기도가 부족한 탓이라고, 미안하다고…" 하셨단다. 그 목사님은 옥한흠 목사님의 관심과 사랑을 떠올리며 더 이상 말을 잇지 못하였다. 물론 그 말을 듣고 있던 나도 더 이상 말을 이을 수 없었다.

어떻게 그 바쁜 중에, 그 많은 일 중에, 더군다나 그렇게 몸이 아픈 가운데서도 남을 생각할 수 있었을까? 어떻게 그 많은 사람을 다 한 영혼으로 대하며 관심을 쏟을 수 있었을까? 제자훈련 이론을 정립한 사람은 많다. 그러나 제자훈련을 삶으로 보여 준 스승은 드물다. 목사님은 내게, 아니 한국 교회에 제자훈련이 무엇인지를 몸으로 보여 주신 희귀한 스승이셨다.

박정근 목사 · 영안교회

옥한흠_은혜의 발걸음 박정식

1987년 사랑의교회 교역자 수련회에서

"'박 목사, 목회도 힘들지만 특히 제자훈련은 목사의 생명을 파먹는 사역이야!
그러니까 장거리 경주라 생각하고 너무 무리하지 마! 평생 잘해야지!
나 봐라! 정말 중요할 때 건강이 따라 주지 않으면 후회막급하게 돼!'
라며 사랑 가득 담긴 격려와 충고를 해주셨습니다."

천막 교회와 지하실을 전전하며 열심은 있으나 도무지 희망이 보이지 않던 개척 초기, 목회를 포기하려고 시작했던 한 주간의 금식 기도 동안에 단지 힘든 시간을 견디기 위해 펴 들었던 성경의 복음서에서 "예수께서 가르치셨다"는 말씀이 제 눈에 크게 다가왔습니다.

그래서 목회를 포기하려던 마음을 접고 성도들을 가르쳐야겠다고 결심한 후 여러 선교단체의 교재를 가지고 열여섯 명의 성도를 훈련하기 시작했지만 1년 후에 거두게 된 수확은 고작 단 한 사람뿐, 그것도 제 아내였습니다. 단순히 가르침에 대한 열정만 가득했을 뿐, 그 방향성이나 지혜에 갈급해 있을 때 비로소 당신의 영성을 대할 수 있었습니다.

지금도 생생히 기억할 만큼 충격이었습니다. 도무지 길이 보이지 않을 때 이 험산준령을 뚫어 길을 내고 그 길을 앞서가며 길잡이가 되어 주신 당신의 영성 깊은 통찰력과 분명한 목회철학을 그 한 권의 책, 「평신도를 깨운다」에서 한껏 누릴 수 있었습니다. 책장이 너덜너덜해지도록 반복해서 읽으면서 그때 저는 처음으로 당신을 대면하게 되었습니다.

당신과의 만남은 저를 긍휼히 여기신 주님의 첫 번째 큰 선물이었습니다. 한 사람에게 모든 것을 걸어라! 가슴 깊은 울림으로 다가온 '한 사람 철학'을 깊이 통찰하고 난 후 제자훈련에 대한 그림을 그릴 수 있었고, 잠자고 있는 평신도를 깨워 제자로서 적극적으로 공동체의 사역에 참여케 하는 데까지 이어 갈 수 있었다고 확신합니다.

대학원 수업을 받기 위해 서울에 가던 월요일마다 찾은 사랑의교회 예배당은 제 목회의 갈급함을 채워 주는 광야의 오아시스였습니다. 마치 카타콤 같은 그곳에서 영성의 향기를 맡으며 제자훈련에 대한 전의를 불사르곤 했는데…. 비록 가까이 다가가 대면할 수는 없었지만 멀리서 바라보고만 있어도 당신과 충분히 교감할 수 있었고, 또한 목회뿐 아니라 제 인생에서도 항상 닮고 싶은 큰 바위 얼굴이셨습니다.

1992년 봄, 여러 번의 제자훈련을 고군분투하며 혼자 힘으로 이어오다 그 확증을 받고 싶어서 참석한 '평신도를 깨운다 제자훈련 지도자 세미나' 첫 시간에 광인론 강의를 들으며 얼마나 울었던지. 얼마나 감동했던지. 얼마나 사무쳤던지. 복음에 미쳤다고 비난받을 때에도 "내가 참되고 정신 차린 말을 한다"며 당당하게 답변하던 바울처럼 복음을 향한 그 열정이 제 가슴에 전이되는 것을 느낄 수 있었습니다. 그때부터 제 목회와 은혜의교회는 역동적인 부흥의 은혜를 경험하게 되었습니다.

1998년 봄, 사랑의교회 수양관에서 열린 제자훈련 세미나에서 처음으로 제 목회에 대한 간증을 하게 되었습니다. 천막 예배당과 지하실을 전전하면서도 오직 제자훈련에 모든 열정을 쏟아부었던 소중한 경험을 많은 목회자 앞에서 간증한 뒤 처음으로 목사님을 직접 뵈었습니다. "얼마나 고생이 많았나! 박 목사가 자랑스럽다!" 손잡으며 해주시던 그 따뜻한 말씀 한마디에 온갖 서러움이 다 사라지는 듯했습니다. 「평신도는 없다」 추천사에서도 위로와 격려를 아끼지 않으셨습니다. "은혜의교회에는 행복한 목회자와 행복한 평신도들이 있다. 나는 이 교회를 보면서 목회자의 목회철학과 확신이 얼마나 중요한가를 다시 한 번 생각하게 된다. 그리고 잘 훈련된 평신도의 위력을 새삼 발견하게 된다." 당신의 애정과 사랑이 듬뿍 담긴 이 격려의 메시지는 오래도록 한 사람의 철학에 최선을 다하게 하는 길잡이가 될 수 있었습니다.

10여 년 전쯤, 제주도에서 있었던 2박 3일 동안의 전국 팀장 모임을 폐회한 직후 저를 따로 부르셨습니다. "박 목사, 목회도 힘들지만 특히 제자훈련은 목사의 생명을 파먹는 사역이야! 그러니까 장거리 경주라 생각하고 너무 무리하지 마! 평생 잘해야지! 나 봐라! 정말 중요할 때 건강이 따라 주지 않으면 후회막급하게 돼!"라며 사랑 가득 담긴 격려와 충고를 해주셨습니다. 그때 저는 한 주간에 제자반과 사역반을 합해 열여섯 팀을 가르치며 제자훈련에 살짝 미쳐(?) 있었습니다.

그 후에도 목사님은 가끔씩 전화 주셔서 "너무 무리하지 마라. 건강도 생각해야지. 나를 봐라. 건강을 잃어버리면 제자훈련도 계속 감당하기가 어려워!" 하고 조언을 주셨습니다. 꼭 그때마다 과로로 쓰러져서 정신적·육체적으로 많이 약해져 있었는데 목사님의 그 충고와 격려는 마치 주님의 사랑처럼 느껴져 또다시 저를 일으켜 세우는 에너지가 되었습니다.

고희를 맞이하신 목사님을 위해 후배들이 조촐한 생신 파티를 열기로 했지만 갑작스런 외국 일정 때문에 참석하지 못한 것이 못내 죄송하고 아쉬워서 아내와 아들, 딸과 함께 훈련원으로 찾아뵌 적이 있었습니다. 몸도 불편하시고 여러 일정이 밀려 있음에도 불구하고 한 시간 넘게 시간을 비워 저희 가족에게 가장 소중한 선물을 주셨습니다. "박 목사! 자식들 잘 키웠네!" 환하게 웃으시면서 아이들을 축복해 주시고 신학교에 다니던 아들아이에게는 당신의 저서에 사인도 해주시고 기념사진 촬영도 함께해 주셨습니다.

특히 당신 아드님이 막 출간한 책에 대해 여러 가지를 물어보기도 하시고 한국 교회에 부담스럽다고 하시면서도 내심 많은 관심과 깊은 애정을 감추지 못하시던 진정 어쩔 수 없이 자식 사랑 가득한 아버지의 모습도 보여 주셨습니다.

제자훈련 세미나의 교회론 강의 시간에, 교회의 주체는 '평신도'가 되어야 하며 그들을 말씀으로 섬겨서 '주님의 동역자'로 세워야 하고 그들과 함께 진정한 주님의 몸 된 공동체로서 교회를 완성해 나가야 한다는 목사님의 절규는 제 가슴 깊은 곳에 새겨져서 '바로 그 공동체'를 이룩해야 한다는 열망으로 가득 차올랐습니다.

목사님을 만나 뵈었을 때 "이제 한 번쯤 와보셔야죠!" 말씀드렸는데 목사님은 흔쾌히 "그래! 교회 창립기념주일에 한번 가보지!" 약속해 주셨습니다.

은혜의교회 창립 22주년 감사예배는 목사님과 은혜의 공동체 동역자 모두가 하나님의 임재를 강력하게 경험했던 가슴 벅찬 예배, 감격의 예배였습니다. 다음 날 목사님이 보내 주신 메일을 지금껏 소중하게 간직하고 있습니다.

"사랑하는 박 목사님 내외분께, 주일날 은혜의교회 계단을 올라가는데 가슴 벅찬 은혜를 느꼈습니다. 성가대원들이 천사와 같은 얼굴로 하나님을 찬양하는 소리를 들으면서 눈시울을 적셨습니다. 정말 오래만의 감격이었어요. 정말 아름답고 건강한 교회를 20년 동안 일으킨 두 분이 얼마나 자랑스럽고 대견해 보였는지 모릅니다. 무엇보다 다들 어렵다고 하는 제자훈련을 통해 훌륭한 평신도 동역자들이 여기저기서 신바람 나게 봉사하는 모습을 보면서 한국의 모든 교회가 다 은혜의교회처럼 되게 해달라는 기도가 마음에서 절로 나왔습니다."

당신의 열정, 비전이 이렇게 세계 교회와 한국 교회, 은혜의 공동체를 통해 아름다운 열매로 나타나고 있습니다. 당신의 눈물, 당신의 희생이 이렇게 소중한 주님의 공동체를 새롭게 하며 평신도를 깨워 주님의 존귀한 동역자로 우뚝

세웠습니다.

한 영혼을 지극히 사랑하셨던 참된 목회의 표상이셨습니다. 철저하게 자신을 희생함으로 사랑의교회뿐 아니라 한국 교회의 진정한 목사상을 재정립해 주셨습니다. 복음을 향한 열정, 민족을 향한 고뇌, 제자훈련을 향한 눈물을 전 삶으로 보여 주신 십자가의 사도였습니다.

한없이 부족하기만한 제가 목사님의 그 고귀한 사역의 길을 함께 걷게 되었고 당신의 제자였음이 얼마나 소중한 행복이며 기쁨인지요!

진심으로 사랑합니다. 존경합니다. 감사합니다.

박정식 목사 · 은혜의교회

옥한흠_은혜의 발걸음  박종화

"'하늘 아버지께서 부르셨기에 하나님 품으로' 소천하셨고,
그분 품에 안기기까지는 보냄 받은 땅에서 '착하게 사시다가'
'복된 죽음으로 마감하신' 목사님의 평안과 영생을 기도합니다."

2004년 6월 한목협 전국수련회 강원용 목사와의 대담에서

주님 주신 한평생의 길이는 사람마다 다릅니다. 옥한흠 목사님의 일흔두 성상(星霜)은 요즘 평균치에 약간 못 미치는 아쉬운 짧은 생이었습니다. 하지만 그 생애에 담긴 삶의 의미와, 추구하셨던 이상과, 헌신하셨던 제자훈련과, 나누고 싶었던 사랑은 너무도 크고 무겁습니다.

별로 탐탁지 않으나 많이들 관심 갖고 투신하는 교회 정치와는 거리가 멀었습니다. 교회 성장의 한 분화구이면서도 성장예찬론자는 아니셨습니다. 신앙의 성숙을 추구함이 바람직하다고 늘 말씀하시던 기억이 새롭습니다.

개혁교회의 전통을 살리면서도 '항상 개혁해야 한다'는 개혁신앙의 핵심을 주창하며 헌신하셨습니다. 스스로 개혁함을 몸에 체화하시면서 말입니다.

선한 목자, 옥한흠 목사님을 이제 몸으로는 만날 수 없으나, 뜻과 뜻으로, 마음과 마음으로, 속사람과 속사람으로, 영과 영으로 교제를 지속할 수 있기에 아쉬움 속에서도 큰 위안을 갖습니다.

경동교회 교인들은 4년 전 강원용 목사님이 서거하셨을 때 이렇게 심정을 노래하자고 했습니다. "목사님은 우리를 떠나셨으나, 우리는 그분을 보내지 않았다"고. 우리 목회 동역자들과 사랑하는 사랑의교회 성도들도 비슷한 고백으로 목사님을 환송할 것입니다.

"옥 목사님은 우리를 떠나가셨으나, 우리는 그를 보내지 않았습니다"라고. '하늘 아버지께서 부르셨기에 하나님 품으로' 소천하셨고, 그분 품에 안기기까지는 보냄 받은 땅에서 '착하게 사시다가' '복된 죽음으로 마감하신' 목사님의 평안과 영생을 기도합니다.

박종화 목사 · 경동교회

옥한흠_은혜의 발걸음 박진석

1993년 산행에서

> "'목회는 하면 할수록 더 힘들어지는 것 같아. 설교도 마찬가지야.
> 결국 자기 자신과의 싸움이지.' 그때는 이 말씀이 잘 실감이 나지 않았습니다.
> 그러나 요즈음 목사님의 이 말씀이 더욱 피부에 와 닿습니다."

시간이 좀더 있을 줄 알았습니다. 목사님의 과중한 사역과 연약한 건강 때문에 개인적으로 자주 찾아뵙지 못한 것이 오히려 많이 후회스럽습니다. 지금 돌이켜 보면 욕심일지라도 좀더 찾아뵙고 더 많은 가르침을 받았으면 하는 아쉬움이 큽니다. 내게는 마음속에 간직하고 있는 아버님 같은 영적 스승 중 한 분이 목사님이 아닐까 생각합니다. 부교역자 시절 세 분의 영적 스승의 사진을 코팅해서 책상 위에 붙여 놓고 모델로 삼고 기도하기도 하였습니다. 특별히 옥한흠 목사님의 사진을 바라보며 '목회적 지혜와 진솔하고 소탈한 인격'을 본받고 싶다고 기도했습니다. 그러나 이제는 목사님이 역사 속에서나 만나야 할 믿음의 선배가 되셨다는 사실이 아직도 잘 실감이 나지 않습니다.

소명에 응하여 신학교에 가기 전, 사랑의교회 청년부에서 잠시 섬길 때에 목사님과 첫 인연을 맺었습니다. 지금도 그 카랑카랑하고 매서운 경상도 사투리의 목사님 설교가 귓가에 맴도는 듯합니다. 그 시절에 이미 건강이 좋지 않으셔서 많이 힘들어 하시면서도 혼신을 다하여 강단을 지키셨던 목사님의 열정이 되살아나는 듯합니다.

　장로회신학대학교에서 신학을 마치고 무학교회에서 청년 사역자요 교육목사로 섬길 때에 부교역자로서는 참으로 기회를 얻기 힘들다던 제자훈련 세미나에 참여할 수 있었습니다. 대기 순서가 7번임에도 불구하고 저의 사모하는 마음을 하나님께서 받으셨는지 신기하게도 참여할 수 있었습니다. 세미나 첫 시간에 목사님께 들었던 광인론은 저를 포함하여 참석한 대부분의 목회자들에게 엄청난 충격을 주었습니다. 숙소인 양재동 교육문화회관에 함께 투숙했던 목사님 몰래 이불을 뒤집어쓰고 조용히 흐느껴 울었던 기억이 납니다. 그동안의 목회 사역을 돌아보며 반성하는 뼈아픈 눈물이면서, 또 한편으로는 사람에게 집중하는 목회의 본질에 대한 깊은 깨달음에서 솟아나는 감격의 눈물이기도 하였습니다. 이때 제 가슴에 새겨진 '사람을 세우는' 목회철학은 지금도 제 사역의 중요한 근간을 이루고 있습니다.

　미국 유학 시절 남가주사랑의교회 부교역자 사역이 거의 끝나 갈 무렵 교회를 방문하신 목사님께서 방으로 저를 부르셔서 담임목사 부재 시에 교회와 성도들을 섬기느라 수고가 많았다면서 진심으로 위로하고 기도해 주셨던 일이 기억에 남습니다. 잠깐 동안의 대화요 기도였지만 제 마음에 큰 위로와 격려가 된 시간이었습니다.

　한국에 돌아와 지금의 기쁨의교회에 부임하게 되었을 때 사랑의교회 근처 단골 음식점에서 함께 식사를 하면서 제게 이런 당부를 하기도 하셨습니다. "박 목사, 교회에 부임해서 성도들을 너무 가르치려고만 하지 말고, 오히려 그들에게서 배우겠다고 생각하면 목회가 더 잘 풀릴 거야." 이 말씀은 제가 기쁨의교회에서 목회하는데 참으로 소중한 지침이 되었습니다.

　교회에 부임하여 3년쯤 지났을 때 안성수양관에서 다시 만나 뵐 기회가 있었습니다. 교회 근황을 알려 드렸더니 이런 말씀을 해주셨습니다. "목회는 하면 할수록 더 힘들어지는 것 같아. 설교도 마찬가지야. 결국 자기 자신과의 싸움이지." 그때는 이 말씀이 잘 실감이 나지 않았습니다. 그러나 요즈음 목사님의 이 말씀이 더욱 피부에 와 닿습니다. 좋은 목회자가 된다는 것, 목회자로서 하나님 앞에 바로 선다는 것, 그 영광과 기쁨 못지않게 과중한 짐과 부담이 있다는 것을 더욱 깊이 느끼기 때문입니다.

선수는 선수를 알아보는 법입니다. 축구선수는 축구선수를 알아보고, 야구선수는 야구선수를 알아봅니다. 물론 목회자는 목회자를 알아봅니다. 목사님은 그런 의미에서 제게는 '목회자의 목회자'로 기억되는 분입니다. 마음 한쪽에는 여전히 깊은 상실감이 있지만 그래도 천국에서 우리를 바라보시며 제자의 길을 힘을 다하여 달려가라고 목청껏 독려하고 계실 목사님의 모습을 상상하면서 이제는 저도 믿음의 경주를 다하겠노라고 다짐합니다.

박진석 목사 · 포항기쁨의교회

옥한흠_은혜의 발걸음 반기성

1988년 목양실에서

"목회자를 성도 수가 많고 적음을 따라 보지 않고
목회자가 얼마나 예수님의 뜻을 따르려고 하는가에 더 큰 관심을 가지셨으며,
그런 목회자를 존귀하게 여기시는 분인 것을 마음 깊이 느낄 수 있었기 때문입니다.
그 이후 저는 숫자에 더 이상 흔들리지 않는 목회를 하게 되었습니다."

작은 교회, 작은 목사를 사랑하셨던 목사님, 너무도 따뜻하셨던 목사님. 목사님이 소천하시기 전까지 저는 혼자서 목사님을 너무도 짝사랑한 목사입니다. 그러나 빈소를 찾아 조문을 마치고, 목사님을 가까이 모셨던 어떤 목사님과 잠시 대화를 나누면서 부족한 저를 목사님도 사랑하셨다는 데 많은 위로를 받았습니다. '광인론'을 하실 때마다 제 이름 석 자를 기억하셨다는….

제 기억 속의 목사님은 참으로 따뜻한 분이셨습니다. 목사님을 아주 가까이에서 뵌 것은 '평신도를 깨운다 제자훈련 지도자 세미나'(CAL 세미나)의 간증에 강사로 초청받았을 때입니다. 접견실이 따로 있는데도 저를 목사님 방으로 부르셨습니다. 평소, 강직한 이미지로만 느껴졌던 목사님이 아주 따뜻하게 느껴져 목사님께 안기고 싶은 마음이 들 정도였습니다.

그 이후 저도 많이 달라졌습니다. 강사를 모실 때 접견실보다는 저의 방으로 안내하곤 합니다. 따뜻함이 무엇인지를 목회에서 많이 생각하며 행동하게 되었기 때문입니다. 또한 다과를 나누며 저의 열악했던 목회현장을 잘 아시고 위

로해 주신 말씀을 잊을 수가 없습니다. "반 목사님은 하나님께 얼마나 상급이 클까!" "나는 모든 것 다 누리는 목회였는데, 반 목사님은 고아와 결손가정 아이들을 데리고 그렇게 어려운 목회를 하고 있으니, 얼마나 상급이 많겠어요" 하시며 오히려 이 작은 목사에게 부끄럽다고까지 하신 겸손한 목사님이셨습니다.

목사님을 뵌 후 "아, 나도 목회 외형보다 진실을 보는 옥 목사님 같은 목사가 되어야지" "작아 보이는 목사라도 하나님 사랑하며 목회하는 모습을 귀하게 보는 목사가 되어야지" 하고 결단하게 되었습니다. 목회자를 보는 마음의 근본을 다시 회복하게 되었습니다.

몸이 불편하셨을 텐데도, 강의를 마치고 나오는 저를 수양관 예배당 입구로 오셔서 맞아 주시며 다시 위로의 말씀을 해주셨습니다.

"반 목사님, 이제 힘든 일은 다 넘어갔으니 앞으로는 좋은 일이 많을 거요. 참 수고 많았어요. 하나님이 갚아 주실 때가 되었네요" 하셨습니다.

그 후 다시, 주일설교에 저희 교회를 예화로 쓰신 설교를 듣게 되었습니다.

"예수 앞에서 고아와 결손가정 아이들을 붙들고 당당하게 제자훈련을 하는 반 목사 앞에서 나는 아주 초라하게 느껴지기까지 했습니다." 이 설교를 들으며 저는 충격을 받았습니다.

목회자를 성도 수가 많고 적음을 따라 보지 않고 목회자가 얼마나 예수님의 뜻을 따르려고 하는가에 더 큰 관심을 가지셨으며, 그런 목회자를 존귀하게 여기시는 분인 것을 마음 깊이 느낄 수 있었기 때문입니다. 그 이후 저는 숫자에 더 이상 흔들리지 않는 목회를 하게 되었습니다.

잊을 수 없는 일이 또 있습니다. 지난해 가을, 추석을 앞둔 이맘때입니다. 목사님 상황을 자세히 알 수 없는 저였지만 건강에 도움이 되실까 해서 '햇밤'을 보내 드린 적이 있습니다. 그 작은 선물을 보내 드렸는데 직접 감사 전화를 하셨습니다. 지금 돌이켜 보면 병상이셨을 텐데, 여전히 힘 있는 목소리여서 그토록 편찮으신 줄도 몰랐습니다. 너무도 죄송할 따름입니다.

병상에 계시면서도 제자훈련의 외로운 목회 동역자들을 위로하고 싶으셨던 목사님의 마음이 느껴졌습니다. 마음은 있으나 따라 주지 않는 건강 때문에 동역자들의 사역지를 돌아보시지 못하는 안타까운 마음을 전화에서 느낄 수 있었습니다. 그 작은 것을 고맙다고, 고맙다고, 힘내라고, 힘내라고 외치시듯 말씀하신 목사님….

멀리서 뵐 때는 차가운 분 같으나 그 누구보다 따뜻하셨던 분, 강직하기만 하신 분 같았으나 아주 작은 것에 마음을 주시는 너무나 따뜻한 분이셨습니다. 그런 목사님의 마음이 저에게 흘러 저도 목회 현장에서 마음 따뜻한 사람이 되어 갑니다.

다시 뵐 수 없지만 목사님의 철학과 비전은 저의 마음과 생각과 삶에 깊이 각인되어 있습니다. 천국환송예배에서 모든 이의 가슴을 울리며 "아버지의 정신을 살게 하는 것이 우리의 몫"이라고 애타게 말했던 큰아드님의 말처럼, 그 사명을 저도 이어 받았으니 앞으로 더욱 제자훈련에 미칠 것입니다. 더욱 예수님께 미치고 '한 영혼'을 더 뜨겁게 사랑하며 목회할 것입니다.

목사님을 존경하고 사랑합니다.

반기성 목사 · 꿈이있는교회

옥한흠_은혜의 발걸음 **방선기**

1973년 산행에서 방선기 목사와

> "어느 날 우리가 따로 공부하는 것을 목사님이 보셨다.
> 목사님과 무관하게 따로 공부하는 것을 들킨 셈이다.
> 보통 목사님들이라면 언짢아하면서 공부를 못하게 했을 것이다.
> 그런데 목사님은 그때 우리에게 아주 파격적인 말씀을 하셨다.
> '왜 너희들만 하느냐? 다 같이 하자.'"

내가 옥한흠 목사님을 처음 만난 것은 1970년, 옥 목사님이 성도교회 유년부 전도사로 부임하셨을 때다. 그때 나는 대학 1년생으로 유년부에서 교사를 하고 있었다. 설교를 들으면서 좀 남다른 분이라는 생각을 하면서 유년부 지도보다는 다른 일을 하시면 좋겠다는 생각을 어렴풋이 했다. 바로 그때 목사님이 나에게 대학부의 비전을 말씀하셨다. 대학교에 막 들어간 신입생에게서 목사님은 무엇을 보셨는지 모르겠다. 신앙은 있었지만 내성적이고 리더십도 부족한 그 학생을 붙잡고 대학부를 시작하셨다. 그 바람에 나는 목사님의 제자훈련 사역의 첫 번째 열매라는 영광을 누리게 되었다. 제자가 선생을 선택하는 것이 아니라 선생이 제자를 선택한다는 제자훈련의 기본 원리가 그대로 적용된 것이다.

지금 제자훈련 사역을 잘하는 분들이 많다. 그들에 비하면 나는 부족하기 그지없다. 지금 제자훈련에 대해서 말하라면 나는 별로 할 말이 없다. 훨씬 많은 열매를 맺은 분들이 있기 때문이다. 그래도 내가 목사님의 제자훈련 사역 첫 번째 열매라는 것에 무한한 자부심을 느끼고 있다. 어느 누구도 가질 수 없는 영광의 자리를 차지하게 된 것에 대해 하나님께 감사드린다.

대학부 시절에 가장 기억에 남는 일이 있다. 그때 나는 목사님의 지도를 받으며 대학부 생활을 했지만 이미 이전부터 선교단체에서 신앙훈련을 받고 있었다. 훈련받으면서 내가 공부한 것을 자연스럽게 후배들과 함께 나누었다. 나름대로 제자훈련을 시도한 것이다. 그러나 당시는 선교단체 훈련이라는 것이 일반화되지 않았으므로 기존 교회에서는 거부감을 느끼는 경우가 많았다. 다른 교회에서 선교단체 활동을 하던 사람들이 목사님과 갈등이 생긴다는 이야기를 종종 들었다. 그것을 아는 나는 목사님께 충분히 말씀드리지 않고 후배들과 따로 만나서 성경공부를 했다. 정확히 말하면 목사님 몰래 공부를 한 것이다. 그러던 어느 날 우리가 따로 공부하는 것을 목사님이 보셨다. 목사님과 무관하게 따로 공부하는 것을 들킨 셈이다. 보통 목사님들이라면 언짢아하면서 공부를 못하게 했을 것이다. 그런데 목사님은 그때 우리에게 아주 파격적인 말씀을 하셨다. "왜 너희들만 하느냐? 다 같이 하자."

그때부터 대학부에서 제자훈련 프로그램을 시작했다. 선교단체 교재를 사용하기는 하지만 교회 대학부에 맞게 수정해서 새로운 프로그램을 시도하셨다. 그 열매가 지금 나와 내 친구들이다. 목사님이 제자훈련 프로그램을 창안하신 것은 아니다. 그러나 나는 창안보다 더 큰 일을 하셨다고 생각한다. 자신이 기존에 아는 것보다 더 나은 것을 발견하면 얼마든지 그것을 내려놓고 좋은 것을 받아들인 것, 이것이 목사님의 위대한 점이라고 생각한다.

선교단체에서 훈련을 받다가 어느 시점에서 교회 대학부와 선교단체를 병행할 수가 없어서 둘 중에 하나를 택해야 했다. 보통 교회에 다닌다면 교회 다니면서 선교단체를 병행할 수 있었겠지만 우리 대학부는 그 안에서 훈련이 있었기 때문에 둘을 병행하기가 현실적으로 어려웠다. 그때에 솔직히 갈등이 되었다. 내게 처음 제자훈련을 해준 생부(生父)와 지금 나를 훈련하고 있는 양부(養父) 사이에서 선택을 해야만 하는 상황이었다. 결국 나는 양부를 선택했다. 물론 내가 자란 모교회를 떠나는 것이 힘들어서 그랬다고 생각하지만 그곳에 목사님 같은 분이 안 계셨다면 어쩌면 교회를 떠났을지도 모른다. 목사님이 계셨기에 교회를 떠나지 않고 계속 교회에서 사역할 수 있었다. 그 일로 목사님은 내가 어떤 사역을 해도 교회가 중심이어야 한다는 중요한 교훈을 주신 셈이다. 지금 나는 직장사역을 하지만 지역교회와 무관한 직장사역이 아니다. 오히려 지역교회 안에서 지역교회를 통해 사역해야 한다는 것이 내 확신이다. 목사님이 무언으로 가르치신 교회관이 내 안에 흐르고 있기 때문이다.

그 당시에 선교단체에서는 학교 공부보다는 사역을 우선시하는 경향이 있었다. 그러나 목사님은 학생으로서 학교 공부에 성실한 것이 중요하다는 점을 무척 강조하셨다. 학교 공부보다는 성경공부와 후배들 가르치는 것을 더 좋아했던 나는 목사님의 그런 생각이 못마땅했다. 그래서 학교 성적이 썩 좋지 않았다. 그러면서도 주님을 위해서 성적이 나쁜 것은 부끄러울 것이 없다고 생각했다. 그런데 나중에 돌아보면서 내 생각이 잘못이었다는 것을 깨닫게 되었다. 그리스도인은 모든 영역에서 최선의 삶을 살아야 한다. 제자훈련은 세상에서 해야 할 책임을 소홀히 하는 종교훈련에 그쳐서는 안 된다. 그런 의미에서 제자훈련도 기독교 세계관에 기초를 두어야 한다는 것이다. 그 당시에 기독교 세계관 같은 것이 아직 잘 알려지기 전인데도 목사님은 기독교 세계관이라는 단어를 쓰지 않고도 그 부분을 우리에게 가르쳐 주셨다.

학창 시절에 학교 성적이 좋지 않은 것은 두고두고 아쉬움으로 남았다. 그런 아쉬움은 직장생활을 통해서 채울 수 있었다. 목사님은 내가 졸업하면서 국방과학연구소에 들어갈 때도 많은 지원을 아끼지 않으셨다. 그 당시만 해도 신앙이 좋으면 신학교에 가든지 전임사역에 헌신하는 것을 원했는데 목사님은 직장에서 신앙 모델이 되는 것을 중요하게 생각하셨다. 그것은 애초에 우리에게 가르쳐 주신 3M(Campus Ministry—Business Ministry—World Mission) 비전에 담겨 있었다. 학생 시절에는 캠퍼스에서 사역을 하고, 졸업하면 직장에서 사역을 하고, 결국에는 세계 선교를 하자는 비전이다. 선교단체에서는 대부분 캠퍼스에서 곧장 세계 선교로 넘어가지만 옥 목사님은 그 사이에 직장사역이 필요하다는 것을 그때 이미 내다보고 가르치셨다.

그런 영향으로 학교 다닐 때에 비해 직장에서 맡은 일에는 충실할 수 있었다. 그리고 그곳에서 복음을 전하고 제자를 양육했다. 지금 직장사역에 헌신하면서 항상 그 뿌리는 목사님이 심어 주신 것임을 잊지 않는다.

목사가 되어 본 교회에서 대학부와 청년부를 지도하게 되었다. 목사님이 우리를 가르치신 대로 하면 된다고 생각했다. 그런데 생각만큼 잘 되지 않았다. 결국 한 5년을 하다가 사임하고 말았다. 그때 목사님이 평범한 대학부 지도자가 아니었음을 새롭게 깨달았다. 그 후로 20여 년이 지난 지금 그런 생각이 더 확실해졌다. 옥한흠 목사님은 특별한 분이다. 그렇지만 스승과 똑같아야만 진정한 제자가 되는 것이 아니라 스승의 정신을 이어받아 새로운 영역에서 열매를 맺는 것이 제자가 할 일이라는 생각이 들었다. 그런 의미에서, 여전히 나는 목사님의 좋은 제자이다.

목사님은 우리 기대를 저버리고 너무 일찍 가셨지만 할 일을 제대로 못하고 가신 것은 아니다. 한국 교회 역사에 큰 족적을 남기셨다. 그렇더라도 혹시 채워야 할 일이 있다면 그것은 남아 있는 우리 제자들의 몫이다.

방선기 목사 · 직장사역연구소 대표

"우리가 목회를 하면 열 명이라도 제대로 된 사람을 만들어야지
그게 목회의 보람이지, 이것도 저것도 아닌 사람들 수백 명 남겨 놓고
목회했다고 하겠어요? 한 번밖에 없는 목회, 한 번밖에 없는 기회에
나는 그런 식으로 목회하고 싶지 않아요.
왜냐하면 성경을 보면 하나님이 우리에게 그렇게 가르치지 않았어요.
예수님이 제자들을 어떻게 다루었나 보세요."

'제자도' 중에서

옥한흠_은혜의 발걸음 방지일

"벌써 모세를 통하여 레위기에서 예배에 대한 교훈을 정중하게 지시하신 바 있건만 거기 순응하지 못하는 모습이 우리 현실인데, 그의 제자훈련이 바로 되어진지라 이제 훈련받은 자들이 모세를 통하여 주신 대로 제대로 예배를 드려야 할 것입니다."

"예수께서 나아와 말씀하여 이르시되 하늘과 땅의 모든 권세를 내게 주셨으니 그러므로 너희는 가서 모든 민족을 제자로 삼아 아버지와 아들과 성령의 이름으로 세례를 베풀고 내가 너희에게 분부한 모든 것을 가르쳐 지키게 하라. 볼지어다 내가 세상 끝 날까지 너희와 항상 함께 있으리라 하시니라"(마 28:18-20).

우리 주님께서 승천하시면서 간곡하게 부탁하신 소명을 받아 그대로 실천한 주의 종이 주님 품으로 갔습니다. 그가 하던 일이 그대로 지속되기를 바라봅니다.

주님 다시 오시는 그날까지 틀을 잘 짜 놓고 가심이라 그대로 지속함에 문제는 없겠습니다. 모든 족속에게 제자훈련은 지속될 것이라 그의 복음역사는 주님 다시 오시는 그날까지 지속되려니와 그가 더 계셨더라면 한 단계 업그레이드하여, 훈련받은 제자들에게 어떻게 하나님을 경배해야 하는지 가르쳐 주고 그러한 경배의 훈련이 반드시 나타날 것이라 믿고 있었는데 그를 주님이 부르셨습니다. 그러나 주님의 뜻이 지속적으로 역사하시리라 믿는 바입니다.

이제 제자훈련을 업그레이드할 순서가 되었습니다. 대학을 마치면 대학원이 있는 것처럼 제자훈련을 받은 자들이 하나님을 경배하는 것은 마땅한 일입니다. 벌써 모세를 통하여 레위기에서 예배에 대한 교훈을 정중하게 지시하신 바 있건만 거기 순응하지 못하는 모습이 우리 현실인데, 그의 제자훈련이 바로 되어진지라 이제 훈련받은 자들이 모세를 통하여 주신 대로 제대로 예배를 드려야 할 것입니다.

이제 목사님이 닦으신 그 터 위에 한 단계 업그레이드할 역사가 계속될 것으로 내다보는 바입니다. 인간 자신의 만족을 위한 일이 아니라 그를 경배하는 예배가 바로 시행되어져야 할 것입니다.

언젠가 같이 앉아서 짧은 대화나마 우리가 이런 식의 예배를 지향해야 함을 공감한 바도 있습니다. 그가 생존해 계신 동안 아드님이 그런 내용을 담은 책을 출판했다는 소식을 접한 바 있습니다. 우리는 세대가 바뀌어도 어른들에게 절하는 예의는 변함 없이 간직하고 있는 민족이니 하나님에 대한 예의 곧 예배는 더욱더 신중하고 거룩해야 하며 그를 기쁘시게 해드려야 할 것입니다.

목사님이 더 계셨더라면 이 역사의 중역이 되셨을 것인데, 그를 불러 쉬게 하셨군요. 이제 앞으로 예배 훈련의 역사가 전진할 것을 바라봅니다. 목사님이 가지셨던 그 일이 그대로 실천될 것을 바라봅니다. 이렇게 하나님께서 한국 교회를 지켜 주심을 보면서 하나님께 감사를 드립니다.

방지일 목사 · 영등포교회 원로

옥한흠_은혜의 발걸음 배창돈

2006년 2월 교갱협 임원 수련회에서

> "목사님을 뵐 때마다 민족과 한국 교회에 대한 사랑, 구령의 열정을
> 배울 수 있었다. 건강하지 못한 교회에 대한 안타까움 때문에
> 당신의 건강을 잃으시면서까지 교회에 정착시킨 제자훈련의 열정은
> 오늘날 나의 목회의 기반이 되었다."

1987년 제4기 '평신도를 깨운다 제자훈련 지도자 세미나'는 내 목회를 바꾼 전환점이 되었다. 광인론으로부터 시작된 첫 강의는 내 마음에 뜨거운 열정과 소망을 심어 주었다. 다락방을 참관하며 나는 두 손을 들고 말았다. 도대체 어떻게 평신도들이 이렇게까지 성장할 수 있단 말인가? 하나님 말씀 앞에 솔직하게 자신을 여는 모습은 굉장한 충격이었다. 말씀 앞에 부족함을 내놓고 함께 울고 함께 기도하는 모습, 그야말로 성령께서 함께하시는 현장이었다. 목회의 여러 문제와 숙제를 한꺼번에 해결한 세미나였다.

제자훈련 세미나를 마치고 본 교회로 돌아와 그 주간부터 나는 제자훈련에 미친 목사가 되었다. 강대상에서 제자훈련의 중요성을 외쳤다. 산 아래 배밭 한가운데 위치한 개척교회에서도 제자훈련은 열매를 맺기 시작했다.

기존 구역예배를 귀납적으로 인도하는 다락방으로 모두 바꾸고 제자훈련에 미친 듯이 달려들었다. 제자훈련이 시작되면 시간 가는 줄 몰랐다. 4시간은 기본이고, 5시간을 넘기기도 했다. 그야말로 은혜의 도가니였다.

매주 다락방과 제자훈련 등 10개 이상 소그룹을 이렇게 3년 정도 인도하고 나니 몸에 이상이 오기 시작했다. 식사를 제대로 할 수 없었고 온몸에 기력이 없었다. 검진을 해보니 모든 기관의 기능이 정상 수치를 밑돌았고 특히 혈소판 수가 너무 적었다. 더 이상 목회를 지속할 수 있을까, 더 이상 목숨을 유지할 수 있을까 싶은 생각까지 들었다. 그때 목사님은 "배 목사, 아직 젊으니 몸부터 회복하고 다시 목회를 시작해도 늦지 않아! 목회를 잠시 쉬는 것이 어떠냐?"라고까지 하셨다. 그리고 만날 때마다 건강에 대해 물으셨다. 건강이 회복된 어느 날 어깨를 툭툭 치시며 혈색이 많이 좋아졌다고 기뻐하셨다. 이후에도 만나 뵐 때마다 건강 상태를 자상하게 묻곤 하셨다. 어느 날은 전화를 하셔서 "배 목사, 건강 지키려면 아내 말 잘 들어! 나는 아내 말 안 들으면 몸에 이상이 생겨!"라고 하셨다.

목회하는 가운데 가끔 어려움이 생기면 목사님과 상담을 했다. 바쁘신 중에도 시간을 내주셨다. 제자훈련으로 교회가 성장하면서 주일예배 횟수가 늘고 새가족반과 주일 저녁예배까지 인도하다 보니 힘에 부쳤다. 저녁예배를 드리지 않는 문제를 목사님께 의논드렸다. 다 듣고 난 후 잠깐 생각하시다가 "지역에 저녁예배 없는 교회가 아직은 없지! 저녁예배를 안 드리는 것보다는 드리는 것이 좋아! 힘에 부치면 좋은 강사들을 초청해도 좋을 거야!"라고 하셨다. 예상 외의 답변이었다. 하나님을 기쁘시게 해드리고자 하는 목사님의 중심을 알 수 있었다.

목사님을 뵐 때마다 민족과 한국 교회에 대한 사랑, 구령의 열정을 배울 수 있었다. 건강하지 못한 교회에 대한 안타까움 때문에 당신의 건강을 잃으시면서까지 교회에 정착시킨 제자훈련의 열정은 오늘날 나의 목회의 기반이 되었다. 목사님은 나에게 바른 길을 제시하셨고, 언제나 성실한 멘토이셨다.

어느 날 제자훈련생들과 함께 선교여행지에서 옥으로 만든 만년필을 사서 선물했다. 목사님은 "뭘 이런 것을 샀어!" 하셨다. "옥을 보니 옥 목사님 생각이 나서요"라고 말씀드렸더니 흐뭇해하셨다. 목사님은 따뜻한 마음, 자상한 아버지의 마음을 가진 스승이셨다. 목사님은 우리 교회를 보시고 가장 척박하고 가장 밑바닥에서 시작한 교회가 제자훈련의 모델 교회가 되었다고 좋아하시고 대견해하셨다.

이제 목사님은 하늘나라에 가셨지만 목사님의 뜻을 따라 제자훈련 선교사로 사역을 잘 감당하고, 사역을 마치는 그날 주님 앞에서 다시 만나 뵐 것을 기대한다.

"목사님, 그동안 정말 수고하셨습니다. 사랑합니다. 그리고 감사합니다. 목사님의 제자답게 살겠습니다. 이제 주 안에서 편히 쉬십시오."

옥한흠 목사님을 스승으로, 멘토로 만나게 해주신 하나님께 모든 영광을 올려 드린다.

배창돈 목사 · 평택대광교회

옥한흠_은혜의 발걸음 백성호

2007년 7월 한국교회 대부흥 100주년 기념대회에서

"인터뷰를 마치고 돌아오는 기자의 심정은 크게 둘로 나뉩니다.
하나는 '이거면 기사화하기에 충분하군. 내용도 탄탄하고.'
또 하나는 '낭패로군. 대체 무슨 내용으로 기사를 메우지?'
그런데 옥한흠 목사님을 만나고 돌아오는 길, 제 심정은 첫째도, 둘째도 아니었습니다.
기사 작성을 떠나 그냥 참 행복했습니다.
'전적인 위탁'이란 말씀이 제 안에서 소용돌이처럼 맴돌았기 때문입니다."

2007년 7월 8일이었습니다. 한국 그리스도교 역사에서 의미심장한 해였습니다. 평양대부흥운동이 일어난 지 100년이 되는 해였습니다. "나의 잘못이다" "내 탓이다" "내가 죄인이다"라는 회개의 고백을 토해내며 불붙었던 평양대부흥은 거대한 거듭이었습니다. 이 땅의 그리스도인이 무엇을 통해, 어디를 향해야 할지를 상징적으로 보여 준 대사건이기도 했습니다.

개신교계는 큰 행사를 준비했습니다. 서울 상암월드컵경기장에서 '한국교회 대부흥 100주년 기념대회'를 열기로 했습니다. 약 10만 명의 청중이 모이는 대대적인 행사였습니다. 개신교계 보수와 진보를 대변하는 한국기독교총연합회와 한국기독교교회협의회가 공동으로 마련하는 자리였습니다. 그만큼 행사의 의미도 깊었습니다. 그런데 준비위원회는 큰 고민에 빠졌습니다.

'한국교회 대부흥 100주년 기념대회'의 핵심은 대표설교였습니다. 그런데 대표설교를 누구에게 맡길지를 놓고 준비위원회는 난감한 처지였습니다. 진보 측에 맡기자니 보수 측이 섭섭해할 거고, 보수 측에 맡기자니 진보 측이 아쉬워할 거고. 뿐만 아니었습니다. '한국교회 대부흥 100주년 기념대회'의 대표 설교는 '형식적인 설교'에 그쳐서는 곤란했습니다. 평양대부흥은 기독교의 영성, 그 영성의 심장을 겨누는 대사건이었으니까요.

　이리저리 고민하던 준비위원회 측은 대표설교자로 옥한흠 목사를 선정했습니다. 진보 측도, 보수 측도 다들 고개를 끄덕였습니다. 옥한흠 목사께서 그동안 보여줬던 설교와 영성, 목회의 발자취에 '존경'과 '공감'을 표시했던 겁니다.

　기념대회 당일 옥한흠 목사는 단상에 올랐습니다. 그리고 절규했습니다. "거룩하신 주여, 이놈이 죄인입니다. 이놈이 입만 회개한 한국 교회의 종입니다. 겉모양은 돌아가지만, 내면은 죄악이 쌓여 있는 한국 교회를 깨끗하게 하옵소서." 기자석에서 취재를 하던 저는 깜짝 놀랐습니다. '한국교회 대부흥 100주년 기념대회'가 행여 일회성 행사에 그치지 않을까 하는 우려를 옥한흠 목사는 한방에 날려 버렸습니다. 뿐만 아닙니다. 그의 설교에는 평양대부흥운동 때 방바닥을 떼굴떼굴 구르며 회개했던 절절한 눈물이 녹아 있었습니다.

　옥한흠 목사는 이렇게 절규했습니다. "교인들에게 '행함이 따르지 않는 믿음은 거짓 믿음이다. 구원을 받을지도 책임질 수 없다'고 하면 사람들 얼굴이 싸늘해집니다. 사랑의교회에서 사역할 때도 그걸 느꼈습니다. 그래서 회개나 반성보다 듣기 좋고 부드러운 말을 골라 하는 저를 발견했습니다. 저도 모르게 복음을 변질시켰습니다." 저는 거기서 평양대부흥운동의 불씨를 2007년에 다시 일으키고자 하는 목사님의 '불씨'를 보았습니다. 그 불씨는 자신의 심장을 먼저 태우지 않고선 결코 남의 심장을 태울 수 없는 불씨였습니다.

　'한국교회 대부흥 100주년 기념대회' 취재가 끝났습니다. 기사를 송고한 후에 제 안에 커다란 물음이 일어났습니다. '대체 무엇이었을까? 무엇이 목사님의 내면에서 저토록 절절한 설교를 가능케 했을까?' 그 물음의 답이 너무나 궁금하더군요. 그래서 이틀 뒤 옥한흠 목사님의 사무실로 찾아갔습니다. 일대일로 만나는 실질적인 '첫 만남'이었습니다. 제가 받은 첫 이미지는 '진지함' '무거움' '깊음' '엄격함' '영성을 향한 끝없는 추구'였습니다.

인터뷰를 위해 공격적인 질문을 던졌습니다. 질문이 공격적일 때 대답도 깊은 곳에서 올라오는 경우가 많기 때문입니다. 목사님은 "꼬박 20일이 걸렸다"고 했습니다. 대표설교를 준비하는 데 말입니다. 단도직입으로 물었습니다. "한국 교회에 왜 평양대부흥의 회개가 필요하다고 했습니까?" 목사님은 잠시 생각에 잠겼습니다. 그리고 답했죠. "주위를 보세요. 교회는 날마다 회개하고 있습니다. 그런데 왜 회개가 필요할까요? 바로 회개가 형식이 돼버렸기 때문입니다. 형식적인 회개가 쌓이고 쌓여서 위선이 되는 겁니다. 이건 아주 중요한 점입니다."

그 말을 듣는 순간, 저는 옥한흠 목사님의 걸음걸이를 봤습니다. 그가 어떤 걸음으로, 어떤 속도로, 어떤 노래로, 어떤 목청으로, 어떤 시선으로 예수님을 향해서 가는지 말입니다. 제가 본 목사님은 목회자이기 전에 구도자였습니다. 설교자이기 전에 기도하는 사람이었습니다.

인터뷰 도중에도 목사님은 수시로 자신을 돌아봤습니다. "나의 목에서 나오는 소리가 과연 나의 소리인가, 아니면 성령의 소리인가. 설교자가 단상에서 자기 소리를 하면 곤란하잖아요." 목사님은 그것을 끝없이 따지고, 묻고, 따지고, 물었습니다.

다시 물음을 던졌습니다. "그럼 한국 교회의 회개는 무엇입니까?" 목사님은 차분한 어조로 답을 했습니다. "교회가 죽느냐 사느냐의 책임은 100% 목회자에게 있습니다. 양적 성장을 말하는 게 아닙니다. 질적 성장을 말하는 겁니다." 그때 알겠더군요. 사랑의교회가 왜 사랑의교회인지 말입니다. 옥한흠 목사가 왜 옥한흠 목사인지 말입니다. 강남의 숱한 교회 중에서도 '사랑의교회'가 지니는 각별한 무게감이 진정 어디에서 오는지 말입니다. 옥한흠 목사의 영적 지향은 일종의 이정표이기도 했습니다. 한국 개신교계가 바라보고 걸어가야 할 '영적 이정표'이기도 했습니다.

인터뷰는 막바지로 가고 있었습니다. 마지막 질문을 던졌습니다. 취재를 떠나 제가 가장 묻고 싶은 물음이기도 했습니다. 성경의 숱한 말씀 중 가슴에 새기는 딱 한 구절을 물었습니다. 목사님은 "고린도전서 15장 10절"이라고 답을 했습니다. "나의 나 된 것은 하나님의 은혜로 된 것이다." 그리고 "이 육신의 생명은 물론, 나를 이루는 모든 것이 하나님이 공짜로 주셔서 받은 것"이라고 풀이를 했습니다.

그런데 "나의 나 된 것은 하나님의 은혜로 된 것"이라는 한마디에는 옥한흠 목사님의 모든 게 녹아 있었습니다. 일상에서 우리는 수시로 '나의 영광'을 붙듭니다. 그러나 목사님이 꼽은 이 말씀에는 '나의 영광'이 없었습니다. 대신 '하나님의 영광'만 있었습니다. 목사님은 그걸 '전적인 위탁'(total commitment)이라고 불렀습니다. 나의 영광도 없고, 나의 잘남도 없고, 나의 가짐도 없는, 그래서 '나'가 없는 게 전적인 위탁이라고 했습니다.

"그렇게 '나'가 없으면 무엇이 남느냐?"고 물었습니다. 목사님은 "예수님과 하나 된 나만 남는다. 예수님 안에 있는 나만 있을 뿐이다"라고 했습니다. 십자가에서 숨을 거두시기 직전, 예수님께선 "내 영혼을 아버지께 바칩니다"라고 하셨습니다. 그게 또한 '전적인 위탁'이더군요. 목사님도 그래서 우리에게 '전적인 위탁'을 말씀하신 것이더군요.

인터뷰를 마치고 돌아오는 기자의 심정은 크게 둘로 나뉩니다. 하나는 "이거면 기사화하기에 충분하군. 내용도 탄탄하고." 또 하나는 "낭패로군. 대체 무슨 내용으로 기사를 메우지?" 그런데 옥한흠 목사님을 만나고 돌아오는 길, 제 심정은 첫째도, 둘째도 아니었습니다. 기사 작성을 떠나 그냥 참 행복했습니다. '전적인 위탁'이란 말씀이 제 안에서 소용돌이처럼 맴돌았기 때문입니다. 그건 또한 제 생활의, 제 삶의 이정표가 되기에 충분했습니다. "바로 지금 이 순간, 나는 전적으로 위탁하고 있는가, 아니면 무언가를 붙들고 있는가. 붙들고 있다면 무엇 때문인가. 그걸 전적으로 맡기려면 어찌해야 하는가." 그 물음은 스스로를 향해서 날리는 십자가의 화살이기도 했습니다.

두 번째 인터뷰는 2008년 겨울에 했습니다. 성탄절을 이틀 앞두고 옥한흠 목사님을 만났습니다. 지금도 그렇지만, 그때도 사회가 힘겨운 시기였습니다. 경제도 어렵고, 취직도 안 되고 말입니다. 목사님은 그런 세상에 성탄 메시지를 던졌습니다. 거기에는 희망과 위로가 녹아 있었습니다. "두려워하지 말라. 내가 너와 함께함이니라." 거기에는 우리 모두를 껴안는 예수님의 숨결이 녹아 있었습니다.

그랬습니다. 옥한흠 목사님은 그렇게 세상에 희망을 전했습니다. 예수를 향해, 진리를 향해 나아가는 당신의 걸음걸이를 통해 우리에겐 '영성의 이정표'를 던졌던 것입니다.

백성호 기자 · 중앙일보

옥한흠_은혜의 발걸음 **백화종**

2006년 2월 교갱협 임원수련회에서 사모님과

"목사님께서는 '한국 교회가 부흥하려면 허수(虛數), 허세(虛勢),
허상(虛像)이라는 '3허'를 버리고 목회자들부터 회개해야 한다'고 강조하셨습니다.
한국 교계의 내로라하는 지도급 목회자들을 앞에 놓고 하시는 질타로 들렸습니다."

하나님께서 부르셨어도 가슴 시린 건 마찬가지입니다. 하나님께서 언젠가는 목사님을 부르시리라는 걸 모르지 않았습니다. 그래도 목울대 밑에서 자꾸만 뜨거운 게 치미는 건 어인 까닭입니까. 우리가 헤어져야 할 날이 오리라는 걸 모르지 않았습니다. 그래도 언제까지나 함께하리라 믿던 님이 홀연히 떠나 버린 것처럼 가슴 시리고 먹먹해지는 건 어인 까닭입니까.

제가 이런 글을 이렇게 빨리 써야 한다는 게 야속하기만 합니다. 목사님께서 주일날 교회 마당에서 인사드리던 제 손을 붙잡고 "건강 조심하라"고 되레 저를 걱정하시던 게 반년도 안 지난 올봄이었기에 말입니다. 목사님이 많이 편찮으시다는 소식에도 "하나님께서 지금 목사님을 부르신다면 손해가 크실 것"이라고 허튼소리를 하기도 했습니다. 목사님이 이곳에서 하나님을 대신하여 하실 일이 아직도 너무 많이 남아 있다고 생각해서였습니다. 그래서 우리 모두는 목사님이 위독하시다는 소식에도 하나님이 치유의 기적을 베풀어 주실 것을 기도했고 또 믿었습니다.

몽매한 제가 그분의 신묘한 뜻을 어찌 헤아리겠습니까만, 하나님께도 목사님이 필요하셨기에 부르셨으리라 믿습니다. 어쩌면 "사랑하는 종아, 그곳에서 네가 할 일은 넘치도록 했다. 많이 수고했다. 이제 내게 와서 편히 쉬라"고 부르셨는지도 모르겠습니다. 그래서 목사님은 "아버지 고맙습니다. 무척 뵙고 싶었습니다" 하며 기쁜 마음으로 가셨을 것 같기도 합니다. 그렇다고 목자 잃은 양들의 슬픔이 줄어들지는 않습니다.

목사님께 처음 인사드리던 일을 어제 일처럼 또렷이 기억합니다. 15년 전, 사랑의교회에 출석한 지 얼마 되지 않아서였습니다. 예배를 드리려고 본당으로 내려가는 엘리베이터 안에서였죠. 여러 사람 가운데에 목사님이 계시기에 제가 "국민일보 편집국장입니다" 하고 인사를 드렸더니 "아, 그래요? 맞아, 신문에서 글을 봤습니다" 하시는데 조금은 놀란 듯한 표정이셨습니다. 여의도순복음교회가 창간한 신문의 편집국장이 사랑의교회에 출석한다는 게 좀 의외라고 생각하셨는지도 모르죠.

1996년 국민일보가 주최한 '교회 제2부흥을 위한 심포지엄'에서 목사님이 주제 발표를 하셨습니다. 그때 목사님께서는 "한국 교회가 부흥하려면 허수(虛數), 허세(虛勢), 허상(虛像)이라는 '3허'를 버리고 목회자들부터 회개해야 한다"고 강조하셨습니다. 한국 교계의 내로라하는 지도급 목회자들을 앞에 놓고 하시는 질타로 들렸습니다. 저를 격려하시기 위해 하신 말씀이겠으나 저 때문에 주제 발표 요청을 수락했다고 하셨습니다. 뿐만 아니라 그다음 주일에는 "이단 사설을 물리치고 개신교계의 영향력을 키우기 위해 그 목소리를 대변할 국민일보를 성장 발전시켜야 한다"는 요지로 설교해 주셨습니다. 저로서는 가슴이 쿵쾅거릴 정도로 흥분과 감동이 아닐 수 없었습니다. 국민일보 전 사원이 사내 수요예배 때 그 설교 테이프를 들었습니다. 목사님과 조용기 목사님의 사이가 각별해진 것도 이러한 일들이 촉매 역할을 하지 않았을까 싶습니다. 귀찮다 않고 저희 신문에 옥고를 써주시고, 불시에 제 사무실에 들러 기도해 주시는가 하면 보잘것없는 제 글에 대한 소감도 말씀해 주셨습니다. 평신도가 받은 분에 넘치는 사랑이었습니다.

싹도 제대로 트지 않은 신앙을 가진 제가 한국 교회의 희망이요 기둥이었던 목사님의 큰 사역을 언급한다는 것 자체가 웃을 일이겠습니다만, 철부지의 어리광으로 받아 주십시오. 저는 과거 목사님의 설교를 가장 많이 들었고 조용기 목사님의 설교를 지금도 자주 듣는 편입니다. 목사님의 설교는 항상 비장했습니다. 죄 많아 감추고 싶은 내면을 들켜 질책을 받는 느낌이었습니다. 그러나 나쁜 짓 한 학생이 불안해하다가 선생님께 들켜 꾸중을 듣고 나면 마음이 편안해지듯, 목사님의 설교를 듣고 나면 죄 사함 받은 양 영혼이 편안해졌습니다. 그런가 하면 조용기 목사님의 설교는 항상 밝고 그래서 희망을 줍니다. 그분의 설교를 듣고 나면 용기와 도전 의식이 생깁니다. 두 분 모두 다수 성도의 특성 등을 감안한 맞춤형 설교를 하신다는 세상적인 생각도 해봤습니다.

저는 사랑의교회에 출석한다는 걸 늘 자랑스러워합니다. 어물전 망신을 혼자 다 시키는 꼴뚜기이면서도 마치 제가 사랑의교회 대표 신도인 양 말입니다. 목사님께서 초석을 놓고 골조를 올리신 금자탑 때문입니다. 아니 목사님 자체가 한국 교회의 빛과 소금이셨기 때문입니다. 목사님이 7년 전, 정년을 5년이나 남겨 놓은 시점에 담임목사직을 현 오정현 목사님께 위임하셨을 때 제가 우리 신문에 칼럼을 썼습니다. 목사님의 자리가 워낙 컸기 때문에 교계 안팎에서 리더십 교체에 따른 문제를 우려하는 소리가 있었으나, 이는 기우였을 뿐 사랑의교회는 젊은 새 담임목사님의 리더십으로 혁명적 부흥을 하고 있다고 말입니다. 부자 세습 교회뿐 아니라, 나 아니면 안 된다는 세상의 지도자들도 깨닫는 바가 있어야 한다는 말을 덧붙였습니다.

목사님, 참으로 힘든 일도 많으셨을 것입니다. 한 사람 한 사람의 영혼 구제와 한국 교회 갱신의 짐을 혼자 다 지신 듯 '3허'에 온몸으로 맞서고 고뇌하시느라 말입니다. 교계라 하여 오해와 시기 질투인들 왜 없었겠습니까. 그러나 목사님, 사랑의교회 성도들은, 아니 심지어 예수를 믿지 않는 이들까지를 포함하여 더 많은 사람들은 당신께서 퍼 올리는 생명의 샘물을 마시고 싶어 했으며 당신을 사랑하고 존경하고 있습니다. 당신께서 발하신 그 빛, 가신 뒤에 더 찬연할 것입니다.

목사님, 이제 모든 짐 벗으시고 당신께서 그리도 사모했던 하나님 곁에서 편히 쉬십시오. 목사님, 사랑합니다. 존경합니다.

백화종 부사장 · 국민일보

"나는 세상에서 너무 많은 것을 받았어요.
이렇게 많이 받아서 나중에 주님 앞에 가면 벌거숭이가 될 확률이
너무 많아요. 그렇다고 내가 내 입장을 다 포기해 버리고 어디로 도망도
못가지 않습니까? 그러므로 나에게는 큰 교회라는 것은
너무너무 무거운 십자가입니다. 나를 변질시키기에 좋은,
너무나 좋지 않은 환경입니다."

'십자가로 가까이' 중에서

옥한흠_은혜의 발걸음 손봉호

1991년 9월 김상복, 손봉호, 김명혁과 함께

"그가 일산 지역에 위성으로 설교할 수 있는 지교회를 설립하려다
그 지역 교회들이 반대하자 즉시 그만둔 것은 나를 감동시켰습니다.
그가 단순히 교회를 키우기 위하여 노력한 목회자가 아님이 그것으로 증명되었습니다."

한국 교회의 큰 별 하나가 떠나갔습니다. 그 자신은 육신의 아픔에서 해방되어 그가 그렇게 사모하던 주님께 갔으니 행복하겠으나 남은 우리들의 서운함은 그지없습니다. 살아 있을 때는 무심히 지나다가 떠나니 새삼 그립습니다.

내가 옥한흠 목사님을 처음 만난 것은 그가 남산에 있었던 성도교회 부목사로 섬기고 있을 때였습니다. 대학부를 지도하면서 나를 한 번 강사로 초청해 주었습니다. 목사님은 나와 동갑이나 나보다 훨씬 더 성숙해 보였고 그런 인상은 지금까지 계속 남아 있습니다. 사랑의교회를 개척한 후에도 자주 만나 교제했고, 남한산성으로 소풍을 같이 가기도 했습니다. 그때 그가 카메라를 들고 왔던 것이 지금도 잊히지 않습니다.

1980년대에는 서울 강남지구 5개 교회(강변교회, 남서울교회, 사랑의교회, 서울영동교회, 할렐루야교회)에서 목회하거나 설교한 김명혁, 홍정길, 옥한흠, 이종윤, 손봉호 등이 강사가 되어 12회에 걸친 연합신앙강좌를 개최하였고, 그 내용은 모두 책

153

으로 출판되어 교계의 관심을 끌었습니다. 서로 돌아가면서 모임을 주최하였고 주최한 교회의 설교자가 책을 편집하였습니다. 목사님도 두 번이나 그 모임을 주최하였고 책을 편집하였습니다. 나는 목사도 목회자도 아니었기에 그 축에 끼일 수 없었으나 그분들이 동급으로 봐주어서 좋은 교제를 나누었고 그 영향은 오늘날까지 남아 있습니다. 그중 어느 사람도 교계나 사회에서 비난을 받을 정도의 실수를 하지 않고 은퇴할 수 있었던 것에는(그 가운데서 가장 젊은 홍정길 목사는 내년에 은퇴) 서로에게서 받은 영향과 서로에 대한 책임이 은연중에 작용한 것이 아닌가 합니다. 산 사람은 은퇴 후에도 실수를 할 수 있으나 목사님은 이제 하늘나라로 떠났기 때문에 실수하지 않고 삶을 아주 멋있고 명예롭게 마감하게 되었습니다. 많은 사람의 주목을 받은 분으로서는 큰 명예며 복이라 하지 않을 수 없습니다.

    사랑의교회가 커지자 그를 만나는 것이 점점 어려워졌습니다. 서로 바쁘다는 것을 알기 때문에 아주 중요한 문제가 아니면 만나자 하기도 힘들고 비서들을 통해야 전화라도 할 수 있으니 자연히 거리가 멀어졌습니다. 후에 건강이 나빠져서 설교가 힘들었을 때는 여러 번 대신 설교했으나 목사님을 자주 만나지는 못했습니다. 2008년 8월 사랑의교회에서 설교할 기회가 있었는데 그때 만난 것이 마지막이 될 줄은 미처 상상하지 못했습니다. 오전 첫 설교를 한 뒤 그가 사용했던 사랑의교회 담임목사 사무실에서 쉬고 있는데 인사 차 들어왔습니다. 은퇴한 후라 과거 어느 때보다도 여유가 있고 긴장이 풀려 있어서 보기가 참 좋았습니다. 내가 그날 세 번 설교하기로 되어 있었는데 왜 그렇게 무리하느냐고 나무라면서 두 번만 설교하고 한 번은 녹화 화면을 이용하라고 충고해 주었습니다. 나는 약속 어기는 것을 싫어해서 그의 충고를 수용하지는 못했지만 나의 건강을 염려해 주는 그의 모습이 그저 의례에 그치지 않고 아주 진지해서 친구의 정을 흠뻑 느꼈습니다. 오랜만에 만나서 좀더 이야기하고 싶어 하는 모습이 역력했으나 내가 쉬어야 한다는 것을 누구보다 잘 아는 목사님은 그렇게 오래 머물지 않고 떠났습니다. 지금 돌이켜 보니 그렇게나마 여유를 가지고 만날 수 있었던 것이 감사합니다.

내가 아는 옥한흠 목사님은 누구보다 하나님과 사람 앞에서 순수했습니다. 교회 크기로 보나 교계에서 그가 차지하는 위치로 보나 그는 좀 으스대고 무엇인 척할 위치에 있었습니다. 그러나 그에게는 그런 모습은 전혀 보이지 않았고 끝까지 겸손하고 순수했습니다. 네덜란드의 어느 기독교 신문에서 한 스코틀랜드 신학자가 "천 명 이상 교인이 모이는 교회의 목사가 그 교회의 주인이 예수님이라 하기는 매우 어렵다"라고 했다는 것을 읽고 한국에서 천 명 이상 모이는 교회의 목사들을 떠올려 보았습니다. 아니나 다를까 거의 대부분이 목에 힘을 좀 준다는 것을 알았습니다. 그런데 옥한흠 목사님은 거기서 예외가 되는 몇 분 가운데 하나였습니다. 인간이란 처한 상황의 영향을 받지 않기가 쉽지 않은데 목사님이 그 유혹에 빠지지 않았다는 것은 그가 철저히 하나님 앞에서 올바로 살려고 노력했기 때문일 것입니다. 그런 분을 알고 교제했다는 것은 나에게 큰 복이라고 생각하고 감사하고 있습니다.

나는 큰 교회를 좋아하지 않고 대교회주의를 많이 비판했지만 옥한흠 목사의 사랑의교회만큼은 비판하지 못했습니다. 큰 교회의 많은 약점 가운데 상당 부분이 사랑의교회에는 없었고, 오히려 많은 장점이 그 약점들을 능가했기 때문입니다. 그가 일산 지역에 위성으로 설교할 수 있는 지교회를 설립하려다 그 지역 교회들이 반대하자 즉시 그만둔 것은 나를 감동시켰습니다. 그가 단순히 교회를 키우기 위하여 노력한 목회자가 아님이 그것으로 증명되었습니다. 그리고 한국기독교목회자협의회를 세워 많은 노력을 기울인 것도 그가 자기 교회만 아는 개교회주의자가 아니었음을 잘 증명해 주었습니다. 그는 하나님 나라, 하나님의 교회를 위하여 일생을 바쳤습니다.

목사님은 좀 지나칠 정도의 완벽주의자였습니다. 앞에 언급한 강남 지역 연합신앙강좌에서 그의 특강을 들으면서 나는 이미 그가 완벽주의자임을 느꼈습니다. 우리 중 어느 강사보다 더 철저히 준비했다는 것을 바로 느낄 수 있었습니다. 물론 그는 설교도 그렇게 준비했을 것이고, 그 때문에 그렇게 많은 성도를 사랑의교회로 모을 수 있었을 것입니다. 그가 우리 다섯 가운데 건강 때문에 가장 많이 고생을 하고 가장 먼저 떠난 것도 그의 완벽주의 때문이 아니었나 생각합니다. 긴장을 풀고 때에 따라서는 적당히 일을 처리하지 못하고 자신을 너무 혹사하지 않았나 싶습니다.

그는 조금이라도 떳떳하지 못한 것은 용납하지 못했습니다. 그와 관련해서 나는 목사님을 괴롭힌 것이 하나 있습니다. 내가 기독교윤리실천운동에서 '작은 차 타기 운동'을 한 것입니다. 그 운동으로 나는 나보다 몇 배 더 훌륭한 신앙과 인품을 가진 분들의 양심을 많이 건드렸고 그 때문에 매우 미안했습니다. 본인의 재산 수십억 원을 교계에 기부한 최창근 장로님이 아들들이 사준 큰 차 때문에 한밤중에 미안하다고 전화를 하셨고, 학원복음화에 혁혁한 공을 세우신 김준곤 목사님도 다른 사람들이 사준 큰 차를 타고 지나가시다가 나를 보자 차를 세우시고 내려서 큰 차를 타서 미안하다고 하신 일이 있습니다. 옥한흠 목사님도 나에게 한번은 "크레도스 정도는 괜찮겠지?" 한 일이 있습니다. 내가 어떻게 대답했는지는 기억이 없으나 "그 정도는 괜찮지요" 했을 가능성이 많습니다. 그 후 그는 한동안 크레도스란 자동차를 타고 다녔습니다. 그런데 얼마 후에 그는 아마 그보다 더 큰 차를 탔을 것이고, 그것이 완벽주의자인 목사님을 많이 괴롭혔을 것이라 생각합니다. 사실 나는 큰 차 타고 다닌다 하여 누구를 정죄해 본 일이 없고 한성대학교 이사장으로 있을 때는 나도 큰 차를 탔습니다. 그렇다고 하여 그런 운동을 중단할 수도 없고 많은 분의 양심을 건드려서 정말 미안했습니다. 목사님도 나의 의도하지 않았던 피해자 가운데 한 분이 아니었을까 생각하니 매우 죄송합니다. 이 일에 대해서는 하나님 나라에 가서 그의 이해를 구하겠습니다.

옥한흠 목사님은 하나님이 한국 교회에 보내신 큰 선물이었습니다. 그가 떠난 뒤에 누가 그 큰 빈자리를 채울 수 있을지 매우 걱정됩니다. 그러나 그 자신은 하나님과 사람 앞에서 정말 보람 있고 가치 있게 살았습니다. 그런 점에서 축하받을 만한 일생이었습니다.

손봉호 장로 · 서울대학교 명예교수

옥한흠_은혜의 발걸음 손인웅

2008년 11월 한목협 창립 10주년기념 감사예배에서 감사패를 받으며

"옥한흠 목사님의 신학과 신앙이 닫힌 보수가 아니라
열린 보수이었기에 한국 교회의 닫힌 보수와 닫힌 진보 사이의 갈등과
소통부재 현상에서 열린 보수와 열린 진보 간의 막힘없는 소통으로
한국 교회 연합과 일치의 물꼬를 트게 되었습니다."

옥한흠 목사님의 얼굴에서 예수님의 모습이 겹치면 옥 목사님은 진실한 주님의 제자일 것입니다. 만약에 예수님의 얼굴이 전혀 보이지 않으면 목사님은 실패한 제자일 것입니다. 목사님은 일생의 신앙 목표가 예수님 닮은 참 제자 되는 것이었기에 언제나 예수님을 바라보며 자신을 쳐서 그리스도께 복종시키는 작업을 치열하게 하셨습니다. 그리스도만이 존귀하게 여김 받기를 원하셨습니다. 그래서 목사님의 얼굴에는 예수님의 모습이 나타났는데, 한 쪽 눈으로 보면 인자하신 예수님의 모습이고, 다른 쪽 눈으로 보면 정의롭고 엄격하신 얼굴이었습니다. 머리카락 하나 흐트러짐이 없고 말씀 한 마디도 불필요한 것이나 군더더기가 없이 깔끔하였습니다. 불의를 보면 참을 수 없는 분노를 터트리시고, 추상 같은 호령으로 불의를 꾸짖으셨습니다. 그러나 그의 마음은 언제나 따뜻하고 너그러워서 어려운 사람들을 돕는 일에는 항상 앞장서셨습니다.

목사님과 가깝게 지내게 된 것은 장로교목회자협의회(장목협)를 결성하기 위한 모임 때문이었습니다. 교단 사이의 골이 깊어서 무슨 일을 함께 한다는 것은 불가능한 때였기 때문에 제도권 내의 공식 모임이 아닌 NGO 성격으로 한국 교회 갱신과 연합, 일치를 위해 공동의 과제를 협의하면서 친밀하게 지내게 되었습니다.

1997년 11월에 한국장로교목회자협의회를 창립할 때 총신대학교 박아론 총장께서 연합일치운동 제1회 열린마당 포럼에 참석하셔서 이러한 연합운동을 하는 것이 쓸데없는 일이라고 부정적인 견해를 피력하시고, "오늘 이 시간 하늘나라에 계시는 우리 아버님(박형룡 박사)께서 내려다보시면서, 아론아, 네가 왜 그 자리에 서 있느냐? 하시며 야단치고 계신다"는 말씀으로 화합의 자리에 찬물을 끼얹게 되었습니다. "신학이 다른 기장, 통합, 고신, 합동 교단이 어떻게 한자리에 앉을 수 있느냐? 불가능한 일을 하지 말았으면 좋겠다"고 했을 때 옥한흠 목사님의 얼굴은 창백해질 정도로 감정을 억제하기 어려워 보였습니다.

그러한 신학적 간극이 컸음에도 불구하고 우리 네 교단은 장목협을 창립하게 되었는데 그 후에 안성수양관에서 장목협 두 번째 열린마당이 열렸을 때 목사님의 노력으로 박아론 총장께서 다시 참석했습니다. 그때 박아론 총장께서 말씀하시기를 "우리 아버지께서 오늘은 그 자리에 잘 참석했다고 칭찬하시며 한국 교회의 연합과 일치를 위해서 힘써 달라는 당부의 말씀이 계셨다"고 전달하였습니다. 불과 2개월 만에 이렇게 변하게 된 것은 그 배후에 옥한흠 목사님의 노력이 있었기 때문입니다. 옥한흠 목사님의 신학과 신앙이 닫힌 보수가 아니라 열린 보수이었기에 한국 교회의 닫힌 보수와 닫힌 진보 사이의 갈등과 소통 부재 현상에서 열린 보수와 열린 진보 간의 막힘없는 소통으로 한국 교회 연합과 일치의 물꼬를 트게 되었습니다.

이러한 옥한흠 목사님의 행보로 복음주의권 보수 교단들의 열린 자세가 한국 교회 전체에 큰 영향을 끼치게 되었습니다.

한국장로교목회자협의회에서 한국기독교목회자협의회(한목협)로 확대 개편해 나갈 때 그 옛날 종교개혁자의 후예들처럼 한국 교회 연합 일치와 갱신과 섬김을 위한 열정이 요원의 불길처럼 타오르게 되었습니다. 목사님은 한목협 대표상임회장직을 9년간 수행하면서 교회 목회 다음으로 온갖 정성을 쏟아서 한목협을 발전시켜왔습니다. 한국 교회가 이대로 가면 하나님의 준엄한 심판을 받을 수밖에 없다는 내용의 설교와 강연, 성명을 반복하면서 가슴을 친 때가 한두 번이 아니었습니다. 그래서 한국 교회 개혁은 선거 개혁에서부터 시작해야 한다는 인식이 모든 교단의 목회자들과 교인들에게 상식이 된 것을 통탄하면서 개혁의 깃발을 들고 앞장섰습니다.

지난 15년을 옥한흠 목사님을 모시고 한국 교회를 위해서 사역하는 동안 목사님의 얼굴에서 예수님을 보았습니다. 임종하는 순간을 지켜보면서 숨을 거두고, 평안히 잠드는 그 모습에서 또 한 번 평화로우신 주님의 얼굴과 "다 이루었다"고 말씀하시는 주님의 음성을 들었습니다.

치열한 사랑으로 수고한 영혼을 아버지 손에 부탁드리는 기도를 올리며 하나님께 보내 드렸습니다.

손인웅 목사 · 덕수교회

옥한흠_은혜의 발걸음 송태근

2007년 8월 교갱협 영성수련회에서

"목사님은 후배들에게 늘 그러셨다.
미사여구도 없고 수식어도 없고 상대방을 고려해서 둘러말하시는 법도 없다.
그러나 그 마음 한구석에는 깜짝 놀랄 정도로 인정과 따뜻함이 넘치는 분인 것을
겪어 본 사람들은 다 안다."

옥한흠 목사님과의 개인적인 만남은 지금으로부터 30년의 세월을 거슬러 올라간다. 1978년도 내수동 대학부에서 개최한 송추 여름수련회에서였다. 당시 나는 군복무 중이었는데 잠시 휴가를 얻어 참석했다. 첫날 밤 사도행전 3장 말씀을 중심으로 다리를 못 쓰는 병자가 일어나 걷고 뛰며 하나님을 찬미하는 내용인 성전 미문 앞 사건으로 말씀을 증거하셨다. 그날 밤 던져진 말씀은 하나의 사건이었다. '말씀의 충격'이라는 실체를 눈으로 보고 가슴으로 경험하기는 그때가 처음이었다.

목사님은 성도교회 대학부를 지도하던 중에 유학을 떠났고, 귀국 후 갖는 첫 청년 집회였다. 이렇게 목사님과 내수동교회 대학부와의 만남은 시작되었다. 이 만남 속에 하나님께서 수많은 역사를 준비하고 감추어 놓으신 것을 당시 젊은 우리는 잘 알지 못했다. 지금 생각해 보면 우리에게는 축복이요 행운이라고밖에는 설명이 안 된다.

그 후에 목사님은 교회를 개척하시고 당시만 해도 아주 생경했던 제자훈련

이라는 목회철학을 접목하여 뿌리내림으로써 지금은 한국 교회뿐만 아니라 세계 교회에 아름다운 영향력을 끼치는 교회로 발돋움하기에 이르렀다.

그 후 다시 목사님을 뵈었던 것은 내가 1994년 미국에서 공부를 중단하고 막 돌아와 강남교회로 부임한 후에 제일 먼저 목사님을 찾아뵈었을 때이다. 오랜만에 인사차 찾아뵙는 자리에서 목사님이 해주신 말씀을 지금도 잊지 못한다. 그 말씀은 지금의 내가 강남교회를 섬기는 데 매우 중요한 방향타가 되었기 때문이다.

"강남교회는 전통적인 교회이니 첫해에는 의자 줄 하나, 주보 글자 하나 바꾸지 마라. 무지막지하게 기도하고 목숨 걸고 말씀에 착념하여 설교해라." 어쩌면 매우 평범한 이야기 같지만 이 말씀과 충고가 사실 나를 살렸다.

당시 어쭙잖게 유학을 마치고(정확히는 중단하고) 돌아온 나의 마음에는 이런 생각이 자리하고 있었다. '한국 교회여! 기다려라. 내가 곧 간다.' 마치 미국 가서 공부하고 오면 무언가가 저절로 이루어지는 것처럼 건방진 생각을 했던 것이다. 그러한 헛바람을 빼도록 해주신 분이 목사님이셨다. 목사님은 후배들에게 늘 그러셨다. 미사여구도 없고 수식어도 없고 상대방을 고려해서 둘러말하시는 법도 없다. 그러나 그 마음 한구석에는 깜짝 놀랄 정도로 인정과 따뜻함이 넘치는 분인 것을 겪어 본 사람들은 다 안다. 그 후로 교회에 어려움이나 갈등이 있을 때마다 편지로 자문을 구하고 찾아뵙기도 하면서 목사님의 보살핌과 그늘 밑에서 지낸 지 어느덧 30년 세월이 흘렀다. 이제 그렇게 기댈 어른이 이 땅에 안 계신다고 생각하니 믿기지 않는다.

좀더 오래 계셔서 한국 교회를 품고 아파하시고 함께하시고 야단치시고 하셔야 했는데…. 무엇이 그리 급하셨는지 지금은 우리 곁을 떠나셨다. 이제 우리는 평소 목사님이 온몸으로 살아내셨던 삶의 흔적과 가르침, 남겨진 자의 몫을 함께 생각해 볼 때이다.

생전에도 일체 교단 정치나 교권에 관심이 없으셨지만 목사님은 늘 그 현장에 묵묵히 계신 것만으로도 충분한 메시지가 되셨다. 구태여 추진하고 소리치고 작용하지 않았어도 목사님의 존재만으로도 사람들은 조심했고 그분이 몸담았던 단체나 일들이 흔들리지 않았다. 묵언의 리더십으로 강력한 지도력을 발휘하신 그 비밀이 뭘까?

첫째, 목사님은 늘 스스로 작아지기를 원하신 분이셨다. 즉 자신을 최소한만 드러내려고 평생 애쓰신 분이다. 그러한 태도의 밑바탕에는 목사님의 신학과 신앙관을 엿볼 수 있다. 목사님의 모든 판단과 행동 양식은, 인간은 철저한 죄인이라는 인식에서 출발한다. 그렇기 때문에 하나님만 신뢰하는 '오직 믿음'을 엿볼 수가 있다. 사람이 할 수 있는 작용을 가능한 줄이고, 최대한 하나님의 은혜와 그분의 능력이 드러나도록 일생을 하나님의 은혜에 초점 맞추어 사셨다. 그러나 그럴수록 사람들은 목사님의 위치를 더욱 그리워하고 목말라했다. 이것이 (자의가 아닌 타의로 형성된) 평생을 걸쳐서 만들어진 한국 교회를 향한 옥 목사님의 지도력의 근거요 출발이다.

둘째는, 목사님이 사랑의교회에서 하셨던 말씀 사역이라고 생각한다. 목회자의 지도력은 강단에서 나온다. 우선 목사님 설교의 가장 중요한 강점은 본문에 집착한다는 것이다. 한 번도 본문의 의도에서 벗어난 적이 없으시다. 설교 준비 때마다 40여 권의 서적을 참고하면서 진을 뺀 일생을 사셨다. 언젠가 공개석상에서 목사님이 자신의 목회 스타일을 '진을 빼는 목회'라고 하신 적이 있다. 그러면서 몸이 상하신 것은 어쩌면 당연한 결과다. 이것은 결코 쉬운 일이 아니다. 그만큼 두렵고 떨리는 마음으로 하나님이 맡기신 말씀을 대하면서 강단 사역을 지켰기 때문이다. 목사님 설교의 또 다른 강점은 항상 가슴 깊은 곳에 사회 약자들에 대한 배려와 진정한 눈물이 있다는 것이다. 그래서 사람들은 그의 설교에 감격했다. 항상 머리의 생각이 가슴으로 내려오는 속도가 빠르셨던 분이다. 결코 겉으로 보이는 이미지처럼 냉정한 분만은 아니었다. 가슴에 뜨거운 폭풍 같은 열정을 지니고 계셨다.

목사님의 또 다른 한 축은 설교자로서의 진정성일 것이다. 화려한 설교, 설득력 있는 설교는 얼마든지 할 수 있다. 그러나 설교자에게 설교 내용만큼이나 중요한 것이 있다면 설교자의 진정성이다. 목사님의 설교에는 그것이 있다. 어쩌면 그것이 목사님의 설교 전체를 대변한다고 해도 틀린 말이 아니다. 덧붙인다면, 설교자로서 설교한 대로 살아내려는 목사님의 실천력이다. 우리 후배들은 그분이 일생 동안 몸부림치며 온몸으로 하신 설교를 아직도 생생히 기억하고, 앞으로도 늘 기억할 것이다.

셋째는, 한국 교회에 대한 책임의식과 부담감이었다. 옥한흠 목사님은 결코 사랑의교회만 키우는 개교회주의자가 아니었다. 목사의 한 사람으로서 한국 교회 전체에 거룩한 부담감을 가지고 교단 갱신과 분열된 한국 교회의 연합과 일치를 위해 혼신을 다하셨다. 그 열매로 지금의 교회갱신을위한목회자협의회(교갱협)와 한국기독교목회자협의회(한목협)가 태동했다. 이 두 단체는 목사님이 일생 동안 사랑의교회 현장 이외에 가장 많은 시간과 열정을 쏟아부은 일이기도 하다. 교회 갱신과 교회 연합은 목사님의 일생에 미완의 과제로 남은 가슴앓이였다.

특히 교단이 병들어 가는 모습을 보면서 "이대로는 안 된다. 공멸한다. 다 죽는다"는 극단적인 표현을 서슴지 않으시며 시작한 것이 오늘날의 교갱협이다. 지금은 목사 회원만도 2000명에 육박하는 예장합동 교단 내에 가장 큰 단체로 자리 잡고 있다. 교갱협을 통해서 지난 십수 년간 하나님이 역사하신 일들은 글로 다 표현하기에 부족하다. 그중에 가장 기억에 남는 것은 교단 선거 풍토를 개혁하기 위해 도입한 제비뽑기 제도다. 아직도 제도상 많은 문제점을 안고는 있지만 금권 선거라는 악습만은 근절하는 효과를 가져왔다. 교단의 이러한 일들을 척결하기 위해 직접 전단을 들고 총회 장소 앞 계단과 거리에서 총대들에게 전단을 나누어 주며 총회 개혁을 호소하던 목사님이 갈수록 많이 그리워질 것이다.

이제 한국 교회 역사의 중요한 한 페이지는 이렇게 넘어가고 있다.

목사님이 평생 가르치고 보여 주신 목회철학과, 제자훈련을 통한 한 영혼에 대한 소중한 철학은 철저히 계승해야 할 절대적 가치다.

지난 9월 6일, 고 옥한흠 목사님의 하관예배에서 후임 오정현 목사님은 말씀을 전하던 중 독백처럼 이런 심경을 고백했다. "사랑하는 동역자와 성도 여러분, 지난 며칠 동안 제 머리와 마음속에 집요하게 떠나지 않는 생각은 '어떻게 하면 옥 목사님의 목회철학과 사역을 잘 계승할 것인가'입니다." 그것은 제자훈련을 하고 있는 옥한흠 목사님의 모든 제자들과 오늘날 한국 교회 모두가 날마다 새롭게 묻고 답을 찾아 가야 할 질문이다.

송태근 목사 · 강남교회

옥한흠_은혜의 발걸음 신재원

1988년 공원에서

"'제자훈련에 미쳐라. 목회의 기쁨을 맛보게 될 것이다.
나는 건강이 허락된다면 다시 제자훈련을 하고 싶다.'
은퇴 후에도 제자훈련을 다시 하고 싶어 하셨던 목사님,
그때가 가장 행복했다고 고백하시면서 힘들고 어려워도 제자훈련을 하고 있다면
그때가 좋은 때인 줄 알라고 웃으며 말씀하시던 목사님 모습이 눈에 선하다."

내가 옥한흠 목사님을 처음 만난 것은 1980년 강남은평교회 시절이었다. 군대를 제대하고 복학했지만 목회에 매우 회의적이었다. 그때 제자훈련에 관심을 갖게 되었고, 제자훈련 목회라면 목회를 하고 싶다는 생각을 갖게 되었다. 그러나 과연 예수님처럼 제자훈련을 할 수 있을까라는 회의로 고민하던 중 옥한흠 목사님 이야기를 듣게 되었다. 제자훈련을 통한 목회가 가능한가? 이 질문에 대한 해답을 주신 분이 옥한흠 목사님이셨다.

나는 강남은평교회 수요예배에 참석해서, 예배 후 강단에서 내려오시는 목사님께 다가가 인사를 드렸다. "옥 목사님, 제자훈련 목회를 배우고 싶어서 왔습니다. 가르쳐 주실 수 있나요?" 그때 목사님께서 추천해 주신 책이 크래머의 「평신도 신학」이었다. 잠깐의 만남이었지만 그것이 목회에 대한 생각의 전환점이 되었고, 그 이후로 제자훈련을 통한 목회를 꿈꾸었다.

그리고 나서 춘천의 한 작은 교회에 부임한 후 제7기 '평신도를 깨운다 제자훈련 지도자 세미나'에 참석하였다. 그때 목사님의 피를 토하는 강의를 들으면

서 제자훈련이 단순히 목회의 한 방법이 아니라 목회의 본질이라는 확신을 갖게 되었다. 세미나 참석 이후 나는 "주여, 내가 주님을 닮기 원합니다. 주님을 닮아 가는 제자를 세우는 일에 헌신하겠습니다" 하고 기도했다. 그 동안 교회를 옮기고 분립을 하는 과정에서 제자훈련으로 세워진 성도들이 교회를 세워 나가는 주역이 되었으며, 어느 곳으로 가든지 함께 말씀 안에서 교제하였던 그 시간을 통해 신앙이 견고해진 것을 고백하는 모습을 보게 되었다.

그 후 '제자훈련 지도자 네트워크'(CAL-Net) 사역을 통해 옥한흠 목사님을 가까이에서 뵙고 목사님의 말씀과 책을 통해 교회가 어떻게 개혁되어야 하는지 늘 도전을 받아왔다. 비록 부족하지만 주님께서 목사님을 통해 나에게 주신 말씀들은 오늘날까지 목회의 토양이 되고 방향이 되었음을 부인할 수 없다. CAL-Net 팀장 모임 때 병색이 완연한 중에도 외치셨던 제자훈련의 삶은 지금도 내 귀에 메아리친다. "제자훈련에 미쳐라. 목회의 기쁨을 맛보게 될 것이다. 나는 건강이 허락된다면 다시 제자훈련을 하고 싶다." 은퇴 후에도 제자훈련을 다시 하고 싶어 하셨던 목사님, 그때가 가장 행복했다고 고백하시면서 힘들고 어려워도 제자훈련을 하고 있다면 그때가 좋은 때인 줄 알라고 웃으며 말씀하시던 목사님 모습이 눈에 선하다.

목사님, 당신은 주님의 제자였습니다. 교회를 교회 되게 하는 길이 어디에 있는가, 큰 가르침을 한국 교회에 던지셨습니다. 비록 자주 뵙지는 못했지만 당신의 말씀과 글을 통해 지금도 제자훈련의 철학과 열정은 흐르고 있습니다. 저 역시 제자훈련이란 숙제를 늘 안고 지금도 살고 있습니다. 더딘 것 같아도 가장 확실하고 보람 있는 길, 그 길을 벗어나지 않을 것입니다.

목사님, 사랑합니다.

신재원 목사 · 새춘천교회

"하나님을 가까이서 보는 이들은 자신의 추함을 볼 것이고,
멀리서 보는 이들은 자신의 잘남을 볼 것입니다."

'중앙일보 인터뷰(2007년 7월)' 중에서

옥한흠_은혜의 발걸음 오덕교

"비록 자신은 합신 교단을 떠났지만 마음까지 떠난 것은 아니라면서
교회 개혁 운동에 앞장서라고 권면해 주셨다.
편협한 마음으로 한국 교회를 보지 말고
넓은 마음으로 한국 교회를 품고 섬기라고 조언하셨다."

내 인생에서 옥한흠 목사님을 만나게 된 것은 복된 일이다. 1977년 총신대학교신학연구원 졸업생 수련회 때 목사님을 처음 뵈었다. 당시 성도교회 부목사였던 목사님은 설교를 통해 겸손, 기도, 헌신 등 하나님의 사람들이 가져야 할 덕목을 교훈함으로 많은 도전을 주었다. 특히 그의 부드러운 인상과 말씀에 대한 강한 확신은 내가 추구할 목회자의 자세와 이상을 보여 주는 것 같았다. 졸업 후 공군 군목으로 3년여 간 봉직하며 신학석사 학위 과정을 마치고, 1981년부터 교회사를 강의하면서 목사님과 몇 번에 걸쳐 교제를 나누었다.

1982년 총신대학교의 전임강사가 되면서 박사학위를 마쳐야겠다는 일념으로, 그해 8월 무작정 미국 웨스트민스터신학대학원으로 유학을 떠났다. 그때부터 목사님은 매월 100달러씩 장학금을 보내 주셨다. 아마도 내가 사랑의교회 첫 번째 해외 유학생 장학금 수혜자가 아닐까 생각한다. 당시 사랑의교회는 개척한 지 얼마 되지 않았으므로 자립하기도 힘들었을 것이나, 후배들을 키우겠다는 목사님의 배려 가운데 귀한 장학금이 마련된 것이다. 장학금은 박사학위를 받을 때까지 이어졌다.

학위를 마치고 귀국하자마자 목사님을 찾아뵈었다. 학위논문을 전해 드리면서 감사의 마음을 표하였을 때 목사님은 별것도 아닌 것으로 과찬한다며 나무라셨다. 인재를 키우는 것이 바로 교회의 사명이지 칭찬거리가 아니라는 말씀이다. 모교인 총신을 두고 은사들이 계신 합신으로 가는 문제를 상의했을 때도 목사님은 합신으로 가는 것을 막지 않고 축복해 주셨다. 비록 자신은 합신 교단을 떠났지만 마음까지 떠난 것은 아니라면서 교회 개혁 운동에 앞장서라고 권면해 주셨다. 편협한 마음으로 한국 교회를 보지 말고 넓은 마음으로 한국 교회를 품고 섬기라고 조언하셨다. 합신으로 간 후에도 목사님은 교회에서 열리는 특강이나 설교를 부탁하곤 하셨다. 비록 섬기는 공간이 달랐지만 후배에 대한 사랑은 변함 없으셨다.

뛰어난 설교자이며 존경받는 목회자인 옥한흠 목사님이 내게 준 인상은 자상한 선배요 모든 것을 포용하는 너그러운 형님 같은 느낌이었다. 예수 그리스도를 세상의 그 무엇보다도 사랑하고, 교회를 위해 자신의 몸과 영혼을 바쳤으며, 우리 민족이 나아가야 할 길을 보여 준 이 시대의 지도자였다. 그리스도의 인격을 닮는 제자 만드는 사역이 목회자의 임무임을 깨닫고는 몸을 아끼지 않고 평생을 제자훈련을 위해 바친 그리스도의 충성스러운 제자였다. 그러한 그가 이 세상을 떠나 주님 품에 안겼으나 성도들에 대한 사랑, 그리스도에 대한 충성, 교회를 위한 헌신으로 지금도 우리에게 말하고 있다. 이처럼 사심 없이 하나님과 교회를 위해 몸을 바친 귀한 하나님의 사람이 우리 옆에 있었던 것은 우리에게 참으로 복이었다.

오덕교 목사 · 합동신학대학원대학교 전 총장

옥한흠_은혜의 발걸음 오정호

1989년 오정호 목사의 목사안수식에서

> "지금 돌이켜 보아도,
> 조국 교회의 미래를 향한 목사님의 간절함과 기대가
> 폭포수처럼 쏟아진 집회로 젊은이들의 뇌리에 각인되어 있습니다.
> 참석자 모두에게 눈물과 감동, 비전과 결단의 기회였습니다.
> 저 또한 사역자로서 기초석을 놓는 은총의 만남이었습니다."

총신대학교신학대학원에서 학우들에게 목회학을 가르치고 막 끝내는 순간, 옥한흠 목사님의 별세 소식을 접하는 쪽지를 받았습니다. 순간 형용할 수 없는 감정이 온몸을 휘감았습니다. 다음 강의 장소로 움직이는 학생들에게 다시 돌아섰습니다. "동역자 여러분, 저는 지금 저의 멘토이자 한국 교회의 스승이며 목회자들의 목회자이신 옥한흠 목사님께서 주님 품에 안기셨다는 소식을 들었습니다. 옥 목사님께서 저의 멘토시라면 여러분의 혈관 속에도 옥 목사님의 흔적이 계승되리라 확신합니다." 이렇게 상황 설명과 권면을 한 후 함께 전능하신 주님 앞에 머리를 숙였습니다.

"주님, 생명의 주님! 옥 목사님을 부르셨습니다. 주님 품에 안으셨습니다. 이제 남겨진 저희들이 옥 목사님의 주님 사랑, 교회 사랑, 영혼 사랑의 사역과 정신을 잘 이어받도록 은혜를 베풀어 주옵소서."

목사님과의 만남은 1978년으로 거슬러 올라갑니다. 내수동교회 대학부에 몸담고 있었던 때입니다. 먼저 상경한 형님 오정현 목사를 따라 서울에서 대학 생활을 시작한 후로 목사님을 뵙기 전부터 독특한 어감을 주는 옥한흠 목사님에 대한 소식을 알고 있었습니다. 성도교회에서 대학생들을 성공적으로 지도하다가 미국으로 유학을 떠나신 분이며, 초토화되다시피 한 당시 한국 교회 대학생들에게 비전과 활력을 심어 주신 분으로 각인되어 있었습니다. 성도교회 대학부의 주보가 지금도 눈에 선합니다. 표지에는 3M Vision(Campus, Business, World Ministry)이 선명하게 나타나 있고, 특히 1976년 7월에 열렸던 캐나다 몬트리올 올림픽에 대한 목사님의 소감 기사가 실렸던 것이 기억납니다.

목사님은 미국 칼빈신학교와 웨스트민스터신학교에서 3년간 연구하고 귀국하시던 바로 그 해에 당시 내수동교회를 담임하고 계셨던 박희천 목사님의 강력한 초청으로 대학부 여름수련회에 강사로 오셨습니다. 내수동교회 대학부에 새로운 역사의 장을 열어 놓은, 이름하여 '송추 수련회'였습니다. 은혜로우신 하나님께서는 신선함과 열정으로 무장한 목사님을 통하여 대학생들의 필요를 성령의 인도하심을 따라 시간 시간 채워 주셨습니다.

지금 돌이켜 보아도 조국 교회의 미래를 향한 목사님의 간절함과 기대가 폭포수처럼 쏟아진 집회로 젊은이들의 뇌리에 각인되어 있습니다. 참석자 모두에게 눈물과 감동, 비전과 결단의 기회였습니다. 저 또한 사역자로서 기초석을 놓는 은총의 만남이었습니다. 이러한 만남을 계기로 사랑의교회(당시 강남은평교회) 설립예배에 내수동교회 대학생들이 찬양대로 초청을 받기도 했습니다.

교회 설립예배를 앞두고 총신대학교 휴게실에서 목사님을 뵈었습니다. 그 자리에서 목사님은 "교회 설립을 하면 내가 장년부를 맡을 테니 정호 형제가 주일학교를 맡아 주면 좋겠어" 하고 정중하게 제안하셨지만, 당시 대학부 형편상 제가 움직일 수 없었기에 목사님의 제안에 순종하지 못하였습니다. 목사님께서 "내수동교회에서 배우는 것도 많겠지만, 나와 함께 일하면 좋을 텐데…" 하고 아쉬워하며 돌아서시던 모습이 지금도 기억이 납니다.

세월은 흘러 1985년에 목사님의 부르심을 따라 사랑의교회에서 만 7년을 섬기게 되었습니다. 이미 사랑의교회에서 교구 사역을 하고 있던 아내와 함께 부부 사역자로 섬길 수 있도록 배려하셨습니다. 또한 조건 없이 미국에서 유학할 수 있는 기회를 선물로 주셨습니다. 미국 유학 중 현재의 새로남교회 담임목사로 부임하게 된 것도 목사님께서 추천하신 덕분이었습니다.

대전 기독교연합회 회장 취임 때 목사님은 축하 메시지를 보내 주셨습니다. 구구절절 제자를 향한 사랑이 묻어 있는 글이었습니다. 취임예배 드리기 전에 목사님께 전화를 드려 함께 기도했습니다. 목사님은 "결코 은혜의 샘물이 메마르지 않기"를 간절하게 기도해 주셨습니다. 전화선을 통해 들려오는 목사님의 사랑을 깊이 느낄 수 있었습니다. 그 일을 기점으로 저의 호를 은천(恩泉)이라고 지었습니다. 은천 곧 은혜의 샘물이 흘러넘치는 사역과 은보(恩步) 곧 은혜의 발걸음을 계승하기를 소원하는 다짐이었습니다.

지난 7월 마지막 주일, 사랑의교회 출신 목회자로서 주일 강단을 섬긴 후에 아내와 함께 서울대병원을 방문하였습니다. 쇠잔해진 목사님의 모습이었지만 따뜻한 미소와 손길로 맞아 주셨습니다. 사모님과 대화를 마치고 병실을 나오기 전에, 준비해 간 카드를 목사님의 귓가에 읽어 드리고 목사님의 손을 두 손으로 감싼 채 목사님과 사랑의교회를 위하여 기도를 드렸습니다. 그 기도가 목사님의 손을 잡고 한 마지막 기도였습니다. 기도가 끝난 후 엘리베이터를 향하는 우리 부부를 병실 밖까지 나와 배웅하시던 모습이 목사님 생전에 뵌 마지막 모습이었습니다.

목사님은 시편 103편을 늘 애송하셨고, 찬송을 부르실 때는 감정이입을 하여 입을 크게 벌려 주님 사랑을 온몸으로 표현하셨습니다. 한국 강산에서 제2, 제3의 은보가 우후죽순처럼 일어나기를 간절히 바랍니다.

오정호 목사 · 새로남교회

옥한흠_은혜의 발걸음 요한 루카시

2008년 4월 ECMI 회장 요한 루카시 목사와

"처음에는 많은 에너지와 시간이 소요되겠지만,
한 영혼에 집중한다는 것은 우리 유럽의 근본적인 문제들을 풀 수 있는
해결책이 될 것을 믿어 의심치 않습니다.
언젠가 유럽에도 제자훈련이 교회 목회에서
필수과목이 되는 날이 올 수 있기를 고대합니다."

옥한흠 목사님은 '겸손함과 위대한 영향력'이라는 말로 정리할 수 있는 분이라고 생각합니다. 제가 목사님을 처음 만난 것은 2008년 서울에서였습니다. 그때 목사님의 설교를 듣게 된 것은 저에게는 은혜요 영광이었습니다. 그때 목사님은 세 가지 요점으로 강해설교를 하시면서 하나님의 말씀을 성도들의 마음에 꽂히게 하셨던 것을 생생하게 기억합니다.

첫째, 성경 본문 주해에서 균형 잡힌 뛰어난 해석이라는 것을 느꼈습니다. 저에게 이런 설교는 엄청난 감동을 주는 설교로 다가왔습니다. 세계 여러 대형 교회의 설교들을 들어 보았지만, 보통 평범한 그리스도인의 삶의 이야기로 시작하여 잠시 성경 본문을 인용하고 적용에 이르며 마무리를 하는 설교가 대부분이었습니다. 그러나 사랑의교회는 그러한 방식의 설교는 통하지 않는다는 것을 알았습니다!

둘째, 말씀이 전해지는 순간순간마다 영감 넘치는 열정을 느낄 수 있었습니다. 그저 메마른 진리가 아닌 자신의 경험과 말씀과 씨름했던 고투가 느껴지는, 메시지에 대한 확신이 있어 듣는 이들로 하여금 동일한 갈망과 확신을 요구하는 설교였습니다. 그 당시 제가 일흔이 넘은 나이였음에도 그러한 성령의 불을 설교를 통해 체험하게 되어 많은 감동을 받았지요.

　셋째, 설교에서 목사님의 겸손함을 느낄 수 있었습니다. 설교 도중 그는 찬송을 부르셨는데 중요한 신학 요점을 청중에게 이해시키기 위해 찬양을 예화로 사용하시는 모습을 목격했습니다. 이러한 시도는 매우 감동적이면서도 적절한 접근이었다고 생각합니다. 그리고 설교 제일 마지막 부분에 가서 겸손한 자세로 다음과 같이 말씀하셨습니다. "저의 목소리는 이제 더 이상 예전과 같지 않지만 이런 찬양을 통하여서라도 하나님을 찬양하고 그분께 영광을 돌릴 수 있다고 생각합니다." 강단에서 선포한 이러한 그의 겸손함은 그를 사랑할 수밖에 없게 만들고, 메시지의 진실성을 높이며, 청중으로 하여금 그 진리의 말씀을 받아들이게 만드는 힘을 발휘하였습니다.

　주일예배가 끝난 후 목사님과 교제를 나누었습니다. 연배가 비슷하기에 지난 삶을 나누는 데 큰 어려움이 없는 듯했습니다. 「평신도를 깨운다」 영문판을 서명하여 제게 주셨고, 그 답례로 저도 제 저서를 목사님께 서명하여 선물로 드렸습니다. 짧은 만남에서 제게 큰 감명을 남겼던 것은 100년 이상 유럽에서만 선교 사역을 해온 국제유럽선교회(European Christian Mission International/ECMI)의 사역에 관심을 갖고 자세히 물어보신 것이었습니다. 목사님은 유럽 지역까지 사역을 하지 않으셨기 때문에 그 관심은 예사롭지 않았습니다. 그리고 사랑의교회와 '평신도를 깨운다 제자훈련 지도자 세미나'(CAL 세미나)가 어떻게 유럽 대륙을 섬길 수 있을지 물어보셨습니다. 그 후 1년 뒤 저와 ECMI의 훈련사역을 총괄하는 로헬리오 목사가 함께 CAL 세미나에 참석하게 되었습니다. 세미나의 주요 부분을 목사님이 직접 강의하셨는데 그 와중에도 시간을 내어주셔서 다시 개인적인 만남이 허락되었습니다. 두 번째로 갖는 목사님과의 개인적인 시간이 되었던 것이지요. 세미나 강의로 피곤한 가운데에도 또다시 귀중한 시간을 허락하시어 대화를 나누게 되었습니다. 바로 이 만남이 그가 가르치려는 제자훈련의 원리를 생생하게 습득할 수 있는 기회였다고 생각됩니다. 목회 방법론이나 프로그램이 아닌 '한 영혼의 중요성'을 몸소 체험할 수 있는 시간이었습니다. 이런 두 차례 만남을 통해 저는 참으로 찾아보기 힘든 진귀한 하나님의 사람을 만났다고 생각합니다. 하나님을 두려워하는 겸손한 주님의 종, 이 한마디로 옥한흠 목사님과의 만남을 요약할 수 있겠습니다.

한 영혼의 중요성은 옥한흠 목사님의 목회와 사역의 핵심 가치라고 생각합니다. CAL 세미나와 「평신도를 깨운다」에서 수차례 강조하는 개념입니다. 이런 목회철학은 하나님을 섬기는 전임 사역자들에게는 축복이며 성경적 진리라고 말할 수 있습니다. 저 개인적으로도 이 목회철학을 포스트모더니즘이 팽배하여 이제는 더 이상 복음 듣기를 원하지 않는 유럽인들과 유럽 교회에도 적용하겠다는 결심을 하게 되었습니다. 유럽은 한때 세계 기독교를 대표하는 대륙이었으나 이제는 복음이 필요한 아주 심각한 선교지로 몰락하였습니다. 지금도 회심하는 영혼들이 있기는 하지만 한 영혼을 위해 적지 않은 희생을 치러야 하는 것이 현실입니다. 한 영혼에 집중하는 목회철학에 많은 감동을 받으며 누가복음 15장을 다시 한 번 보게 되었습니다. 예수님은 죄인들과 동행하신다는 비난을 받으셨을 때 세 가지 이야기를 연속해서 들려주며 한 영혼의 중요성을 강조하셨습니다. 백 마리 양 중 길 잃은 양 한 마리를 찾는 목자 비유, 열 드라크마 중 한 드라크마를 잃어 등불을 켜고 집을 쓸며 찾아내는 한 여인, 잃은 탕자를 되찾은 아버지의 비유, 바로 이러한 예수님의 '한 영혼'의 원리를 목사님은 철저히 이해하셨으며, 평생에 걸쳐 그의 삶을 통해 평신도 제자훈련 목회로 이런 원리의 실천을 보여 주셨습니다.

목사님이 친필로 서명하신 「평신도를 깨운다」를 선물로 받은 저는 이 책을 아주 흥미진진하게 읽었습니다. 그 동안 교회 성장과 발전, 전도와 교회 개척에 대한 책을 수없이 읽어 보았지만 그중 가장 뛰어난 책이었습니다. 제가 이런 말을 하는 이유는 매우 명확한 목회철학이 이 책에 담겨 있기 때문입니다. 오랜 세월 고뇌와 분투를 통해 정립한 목사님의 목회철학은 단순한 방법론이나 목회 전략이 아닌 소중한 성경적 목회철학이었습니다. 제가 이 책을 ECMI 훈련담당 책임자로 섬기는 로헬리오에게 선사하였을 때 그에게서도 동일한 반응을 보게 되었습니다. 로헬리오는 말했습니다. "이 책은 어떻게 목회를 해야 하는지에 대한 방법론이 아니라 성경적 목양 원리가 깊이 들어 있는 소중한 책입니다. 전 세계에 방법론을 소개하는 책은 넘치지만, 이런 책은 접하기가 어렵습니다."

이 땅에서 교회는 선교와 전도를 하는 하나님의 도구로서 바로 예수님이 분부하신 "제자를 만들라"고 하시는 명령을 받드는 공동체로 성장해야 합니다. 그리고 이런 사명은 소수의 특정 교회 지도자들만이 아닌 온 성도에게 내려진 것입니다. 우리는 요한복음 20장 21-23절을 제대로 이해해야 합니다. 바로 사도성에 대한 이해인데, 모든 목사와 선교사가 이에 대한 정확한 이해가 있어야 합니다. 목사와 선교사들은 에베소서 4장 11절에 의거하여 평신도를 제자다운 제자가 되게 하기 위해 훈련시켜야 한다는 것입니다. 이미 옥한흠 목사님의 풍성한 목회 사역 열매를 통해 검증된 것처럼, 바로 이것이 우리 사역의 기초가 되어야 함은 너무나도 당연한 사실입니다. 또한 이와 같은 귀한 철학을 CAL 세미나를 통해 전 세계 여러 지도자들에게 나누어 주신 목사님께 감사의 마음을 전합니다.

저희 ECMI를 대표하여, 하나님께서 사랑의교회와 만나게 하시고 CAL 세미나에 참석하게 인도하신 은혜에 감사를 드립니다. 저 외에도 ECMI의 여러 리더들이 CAL 세미나를 수료하였고 앞으로 계속하여 참석할 예정입니다. 우리는 이미 사랑의교회에서 배운 것들을 사역에 접목하고 있습니다.

　금년 4월 스페인에서 열린 ECMI 연차 총회에서 일주일 동안 제자훈련과 전문인 선교 워크숍을 실시했습니다. 동유럽에서 온 여러 지도자들이 이와 같은 제자훈련이 절실하다고 이구동성으로 말했습니다. 어떤 지도자들은 「평신도를 깨운다」를 에스토니아어와 네덜란드어, 독일어로 번역하고 싶다고 제안했습니다. 에스토니아어판은 이미 번역을 마치고 출판을 앞두고 있고, 네덜란드어는 번역 중에 있지요. 저와 함께 CAL 세미나를 다녀온 피터 보든(Peter Borden) 목사님은 벨기에 지역에 새로 개척하는 교회들에 제자훈련 목회철학을 적용할 예정입니다. 처음에는 많은 에너지와 시간이 소요되겠지만, 한 영혼에 집중한다는 것은 우리 유럽의 근본적인 문제들을 풀 수 있는 해결책이 될 것을 믿어 의심치 않습니다. 언젠가 유럽에도 제자훈련이 교회 목회에서 필수과목이 되는 날이 올 수 있기를 고대합니다.

　ECMI의 이사장으로서 ECMI에 속한 모든 공동체를 대표하여 옥한흠 목사님이 당신의 삶과 목회 비전을 우리에게 나누어 주심에 진심 어린 감사를 전합니다.

요한 루카시 목사 · ECMI 회장

옥한흠_은혜의 발걸음 용첸파

2003년 12월 65세 생신을 맞아

"제자훈련 지도자 세미나에서 참 많은 은혜를 받고
하나님의 신실한 종 옥한흠 목사님을 처음으로 만나 뵙는 은혜를 누리게 되었습니다.
목사님은 9명으로 개척한 사랑의교회에서 지난 30년 동안 조용히 그러나 혼신을 다하는
열정과 노고로 주님의 참된 제자들을 키워내는 사역을 감당하셨습니다."

예수님은 "내가 진실로진실로 너희에게 이르노니 한 알의 밀이 땅에 떨어져 죽지 아니하면 한 알 그대로 있고 죽으면 많은 열매를 맺느니라"(요 12:24)고 말씀하셨습니다. 또 "너희가 열매를 많이 맺으면 내 아버지께서 영광을 받으실 것이요 너희는 내 제자가 되리라"(요 15:8)고 말씀하셨습니다. 이 땅에서 우리가 번영한다는 것은 우리 자신을 위한 영광이 되며 우리 가족과 사회와 국가에 큰 유익이 될 것입니다. 그러나 그리스도의 제자인 우리가 예수님을 본받아 한 알의 밀이 되어 썩는다면 하나님 아버지와 그의 나라를 위해 영광을 돌리게 될 것입니다.

지난 2003년 뉴질랜드 오클랜드에서 개최된 아시아태평양제자훈련컨설테이션을 계기로 사랑의교회의 귀한 사역을 알게 되었습니다. 당시 저는 3년마다 개최하는 이 모임에 말레이시아 사바의 선교모델 '113'(한 사람이 다른 한 사람을 제자 삼아 그 한 사람이 세 사람을 제자 삼게 하자는 훈련 프로그램)을 소개하러 갔습니다. 그런데 주님의 예비하심에 따라 사랑의교회 제자훈련 사역을 알 수 있는 기회가

되었습니다. 사랑의교회로부터 제자훈련을 위한 네트워크 사역을 함께 하자는 제안을 받아들여 저는 그해 11월, 한국의 사랑의교회 제자훈련 지도자 세미나인 '평신도를 깨운다 제자훈련 지도자 세미나'(CAL 세미나)에 참석하게 되었습니다.

CAL 세미나에서 참 많은 은혜를 받고 하나님의 신실한 종 옥한흠 목사님을 처음으로 만나 뵙는 은혜를 누리게 되었습니다. 목사님은 9명으로 개척한 사랑의교회에서 지난 30년 동안 조용히 그러나 혼신을 다하는 열정과 노고로 주님의 참된 제자들을 키워내는 사역을 감당하셨습니다. 오늘날 사랑의교회는 놀라운 성장을 이루었음에도 양적·질적으로 지속적인 성장을 이어 가고 있습니다. 제자훈련 1년과 사역훈련 1년 과정을 거쳐 키워진 예수 그리스도의 제자, 평신도 지도자들이 주님의 대계명과 대사명을 수행하며 한국과 온 세계로 나아가고 있습니다. 사랑의교회에는 어떤 비밀이 있을까요?

오늘날 세계 여러 나라와 교회에서 다양한 형태의 훈련 프로그램을 제시하고 있습니다. 저도 목회 40여 년 동안 여러 형태의 세미나와 훈련 프로그램에 참여해 보았습니다. 중요한 것은 어떤 이론이나 원리보다 실제적인 임상과 열매라고 생각합니다. 다른 교회와 목회자들이 배워 실행할 수 있는 검증된 훈련 모델을 제시하는 것이 매우 중요하다고 봅니다. 사랑의교회 제자훈련 모델이야말로 우리 주님이 친히 보여 주신 성경적 모델이며, 세세토록 지속되어야 할 건강한 사역 모델입니다.

작년에 싱가포르 성공회가 백주년을 맞이했습니다. 지난 한 세기를 돌아보며 앞으로 다가올 또 한 세기를 준비하는 중요하고 의미 있는 자리였습니다. 존 츄 싱가포르 대주교를 비롯하여 전 세계 복음주의 성공회 지도자들과 만여 명에 이르는 회중이 모였습니다. 이 회합에서는 성공회가 앞으로 어떤 비전과 방향을 가지고 나아갈 것인지 고민하는 시간을 가졌습니다. 무엇보다 말씀으로 돌아가 "땅 끝까지 이르러 제자를 삼으라"는 주님의 대사명과 "이웃을 네 몸과 같이 사랑하라"는 대계명에 충실할 것을 다짐했습니다.

저는 말레이시아 성공회 소속일 때 처음으로 CAL 세미나에 참석하였고, 그 후 싱가포르, 인도네시아, 태국 등 동남아시아를 비롯해 호주, 아프리카 등 다른 교구의 지도자들까지 권유하여 2010년 3월까지 총 150명이 세미나를 수료했습니다. 저는 4년 전에 시드니로 와서 베트남인 교회를 포함하여 호주 전역에서 적임자들을 선발하여 CAL 세미나에 보내고 후속 사역을 도와주고 있습니다. 성공회를 제자훈련으로 거듭나게 하는 이 일에 목사님, 저의 남은 생과 사역이 쓰임 받기를 기도하고 있습니다.

용첸파 주교·호주 성공회

●옥한흠_은혜의 발걸음 윤형주

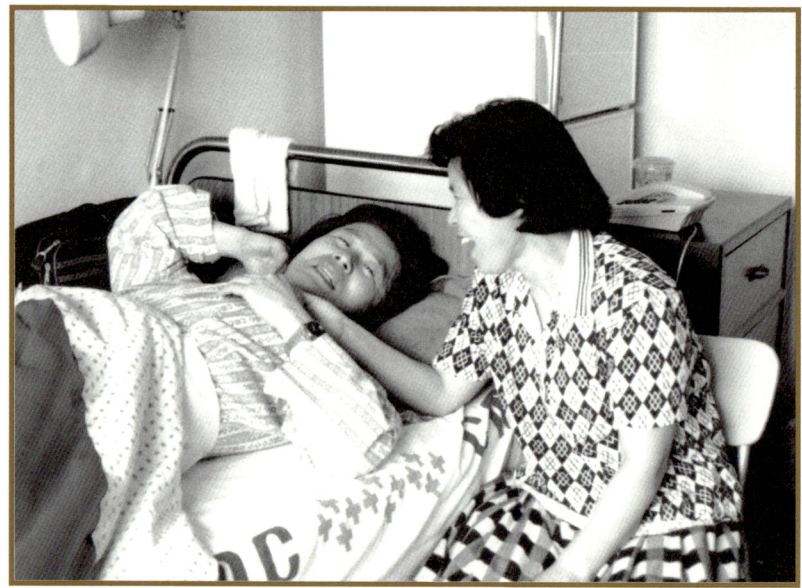

1989년 5월 병상에서

"당신은 사랑이셨습니다."

어느 날 목사님이 만나자고 하셨다. 사랑의교회 2층 담임목사실로 가려고 계단을 오르다가 3층 계단에서 내려오시던 목사님과 마주쳤다.

"목사님, 왜 위층에서 내려오시나요?"

"제가 방을 4층으로 옮겼습니다."

"목사님, 담임목사 이취임식이 아직도 여러 달 남았는데 왜 벌써 방을 옮기셨나요?"

"일할 사람에게 얼른 자리를 내드리는 게 마땅합니다. 제 방은 오정현 목사님이 벌써 사용하십니다."

목사님이 옮겨 가신 4층에는 화장실도 없다는 것을 후에야 알았다.

아직 그 자리에 계셔도 되는데

아니 그 자리에 좀더 계셔야 하는데

그분은 스스로 자신의 자리를 내어놓으셨다.

목사님을 만날 때면 나는 그분에게서 늘 부성(父性)을 느끼곤 했다.

내 아버지가 세상을 떠나신 지 벌써 30년이 훌쩍 지나서였을까, 가끔 아버지가 보고 싶어질 때 목사님을 뵈면 아버지를 만난 느낌이 들었다.

아버지의 목소리, 아버지의 냄새, 아버지의 몸짓을 만난 것 같아 기대고 싶어지고 나의 어리석고 못된 실수들에 대해 꾸중 듣고 싶어지고 "왜 그랬냐고, 그리해선 안 된다"고 호되게 야단맞고 싶어지는 그분, 그러다 내 등에 손을 얹고 조용히 등 두드려 주는 내 아버지가 느껴졌다.

그래서였을까, 앞에 서면 어린아이가 되는 나를 그분은 해마다 열리는 사랑의교회 '새생명축제'에 7년간 부르시곤 단 위에 세우셨다.

해가 지나면서 마음에 부담이 생겨 목사님께 말씀드렸다.

"목사님, 간증도 따끈따끈해야 성도님들께 감동이 되지 이렇게 해마다 같은 간증을 하려니 점점 힘들어집니다. 새로운 간증거리를 만들기 위해 이 나이에 또 사고를 쳐야 합니까?"

그러자 목사님이 웃으면서 대답하셨다.

"장로님 간증에는 예수님이 있고 십자가가 있으니 그대로 하십시오, 아니 똑같이 하십시오."

점심식사를 같이 하자고 하셔서 목사님을 만난 날이었다.

"오늘 점심은 제가 내는 것이니 장로님은 그냥 드시면 됩니다."

"목사님이 사시는 점심을 먹는 장로의 심정이 얼마나 괴로운 줄 아십니까? 제가 대접하겠습니다."

또 웃으면서 그러셨다.

"장로님, 그냥 순종하세요."

아무 소리 못하고 식사를 하는데 가만히 생각해 보니, 왜 목사님이 나를 부르셨는지 궁금해졌다. 식사가 끝나갈 즈음 여쭤 보았다.

"목사님, 그런데 오늘 왜 저를 부르셨습니까? 무슨 하실 말씀이 있으신가요?"

"아니요, 그냥 같이 식사하고 싶었습니다. 다른 얘긴 없습니다."

안성수양관에 계시다고 했다.
목사님이 보고 싶었다.
"저, 거기 가서 뵙고 싶은데요."
"지금 대상포진 때문에 제 몸이 좀 불편합니다. 통증이 아주 심하네요. 저를 위해 기도해 주세요."
섭섭했다.

병원에 입원하셨다고 했다.
또 뵙고 싶었다.
그런데 안 만나 주신다고 했다.
아프면 다 그렇지. 좀 야위고 흐트러지시면 어떤가, 모습 한번 보여 주시지.
또 섭섭했다.

투명하기가 힘든 세상에서 참 맑게 사신 분,
정직하셔서 당당할 수 있었던 분,
우리가 얼마나 완전할 수 없는 연약한 존재인지를 어느 누구보다 잘 아셨기에 하나님 앞에 완벽하려고 몸부림치셨던 분,
찢어지고 갈라서는 것을 그렇게 안타까워하셔서
하나 됨을 위해 그토록 아파하셨던 분,

음란하고 더러운 세상을 향해 먼저 깨끗하라고 성결하라고 외치셨던 분,
외롭다고 쉽사리 울지도 못하고
고통스럽다고 육신을 떼어 놓을 수도 없으셨을 그분.

소리쳐 불러서 깨울 수 있다면
흔들고 흔들어서 깨울 수만 있다면
목이 터지고 살이 부르트도록 깨우고 싶은 분.

옥한흠 목사님,
우리가 사랑하기보다
우리를 더 사랑해 주셨던
당신은 사랑이셨습니다.

벌써 보고 싶어지는 당신
옥한흠 목사님.

윤형주 장로·온누리교회

"교회 주변에 들어선 수많은 유흥업소들을 볼 때마다
분통이 터져서 견딜 수가 없습니다.
왜 한창 열심히 미래를 설계하고 준비해야 할 젊은이들을
쾌락의 늪에 빠지게 만드느냐는 말입니다.
쾌락에 빠진 자는 사랑과 쾌락 말고는 다른 아무것에도 관심이 없습니다.
미래에 대한 꿈도 희망도 없습니다. 오직 현재의 쾌락만 있을 뿐입니다.
이 나라 젊은이들에게서 미래에 대한 진취적인 꿈과 희망이 사라져
버린다고 생각할 때 이것은 비단 그들만의 문제가 아닌 것을
깨닫게 됩니다. 그들이 쾌락에 빠져 헤매는 동안 그들은 물론이거니와
이 나라의 미래도 그만큼 어두워지는 것입니다."

'희망은 있습니다' 중에서

옥한흠_은혜의 발걸음 이동원

1995년 9월 이동원, 하용조, 홍정길과 중국 여행 중에

"다윗을 왕으로 세우시고 증언하여 이르시되
내가 이새의 아들 다윗을 만나니
내 마음에 맞는 사람이라 내 뜻을 다 이루리라"(행 13:22).

저는 옥한흠 목사님을 생각할 때마다 세 가지 이미지가 떠오릅니다. 첫째는 '양치기', 둘째는 '동굴 우두머리', 셋째는 '새벽 등대지기'입니다.

목사님은 치열한 '양치기'로 일생을 사신 분이십니다.

그분의 첫째 사랑도 교회, 마지막 사랑도 교회였습니다. 그분은 만날 일정을 검토하시다가도 제가 교회 일이 있다고 하면 무엇이든 이해하셨습니다. "그럼, 교회 일이 우선이지!" 오해하지 마십시오. 목사님은 좁은 의미에서 개교회주의자나 교파주의자는 아니셨습니다. 그는 늘 한국 교회와 세계 교회를 가슴에 안고 사셨습니다. 그러나 목장은 그가 인생의 모든 것을 걸고 올인해야 할 첫 번째 삶의 자리였습니다. 그의 목장의 양떼들은 한 순간도 그의 시선을 비껴갈 수 없었던 사랑의 대상이었습니다. 그는 그가 지켜야 할 양의 숫자를 헤아리며 행여나 단 한 마리 양이라도 상할까 걱정하며 중보 기도하던 섬세한 목자이셨습니다.

시편 78편 70-71절은 "또 그의 종 다윗을 택하시되 양의 우리에서 취하시며 젖 양을 지키는 중에서 그들을 이끌어 내사 그의 백성인 야곱, 그의 소유인 이스라엘을 기르게 하셨더니"라고 기록합니다. 다시 말하면, 하나님은 양치기 목동 다윗에게 맡겨진 양떼들을 다윗이 성실하게 돌봄을 보고 그를 민족의 양치기로 맡겨 주셨다는 것입니다. 이런 신실성이 다윗으로 하여금 주의 마음에 합한 자가 되게 하셨다는 것입니다. 목사님이 바로 그런 분이셨습니다. 그는 무엇보다 양치기 사역에 우선순위를 두고 목회를 수행하셨고, 이런 성실한 목자 옥한흠 목사님을 하나님은 마침내 목사들의 목사로, 한국 교회의 지도자로, 민족의 목자로 세우셨습니다.

목사님은 탁월한 '동굴 우두머리'이셨습니다.

저는 목사님을 떠올릴 때마다 어김없이 동굴의 이미지가 함께 떠오릅니다. 그는 평생 한 굴을 파신 분이십니다. 그는 제자훈련이라는 굴을 파는 일에 일생을 걸고 광인으로 사신 분입니다. 그는 이 굴 밖으로 나오는 것을 언제나 힘들어하셨습니다. 교회 밖의 집회를 기뻐하지 않으신 특이한 분입니다. 그에게 가장 열정과 보람을 안겨다 준 곳은 사랑의교회라는 동굴이었기 때문입니다. 그는 이 동굴에서 한국 교회의 내일을 준비하고 세계 교회의 미래를 묵상하셨습니다. 이 동굴에서 그는 말씀을 또 읽고 다시 읽고 연구하고 또 연구하고, 오직 이 동굴을 찾은 병사들을 영웅으로 만들기 위한 일에 건강을 돌보지 않고 올인하셨습니다. 그가 동굴 밖의 햇빛을 찾아 그의 카메라에 자연을 담기 시작했을 때는 이미 건강을 상실한 뒤였습니다. 저는 목사님이 이 동굴 생활을 다윗에게 배우셨다고 생각합니다.

사무엘상 22장 1절 이하에 보면 다윗은 아둘람이라 불리는 동굴로 자신을 찾은 환난당하는 자, 빚진 자, 마음이 원통한 자, 그의 가깝고 먼 가족, 친구, 친지, 이웃 모두를 그의 군대로 삼고 그들의 존경받는 우두머리가 되었다고 증언합니다. 하나님은 그를 '내 마음에 합한 자'라고 부르셨습니다. 이 얼마나 목사님에게 절묘하게 들어맞는 이미지인지요! 그는 한평생 사랑의교회와 제자훈련원 동굴을 벗어날 줄 모른 채 변변한 안식도, 여행도, 오락도, 운동도 외면하고 오직 예수 그리스도의 제자를 만드는 일에 평생을 헌신하셨습니다. 그리고 기꺼이 그를 따르고자 하는 모든 이의 사랑받는 우두머리가 되어 주셨습니다. "가서 제자 삼으라." 이 한 소명에 순종하시기 위해서 그는 모든 고난을 기꺼이 감수하셨습니다. 그는 골로새서 1장을 성경 어떤 장보다 좋아하셨습니다. 골로새서 1장 마지막 절인 29절에서 바울은 "이를 위하여 나도 내 속에서 능력으로 역사하시는 이의 역사를 따라 힘을 다하여 수고하노라"고 고백합니다. 이 말씀을 가장 치열하게 자신의 삶으로 붙들고 산 분이 옥한흠 목사님이셨습니다. 이런 목사님을 하나님이 '내 마음에 합한 목자'라고 하시지 않겠습니까?

목사님은 '새벽 등대지기'이셨습니다.

그는 밤이면 중보 기도로 밤바다를 비추시다가 이 땅에 새벽이 밝아오면 나팔을 불어 잠든 영혼을 깨우시던 나팔수이셨습니다. 그는 정직하지 못한 것, 투명하지 못한 것, 치열하지 못한 것에 늘 분노하셨고, 분노할 줄 모르는 무감각한 세태를 통박하시며 꾸짖던 예언자의 아들이셨습니다. 그러나 그는 차가운 예언자가 아닌 따뜻한 예언자이셨습니다. 아니, 꾸짖어 놓고 아파하시고 자신을 질책하시며 다시 따뜻하게 어루만지던 제사장, 아니 목자-예언자이셨습니다. 그는 시편 57편 8절의 "내 영광아 깰지어다. 비파야, 수금아, 깰지어다. 내가 새벽을 깨우리로다"라는 다윗의 고백에서 이 땅에 잠든 거인 평신도를 깨울 그의 소명을 아마도 확인하셨을 것입니다. 그러나 그는 마침내 평신도보다 깨워야 할 더 중요한 사람이 이 땅의 목사들임을 절감하기 시작하셨습니다.

그래서 그는 제자훈련원을 통해 목사들을 깨우고 교회를 깨우는 일에 몸을 던지고자 하셨습니다. 그는 한국 교회가 깨어나고 한국 교회를 통해 세계 교회를 깨우는 일에 하나님께 붙잡힌 나팔수가 되신 것입니다.

9월 2일 아침, 목사님의 부음을 듣고 저는 주께서 목사님을 고통에서 해방하시고 영원한 나라로 부르신 것을 감사하는 기도를 드렸습니다. 그리고 찬송을 부르고 싶었습니다. 그런데 갑자기 의도하지 않은 노래 가사가 떠올랐습니다. "등대지기"의 노랫말이었습니다. 그리고 얼마 전에 읽은 글에 의하면 이 노래 가사가 본래는 19세기 찬송가 곡이었다는 사실도 생각이 났습니다.

참 성경적인 노랫말입니다.

"물결 위에 쉬고 있는 등대의 모습은

양떼들을 몰고 가는 목동과 같아라.

생각하라. 저 등대를 지키는 사람의

거룩하고 아름다운 사랑의 마음을."

진실로 옥한흠 목사님은 이 땅의 등대지기이셨습니다. 한국 교회가 진정 등대이기를 그는 밤마다 기도하셨고 강단에 설 때마다 외치셨습니다. 그는 그 사명을 다하셨습니다. 옥한흠 목사님답게 깨끗하게 한 줄기 빛을 남기고 홀연히 가셨습니다. 다윗에게 "내 뜻을 다 이루리라"고 하신 주께서 옥한흠 목사님을 향한 당신의 뜻이 이루어진 것을 보고 그를 부르셨습니다. 이제 우리가 물어야 할 질문은 이것입니다. 누가 이제 그분이 비추던 그 자리에서 등대지기가 되어 이 시대의 밤바다를 비출 것인가? "목사님, 염려 마십시오. 우리도 부족하지만 목사님을 흉내 내어 '작은 예수' 외치시던 그대로 '작은 등대지기'가 되겠습니다." 이 고백이 바로 목사님을 편히 쉬시게 하는 일이라고 믿습니다. 사랑하고 존경하는 목사님, 그럼 우릴 믿어 주시고 편히 쉬소서! 사랑합니다!

이동원 목사 · 지구촌교회

"우리가 만들어야 하는 제자는 예수의 제자입니다.
바울의 제자도 아니며 담임목사의 제자도 아닙니다.
예수 그리스도가 훈련의 주제며 표준이며 목표인 것입니다.
이런 의미에서 볼 때 제자훈련에서 예수님을 빼 버리면 남는 것이
하나도 없습니다. 초대교회 성도들이 '작은 그리스도'라는 별명을
들었던 것처럼 평신도들은 예수화돼야 합니다."

「다시 쓰는 평신도를 깨운다」 중에서

옥한흠_은혜의 발걸음 이만열

2004년 1월 한목협 신년세미나에서

> "목사님은 한국 교회와 사회의 필요를 공감, 선견(先見)하는 지도자적 혜안과
> 그 필요에 대비하여 많은 인력을 준비해가는 자세를 갖춘 분이셨다.
> 당신은 그 많은 일을 일일이 다 하실 수 없었지만 각 분야에서 그 일을 할 수 있도록
> 필요한 준비를 해갔던 것이다. 이것은 지도자로서 '자기분신'을 만들어가는 것이다."

옥한흠 목사님께서 하늘나라 영원한 안식처로 가셨다는 소식을 듣고 그동안 교제하며 지냈던 짧지 않은 시간을 되돌아볼 수 있었다. 합동신학교에 강의가 있어 수원까지 그의 차편에 편승, 가깝게 대화를 나눈 적도 있었다. 그런 대화를 통해 비슷한 연배에 속한다는 것을 확인했고, 가까운 인척 중에 내가 존경하는 선배가 있다는 것도 확인할 수 있었다. 그런 대화 속에서 그리스도 안에서 누리는 교제가 더 풍성해지고 있다는 기쁨도 느낄 수 있었다.

1980년대 초 우리 사회가 민주화의 진통을 겪던 그 무렵, 교회도 신학교도 어려움을 겪으면서 더러는 분열의 아픔도 감수할 수밖에 없었다. 서초구 반포동 소재 남서울교회에서 합동신학교가 개교되고 박윤선 목사님의 요청을 받은 목회자들이 강사로 혹은 경건회 인도자로 와서 신학교의 영성을 북돋우고 있었다. 하루는 옥 목사님이 경건회를 인도했다. 그때까지 옥한흠 목사님은 '제자훈련'이라는 새로운 교회양육 실험을 한국 교회에 시행하고 있다는 것으로만 인식되어 있었지, 좀처럼 그의 설교를 들을 기회가 없었다. 그날 목사님

은 사무엘상 22장 1-2절을 본문으로 설교했다.

"그러므로 다윗이 그곳을 떠나 아둘람 굴로 도망하매 그의 형제와 아버지의 온 집이 듣고 그리로 내려가서 그에게 이르렀고 환난 당한 모든 자와 빚진 모든 자와 마음이 원통한 자가 다 그에게로 모였고 그는 그들의 우두머리가 되었는데 그와 함께한 자가 사백 명가량이었더라."

어떻게 보면 이 본문은 평범한 역사적 사실을 기록한 데 불과하다. 목사님은 이 본문을 놀라운 영성으로 재해석하면서 그 설교를 듣는 많은 사람에게 큰 감동을 주었다. 그것은 설교를 하던 바로 그 시대 상황 속에 재해석되어 던져졌기 때문이다. 신군부 전두환 정권이 들어서면서 당시 환란당한 자와 마음이 원통한 자들이 많이 생겨나 그들을 포용할 수 있는 '아둘람 굴'이 절실했던 때다. 필자도 신군부에 의해 교수직에서 강제 해직되어 마음이 편치 않았다. 목사님은 그 설교에서 다윗 당시 의지할 곳이 '아둘람 굴'이었듯이, 신군부에 의해 고난당한 자들이 찾아가 위로를 얻어야 할 곳이 바로 교회여야 한다는 것을 강력하게 시사했다. 당시 복음주의권에서 그런 설교가 쉽지 않았던 때에 그는 말씀을 시대 상황에 비춰 적절하게 성육화(成肉化)했다.

1980년대 중반, 한국 교회가 선교 100주년을 맞았다. 자연스럽게 한국 교회사에 대한 관심이 커졌다. 한국 교회 전체의 역사를 새롭게 기술하는가 하면 많은 교회에서는 개교회사를 편찬하는 데에도 열을 올렸다. 연구 단체도 설립되었다. 필자도 주변에 떠밀려 신앙과 학문을 같이하는 동지들과 함께 '한국기독교사연구회'를 조직하고 그 동안 개별 차원에 머물던 한국 교회사 연구를 조직화하는 일에 힘을 보탰다. 그러다가 '연구회' 수준에서는 아무래도 한계를 느낄 수밖에 없어 1980년대 말에는 '연구소'를 설립하자는 움직임으로 발전하게 되었다.

'연구소'는 자료 수집과 연구 업적 축적을 위해 공간이 필요하며, 그것을 조직 관리하는 일정한 인원도 두어야 함으로 출발 단계에서부터 재원이 필요했다. 매월 필요한 운영비는 몇몇 교회로부터 약속받은 선교 헌금으로 충당키로 했다. 그러나 당장 연구소 건물을 구하는 데는 거금이 필요했다. 그때 옥한흠 목사님을 찾아가면 해결 방법이 있을 것이라는 주변의 권고가 있었다. 찾아가 취지를 말씀드리니, 즉석에서 두 사람을 추천하면서, 미리 말해 둘 터이니 찾아가 보라고 했다. 목사님이 정해 준 순서를 따라, 목사님의 제자인 첫 번째 분을 찾아갔다. 그분은 역시 두말하지 않고 연구소 건물 임대에 필요한 재원을 약속해 주었다. 그러면서 "우리는 사업이나 기관을 보고 투자하지 않고 사람을 보고 투자합니다"라고 했다. 아직도 그분의 말을 기억하고 있다. 목사님이 추천한 두 번째 기업인을 찾아갈 필요도 없이 연구소 임대료 문제가 해결되었고, 그때 받은 재원은 뒷날 연구소를 사단법인으로 만드는 데 그대로 사용하도록 허락되었다.

이때 나는 옥한흠 목사님을 실제적인 상황에서 다시 보게 되었다. 비단 한국 교회사 연구에만 국한되지는 않았겠지만, 목사님은 한국 교회와 사회의 필요를 공감, 선견(先見)하는 지도자적 혜안과 그 필요에 대비하여 많은 인력을 준비해 가는 자세를 갖춘 분이셨다. 당신은 그 많은 일을 일일이 다 하실 수 없었지만 각 분야에서 그 일을 할 수 있도록 필요한 준비를 해갔던 것이다. 이것은 지도자로서 '자기분신'을 만들어 가는 것이다. 그 뒤에도 옥한흠 목사님을 통해 각 방면의 많은 역군이 탄생했고, 복음의 정신으로 기관이 탄생, 운영되는 것을 엿볼 수 있었다. 필자가 '한국기독교역사연구소'의 경우만 들었지만, 옥한흠 목사님은 교회가 교회 이름으로 직접 관여할 수 없는 많은 필요에 부응하여 교회의 시대적 사명을 다해 오셨다.

옥한흠 목사님의 교회 밖 사역은 교회 안 사역과 특별히 구분되는 것은 아니었다고 본다. 그가 오랫동안 이끌었던 교회갱신을위한목회자협의회(교갱협)는 말할 것도 없고, '한국기독교목회자협의회'와 '한국교회희망봉사단' 활동, 해외 유학생을 복음 사역자로 훈련시켜 각 분야의 지도자로 키우는 코스타, 연변과학기술대학과 평양과학기술대학 및 남북나눔운동 등 한반도의 평화와 통일운동을 지원한 것, 그 밖에 한국 OM선교회와 국제제자훈련목회자네트워크 등은 그가 교회 밖 기독교 사역을 얼마나 중시했는가를 보여 주는 것이다. 그 밖에 목사님은 성서한국운동 등 주로 교회 젊은이들을 중심으로 한 기독교 운동에도 깊은 관심을 가지고 협력하고 지원했다. 여기서 우리는 옥한흠 목사님의 복음에 기초한 기독교 사역과 거기에 나타난 비전과 지도력 및 포용력을 가늠해 볼 수 있다.

필자는 목사님의 당부에 따라 교갱협 모임에서 강연한 적이 있다. 교갱협은 그 이름이 함의하는 바와 같이 자타가 공인하는 복음주의권 교회 갱신을 위한 기구라고 할 수 있다. 평소에 한국 교회에 비판적인 소리를 하고 있는 필자를 불렀기 때문에 필자는 미완성 원고지만 나름대로 생각하고 있던 한국 교회의 개혁 과제를 그 모임에서 제기한 적이 있다. 필자가 특별히 제기한 문제라고도 할 수 없는, 문제의식을 가진 한국 그리스도인들이 제기한 문제들이었다. 필자와 같이 제3자 입장에서 느낄 수 있는 문제라도 목회자의 입장에서는 간과할 수 있는 문제들도 있었다. 뒤에 들은 이야기지만, 교갱협에서 필자가 강연한 내용을 두고 어떤 분들은 필자를 색깔론으로 몰아가기도 했다. 심지어는 필자의 공직자로서의 경력마저도 좌편향적인 입장에서 보려고 하는 목회자들이 있었던 것도 아마 교갱협에서 행한 한국 교회에 대한 비판이 빌미가 되었던 것으로 안다.

이런 움직임에도 불구하고 옥한흠 목사님은 내 강연에 포용적인 입장을 취했을 뿐만 아니라 필자를 격려해 주기도 했다. 강연 후에 어떤 분이 너무 심하지 않느냐고 했을 때 목사님은 마땅히 할 말을 했다고 했고, 한국 교회가 회개해야 한다는 점을 여러 번 강조했다. 필자의 기억이 분명하지는 않지만, 교갱협에서 다시 필자를 불러 교회 개혁에 대한 견해를 나누고자 한 것을 생각하면 그 역시 목사님의 의중이 많이 반영된 것이 아닌가 생각하고 있다. 그런 점에서 본다면 교갱협을 통한 목사님의 한국 교회 개혁의 의지가 어떠했는가를 이해할 수 있다.

이런 경험을 공유했음에도 불구하고 필자는 사랑의교회 건축문제에서는 목사님의 뜻과 다른 입장에 서기도 했다. 사랑의교회가 새 교회당을 짓겠다고 했을 때 필자는 반대 입장에 서서 목사님의 마음을 불편하게 한 적이 있다. 우리의 생각은 '성명'으로 발표한 바 있다. 그때 사랑의교회 교인들은 왜 "우리 교회만" 두고 그런 반대를 하느냐고 했지만, 우리는 다른 교회는 몰라도 "사랑의교회이기 때문에" 그런 반대 입장을 취한다는 점을 분명히 했다. 그 동안 사랑의교회는 옥한흠 목사님이 '제자훈련'을 통해 한국 교회가 걸어가야 할 제자도의 길을 가르쳤기 때문에, 새로 건립하려는 대형 예배당이 그 제자도의 길과 다르지 않겠느냐는 점에서 문제제기를 했던 것이다.

필자는, 새 교회당 건축에 대한 목사님의 자세가 어떠하며, 간접적으로는 목사님이 어떤 입장 표명을 했는가를 듣기도 했다. 필자는 목사님의 그런 입장을 이해하고 있었다. 그러면서도 한편 필자가 사랑의교회의 그 같은 건축을 왜 반대하고 있었는지를 목사님은 이해했을 것이라고 믿는다. 그런 확신은 바로 그가 교갱협에 필자를 초청하여 필자의 주장에 관용적이면서 때로는 지지와 공감을 표했던 것으로도 충분히 알 수 있다. 이런 이해와 공감을 다시 만나 나누지 못한 채 유명을 달리하게 되어 안타깝기 짝이 없다. 그러나 동시대를 살면서 같이 한국 교회를 고민했던 목사님의 생각이 필자와 크게 다르지 않았을 것이라는 생각에는 변함이 없다.

목사님과의 교제가 어찌 이뿐이겠는가. 이 글에서 다루지 못한 것도 많다.

그의 포용적이면서도 자신에게 엄격한 절제라든지, '제자훈련'과 함께 후진을 양성하여 각 분야에 필요한 인재를 양성하고 적재적소에 배치하는 지도력 같은 것은 뒷날 밝혀질 것으로 기대한다. 다만 그가 하나님의 부르심을 받은 순간 필자에게 생각나는 그와의 교분을 몇 가지 들춰내어 목사님의 천국행 장도가 외롭지 않다는 것을 간단하게 증언하고자 했을 따름이다.

이만열 장로 · 전 국사편찬위원장

"세월은 짧아요. 인생은 너무 짧아요.
한 가지를 잡고 늘어지는데도 너무나 인생은 짧아요. 본질을 붙드세요.
우리를 주님께서 교회 지도자로 세우신 목적이 어디에 있고,
하나님의 명령이 무엇인가를 정확하게 이해하십시오.
목사만 헌신된 사람이 아닙니다. 평신도 모두가 헌신된 사람들입니다.
헌신된 사람으로 살아야 합니다.
그러려면 전적으로 주님께 위탁하는 마음 자세가 정립되어야 합니다."

'제자도' 중에서

옥한흠_은혜의 발걸음 이선민

2007년 3월 목양실에서 기자와 인터뷰를 하며

"옥한흠 목사님에 대한 기대가 더욱 높아진 것은
일반적인 목회자 은퇴 나이인 70세보다 5년이나 빠른 65세에 조기은퇴를 하면서였다.
자기가 개척해서 천신만고의 노력으로 키워낸 교회를
일찍 후배에게 물려주고 떠난다는 것은 쉬운 일이 아니다."

내가 옥한흠 목사님을 처음 만난 것은 1990년대 후반쯤으로 기억한다. 당시 목사님은 1996년 예장합동 목회자들이 만든 교회갱신을위한목회자협의회(교갱협), 1998년 13개 개신교 주요 교단의 목회자들이 연합하여 만든 한국기독교목회자협의회(한목협)의 리더였다. 개신교의 갱신과 일치, 섬김을 지향하는 중진·중견 목회자들의 움직임은 개신교계뿐 아니라 사회의 관심을 끌었고, 그 운동을 선두에서 이끌고 있는 목사님이 주목을 받게 됐다.

교갱협이나 한목협과 관련된 모임에서 몇 번 옥한흠 목사님과 인사를 나눴지만 처음으로 목사님과 깊은 대화를 한 것은 1999년 3월 '종교계 내일을 연다'라는 조선일보의 기획 시리즈를 위한 인터뷰에서였다. 이 인터뷰에서 "예수를 믿는 사람이 예수처럼 살도록 만드는" 제자훈련과 사역훈련을 중심으로 하는 목사님의 목회철학, "교회는 세상보다, 목회자는 교인보다 한발 앞서 있어야 한다"는 교회 갱신 운동의 취지를 이해할 수 있었다.

그 뒤로 나는 옥한흠 목사님의 활동을 가까이서 지켜보게 됐다. 경기도 안성 사랑의교회 수양관에서 열린 한목협 전국수련회, 한목협 초청으로 마련된 개신교 주요 교단장 초청 열린대화마당 등을 일간지 기자로서는 유일하게 현장 취재했다. 기회가 있을 때마다 인터뷰와 기사 등으로 목사님의 생각과 활동을 독자와 사회에 알리려고 노력했다.

내가 옥한흠 목사님에게 특별한 관심을 가진 것은 한국 개신교 목회자들의 역할 모델이 될 수 있다고 보았기 때문이다. 한국 개신교는 1950년대-1970년대에 일선 목회와 사회 활동이라는 두 방면에서 모두 커다란 성공을 거두고 폭넓은 존경을 받은 한경직 목사님이라는 거목이 있었다. 그러나 1980년대 이후 두 방면은 분리돼 어느 한쪽에서 유명한 사람은 있어도 양쪽을 모두 아우르는 목회자는 없었다. 일선 목회에 성공한 목회자들은 교회 밖에는 관심을 갖지 않았고, 사회운동에 열심인 목회자들은 교회 기반이 없었다. 그러다가 1990년대 후반 들어 서울 강남의 대형 교회에서 일선 목회에 성공한 목회자 중 일부가 복음주의적 관점에서 사회 문제에 관심을 갖기 시작했고, 그 가장 앞줄에 옥한흠 목사님이 서 있었던 것이다. 옥한흠 목사님과 가까운 하용조, 이동원, 홍정길 목사님이 모두 그런 목회자라는 점은 이들이 하나의 흐름을 이루고 후배들을 이끌어 갈 것이라는 예측을 가능하게 했다.

옥한흠 목사님에 대한 기대가 더욱 높아진 것은 2003년, 일반적인 목회자 은퇴 나이인 70세보다 5년이나 빠른 65세에 조기은퇴를 하면서였다. 자기가 개척해서 천신만고의 노력으로 키워낸 교회를 일찍 후배에게 물려주고 떠난다는 것은 쉬운 일이 아니다. 마침 일부 대형 교회에서 담임목사의 승계를 둘러싸고 불협화음이 있던 때라 사랑의교회의 담임목사 승계는 더욱 빛났다. 이후 옥한흠 목사님은 교계 안팎에서 '한국 개신교를 대표하는 목회자'로서 가장 먼저 꼽히게 됐다. 나는 일선 목회의 부담을 덜게 된 만큼 목사님이 교계 및 사회 지도자로 더욱 활발하고 중요한 역할을 할 것으로 기대했다.

옥한흠 목사님이 은퇴하던 무렵, 1994년부터 맡아온 종교 담당 기자에서 학술팀장으로 자리를 옮겼다. 이후 목사님을 뵐 기회는 많지 않았다. 하지만 목사님의 활동이 생각했던 것에 미치지 못해 의아했다. 그래서 종교 담당 기자를 맡고 있는 후배에게 물어보았더니 "건강이 좋지 않으시다"는 답이었다. 내가 목사님을 만나던 무렵에는 특별히 건강상 문제를 느끼지 못했기 때문에 놀랐다. 2008년 서울 덕수교회에서 열린 한목협 창립 10주년 기념 토론회장에서 옥한흠 목사님을 오랜만에 뵀을 때 수척한 모습이 안타까웠다. 교회와 사회를 위해 더 많은 일을 하셔야 할 분이 병마에 시달리시다니….

옥한흠 목사님은 이제 우리 곁을 떠나셨다. 72세란 나이는 요즘 기준으로는 '젊은' 나이여서 아쉬움이 더 진하다. 목사님의 빈자리는 앞으로 한동안 우리를 쓸쓸하게 만들 것이다. 하지만 목사님이 씨앗을 뿌려 놓고 가신 갱신-일치-섬김의 목회자상은 이미 많은 결실을 거두었고, 더욱 무성하게 자라나고 있다. 목사님의 뒤를 따르는 목회자들의 발걸음은 앞으로도 계속 이어질 것이다. 옥한흠 목사님의 사역을 이은 오정현 사랑의교회 담임목사님을 비롯한 후배들이 옥 목사님의 목회와 삶을 더욱 계승·발전시키리라 믿는다.

이선민 기자 · 조선일보 문화부장

옥한흠_은혜의 발걸음 이성구

2001년 5월 「평신도를 깨운다」 영문판 출간

> "나를 만나면 한 번씩
> '고신에 이런 친구가 있다니…. 별종이지'라고 말씀하시며 즐거워하셨다.
> 고신 같은 교단에 속하여 교회 연합 운동에 나서고
> 주류 세력에 저항하는 모습을 보며 기특해하셨다."

옥한흠 목사. 한국 교회가 낳은 몇 안 되는 훌륭한 목사님. 그러나 매우 까칠한 목사님. 그는 흔히 훌륭한 목사님이라고 부를 때에 연상되는 '인자한 목사님'이나 '부드러운 목사님'과는 거리가 있는 분이었다. 그렇다고 소위 성공한 목사님들처럼 콧대가 높은 분도 아니었다. 그는 간결했다. 어떤 일에든 적당히 얼버무리지 못하였고 입장 표명을 분명히 하였다. 자신의 대외 이미지에는 별로 관심이 없으셨다. 한마디로 자신을 포함하여 누구에게든 별로 후한 점수를 주지 못하는 매우 인색한 분이었다고 하는 것이 옳을 것이다. 적어도 지난 10여 년간 약간은 멀리서 경험한 옥한흠 목사님은 그랬다.

지난 2006년 1차 수술 이후, 아무리 집회 초청을 해도 좀처럼 응하지 않으시는 목사님을 보며, 한때는 '한 번 겪은 병에 너무 신경을 쓰는 것 아닌가' 하는 생각이 들어 안타까워하기도 하였다. 그의 설교를 듣고 싶어 하는 사람들이 많았다. 내가 가르치던 고려신학대학원 학생들도 여러 차례 내게 초청 가능성을 물어왔다. 교단 목회자 모임에도 늘 그의 이름이 오르내렸다. 그래도 그뿐이었다. 늘 안 된다는 대답이었다. 그 후로는 그의 설교를 들을 기회가 없었다. 그런데 난데없는 소식이 날아들었다. 가슴이 서늘해졌다. 폐렴이라는 병명으로 문자 메시지가 날아들었지만 그건 암이 재발했다는 뜻이어서 충격이었다.

나는 그 유명한 옥한흠 목사님의 제자훈련을 받을 기회가 없었다. 그래도 비교적 일찍 그에 관하여 들었고 그를 보았다. 목사님이 교회를 개척한 직후, 어느 주일예배에 참석한 적이 있었다. 내가 전국 학생신앙운동(SFC) 전국 대표 간사로 사역하고 있던 1980년대 초반, 고신 총회는 간사에게 한 교회에 정착하지 못하도록 하는 규칙을 만들었다. 그래서 주일마다 나는 식구들을 끌고 교회들을 순방하였다. 그러던 중 아마도 1984년 이른 봄쯤으로 기억되는 어느 주일에 가족들을 데리고 그 교회를 찾아간 적이 있었다. 아직 '사랑의교회'로 이름을 바꾸기도 전이었던 것으로 기억한다. 그때 그 예배당 주변에 대한 인상은 한마디로 지저분하다는 것이었다. 각종 공사가 진행되고 있어서 자재들이 길가에 널려 있었고 주변은 어지러웠다. 깡말라 보이는 목사님의 설교는 그리 인상적이지도 않았다. 예배에 참여한 성도 수도 많지 않았고, 장소도 자그마했다. 딱 한 번 참석한 이후에는 그 교회와 목사님을 잊어버렸다.

유학을 마치고 돌아와 학교와 교회 사역을 병행하면서 여느 사람들처럼 그의 책 「평신도를 깨운다」를 읽었다. 그때부터 교회를 바라보며 한 가지 주제를 선명하게 가슴에 새기게 되었다. 오늘의 문제는 교회론의 문제라는 목사님의 지적에 전적으로 공감하였다. 그가 주장하는 교회의 '사도성'에 관해서 목사들과 교회의 인식이 새로워져야 한다는 생각이 머리를 떠나지 않았다.

그러던 중 목사님과 함께 한국 교회를 생각할 수 있는 본격적인 기회를 얻게 되었다. 나는 고신 교회의 귀중한 재산인 복음병원이 각종 부조리에 빠져들어 허우적대는 모습을 보며 참지 못하고 있었다. 한 사람이 병원에서 절대 권력을 쥐면서 수많은 의혹이 떠돌아다녔다. 무엇보다 겨우 몇 억 원에 인수한 김해 복음병원이 100억대의 빚을 지는 전혀 이해할 수 없는 사태를 보면서 이 조직적인 불의를 그냥 두어서는 안 된다고 결론을 내렸다. 하나님의 교회를 제대로 세우기 위해서는 몸을 던지지 않으면 안 된다는 사명감 같은 것이 나를 사로잡았다. 그래서 주변을 설득하기 시작하였고 우리는 마침내 '변화하는 세상과 교회 속에서 고신의 정신을 이어가기 원하는 목회자들의 모임'(고목협)을 결성하기에 이르렀다. 네 명의 목사가 모임의 결성을 주도했다. 1995년 가을부터 시작되었다.

그런데 이런 고신 소장파들의 움직임이 있는 사이에 합동 교단에서도 새로운 조짐이 보이기 시작하였다. 합동은 총회 임원 선거가 늘 문제였다. 통합, 합동 등 장로교 대형 교단들은 산하 기구도 적지 않기 때문에 총회장 선거에 나서면 10억 이상씩 돈을 쓴다는 소문이 나돌았다. 그런데 돈을 쓰는 데는 통합이 항상 우위(?)에 있었다고들 했다. 그러던 중 90년대 후반 들어 합동도 단위가 커지기 시작하였다. 치열한 돈 선거가 진행되었고 이런 일이 목사님에게도 전달되었던 모양이다.

목사님의 제자훈련에 제1기로 참석하였던, 현재 고신 총회장으로 섬기는 윤희구 목사는, 늘 옥한흠 목사님의 노회나 총회에 대한 생각을 기억해 내었다. 제자훈련 중에 자주 "노회나 총회에는 가지 말라"고 하였다는 것이다. 그건 시간 낭비라는 입장이었다. 노회나 총회 일을 하다 보면 불필요한 일에 시간을 낭비하는 일이 적지 않은 것은 누구도 부인할 수 없다. 그런데, 오직 성숙한 성도들을 양육하는 일에만 몰두하던 옥한흠 목사님이 드디어 노회와 교회를 보게 되었고, 결국은 그 현장에 뛰어들 결심을 한 모양이었다.

혼자 아무리 발버둥쳐도 한국 교회의 흐름에 무심하면 모든 노력이 헛수고가 될 수 있다는 데 생각이 미치셨던 것 같다. 목사님의 주도로 드디어 합동에 교회갱신을위한목회자협의회(교갱협)가 생겼다. 공교롭게도 고신과 합동이 원인은 다르지만 동일한 이유로 비슷한 시기에 시대를 거스르는 운동을 일으키게 되었다. 그런데 역시 고신보다는 폭넓게 활동하는 합동의 인물들은 통합과 기장에서도 동일한 운동을 발견하여 마침내 1998년 가을, 장로교 4개 교단 연합 갱신 그룹을 만들자는 의견의 일치를 보게 되었다. 자연스럽게 옥 목사님이 중심에 섰다. 고신의 갱신 그룹과 목사님의 인연이 본격적으로 시작되었다.

목사님이 미국의 칼빈신학교에서 공부하면서 그곳에 교회를 개척했다는 사실을 2004년도에 안식년을 맞아 미국으로 건너가서야 알게 되었다. 미시간 주 제2의 도시에 자리 잡은 '그랜드래피즈 한인교회'는 2005년 가을에 설립 30주년을 맞으면서 설립자인 옥한흠 목사님을 강사로 초빙할 예정이었다. 물론 목사님의 허락도 받았다. 그러나 그 계획은 이루어지지 못하였다. 그해 합동 총회는 평강제일교회 사태 등으로 엄청난 위기를 겪고 있었다. 개혁 진영의 수장인 목사님은 총회를 비울 수가 없었다. 그해 겨울 목사님을 만나 그랜드래피즈로 가지 않은 이유를 물었을 때 목사님은 이렇게 대답하셨다. "그 상황에 어떻게 미국에 가나?" 목사님은 제자훈련에만 매달린 목사가 아니라 한국 교회 개혁 운동가로 완전히 변해 있었다.

1998년부터 본격적으로 시작된 복음병원을 둘러싼 고신 교회 내부의 갈등에 깊숙이 개입한 나는 2004년 9월 총회에서 14년 전 학위논문과 "사도신경을 고백하는 교회와는 연합할 수 있다"고 주장했다는 이유로 '자유주의 신학자'로 정죄되었다. 물론 그것이 끝이 아니었다. 총회는 소속 중부산노회에 나를 징계하라는 명령을 내렸다. 그런데 그해에 나는 신학대학원에서 안식년을 허락받아 미국으로 출국해 버린 상황이었다. 그해 겨울 목사님이 부산 사직동교회에서 부흥집회를 인도하게 되었다.

부산으로 내려온 목사님은 사직동교회 담임이자 한목협 회원 단체인 고목협의 회장을 맡기도 하였던 김철봉 목사를 윽박질렀다. "도대체 어떻게 했기에 총회에서 이 교수를 방어하지 못했는가?" 그해 가을 합동 총회에서 서른 명이 넘는 사람들이 총회 주류 세력에 반기를 든 목사님에 대하여 징계 동의안을 제출하였다. 그러나 목사님이 중심이 되어 시작한 교갱협 회원들이 적극적으로 나서서 총회꾼들의 뜻을 꺾어 버렸다. "우리는 (나를) 지켰는데 고신은 왜 그러지 못했느냐"며 김 목사를 몰아세웠던 것이다. 미국에서 돌아와 만난 김철봉 목사는 그 후 자주 옥한흠 목사님의 말씀을 하시며 실제로 나의 구명을 위해 심혈을 기울였다.

지난 10년 동안 교회 갱신을 원했던 각 교단의 목사들은 옥한흠 목사님의 그늘 아래 자주 만났다. 서로 서로 너무 큰 힘이 되었다. 나를 만나면 한 번씩 "고신에 이런 친구가 있다니…. 별종이지"라고 말씀하시며 즐거워하셨다. 고신 같은 교단에 속하여 교회 연합 운동에 나서고 주류 세력에 저항하는 모습을 보며 기특해하셨다. 지난 10년 이상 함께했던 우리 모두는 그를 잊을 수가 없다. 조로(早老)해 간다는 한국 교회 앞에 한 줄기 샘물이 되어 마침내 도도한 흐름을 만드신 목사님의 손을 아무래도 그냥 놓을 수가 없다.

"목사님, 당신의 존재로 인하여 우리는 너무 행복하였습니다."

이성구 목사 · 구포제일교회

●옥한흠_은혜의 발걸음 이찬수

2005년 11월 이찬수 목사 위임예배에서

"'후배인 저희의 삶이 옥 목사님의 성적표입니다.'
이 한마디가 지금 내 마음 깊이 들어와 있다.
목사님의 영향을, 사랑을 받았던 이찬수 목사나 우리 모든 사람의 삶의 열매가
곧 옥한흠 목사님의 성적표이다.
'목사님, 천국에서 좋은 성적표 받으실 수 있도록 우리, 잘하겠습니다.'"

청소년 사역자로 사랑의교회에 들어가 옥한흠 목사님을 처음 뵈었을 때가 1992년 말이었다. 청소년 사역을 그렇게 오래할 거라고는 생각하지 못했는데, 그렇게 6-7년이 흐른 어느 날, 목사님이 부르셨다.

"자네 나이가 자꾸 드는데, 중고등부만 맡겨서 안쓰럽다. 미안하다. 자네도 이제 장년 사역을 해야 하는데, 청소년 사역 그만두고 어른 사역으로 넘어와서 몇 년간 훈련받고, 마흔두 살 되면 개척을 해라. 내가 개척을 도와주겠다."

'부교역자가 100명이 넘는 교회에서 나 한 사람의 진로와 장래를 이렇게 걱정해 주시다니…' 감격할 수밖에 없었다. 목사님이 나에게 그런 배려와 관심을 갖고 계실 거라고는 꿈에도 생각하지 못했다. 청소년부는 사무실도 다른 곳에 있었다. 목사님과 마주칠 수 있는 기회가 한 달에 한두 번 될까 말까 한 상황인데, 그 많은 교역자를 한 사람 한 사람 다 관찰하고 각자의 필요를 파악하고 계셨다. 그것이 나에게는 충격이었다.

당시에 나는 6-7년 정도 이미 청소년 사역을 한 상태라 어느 정도 나름 관록

도 붙었을 때였다. 담임목사 입장에서는 오히려 다른 데로 갈까 봐 걱정하는 것이 정상인 것 같은데, 나 한 사람을 염려해서 청소년 사역을 내려놓고 어른 사역으로 오라고 하신 것이다.

그때 나는 너무 감사하지만, 계속 청소년 사역을 하다가 사랑의교회를 떠날 수 있게 해달라고 부탁드렸다. 목사님은 한참 생각하시더니, "너 참 고집 세다"며 "좋을 대로 하라"고 하셨다.

이후로 꽤 시간이 지나 2002년 가을에 목사님은 다시 나를 부르셨고 또다시 나를 놀라게 하셨다. 나는 잊고 지냈던 2-3년 전 일을 거론하시면서 이렇게 말씀하셨다. "그때 너 마흔두 살에 개척하라고 했지? 너 내년에 마흔둘이니 개척해라." 개척을 도와주시겠다는 말씀이셨다. 너무나 얼떨결이어서 면전에서 거절할 수도 없었다. "알겠습니다. 준비하겠습니다." 그리고 나서 정신을 차려 보니까, 목사님이 은퇴를 앞두고 계신 때였다. 며칠 뒤에 목사님을 찾아뵈었다. "목사님, 곰곰이 생각해 봤는데, 지금은 개척할 때가 아닌 것 같습니다. 계속 청소년 부서를 섬기다가 목사님 은퇴하시면 그때 교회를 개척하겠습니다." 그때 평생 잊을 수 없는 말씀을 하셨다. "그러면 나야 좋지만, 지금 개척하는 게 너에게 유익하다."

당신의 목회를 먼저 생각하셨다면 그렇게 말씀하시지 않았을 것이다. 목사님은 사람 자체를 귀히 보시는, 한 사람을 배려하시는 그런 분이셨다. 그렇게 크게 목회하시고, 그렇게 많은 사람을 상대하시면서도, 교역자 한 사람에게 툭 던지셨던 그 작은 말을 기억하고 계시는 분이셨다. 목사님은 내 기능이 아니라 나의 인격을 존중하시는 분이셨다. 그게 바로 목사님의 '한 사람 철학'이었다.

목사님은 교역자 회의를 하시다가도 병든 성도 한 사람, 어려움을 당한 한 사람 때문에 늘 애통해하시는 분이셨다. 암을 선고받은 성도를 위해 통성 기도하시다가 우시면서 "하나님, 종이 이렇게 무능해서 어려움 당하는 성도들을 잘

돕지를 못합니다" 고백하시는 분이셨다.

분당우리교회를 개척하고 난 이후에 가끔씩 전화 주셔서 하시는 경고도 동일했다. "너 교회 컸다고 교만하면 안 된다. 사람들 많이 모이는 것에 취해서 한 사람 한 사람을 놓쳐서는 절대 안 된다."

목사님은 전화 주시면 야단도 치셨지만 두 가지 충고도 늘 하셨다. 하나는 "건강 챙겨라"였고, 또 하나는 "자식들 돌봐라"였다.

당신이 은퇴하고 회한이 되는 두 가지였다. 건강 때문에 늘 괴로워하시고 고통스러워하시며 잠도 못 주무셨다. "자질이 참 좋은 아이들인데 내가 제대로 코치를 못해서 그게 늘 마음에 걸린다." 세 아들에게 미안한 마음을 그렇게 드러내셨다.

그런데, 시간을 되돌려서 목사님이 다시 목회를 하신다고 하면 이 두 가지를 지키셨을까. 아닐 것 같다. 목사님이 은퇴하신 뒤에 늘 하셨던 말씀이다. "이제 은퇴했는데, 내 사명이 끝났는데, 왜 오래 살아야 되나. 구차하게 오래 살고 싶지 않다." 그냥 하시는 말씀이 아니라 진심으로 그러셨다. 목사님은 주변의 여러 사람에게 건강 챙기라고 하셨지만 정작 당신은 평생 본질을 향해 불꽃을 태우셨고 그 대가로 얻은 '상한 건강'을 마다하지 않으셨다. 순순히 받아들이셨다. 나에게는, 우리에게는, 사랑하는 마음으로 건강 챙기라고 하셨지만, 다시 한 번 그 일이 주어진다고 해도 목사님은 똑같이 건강 다치시고, 아이들에게 미안하고, 아내에게 미안한, 그 길을 똑같이 걸으셨을 것 같다.

목사님을 생각할 때 나의 마음에는 두 단어가 새겨진다. 하나는 '본질'이고, 또 하나는 '광인'이다. 이 두 단어가 목사님의 양대 축이라고 생각한다. 본질을 발견하라. 그리고 발견했으면 시시하게, 게으르게 하지 말고, 광인, 즉 미친 사람처럼 그 본질을 향해 달려가라.

사랑의교회 청년 시절부터 목사님께 영향을 받았던 분이 지금 분당우리교회 장로님이시다. 그 장로님이 추모의 글을 우리교회 홈페이지에 올리셨다. "후배인 저희의 삶이 옥한흠 목사님의 성적표입니다." 이 한마디가 지금 내 마음 깊이 들어와 있다. 목사님의 영향과 사랑을 받았던 이찬수 목사나 우리 모든 사람의 삶의 열매가 곧 옥한흠 목사님의 성적표이다. "목사님, 천국에서 좋은 성적표 받으실 수 있도록 우리, 잘하겠습니다."

이찬수 목사 · 분당우리교회

"진짜 목회는 사람 키우는 것이라야 합니다.
그래야만 목사 혼자 뛰는 교회가 아니라 키워 놓은 교인들과 함께 뛰는
더 힘 있는 교회가 됩니다. 사람 키워 놓지 않으면 목사 혼자 뛰다가 마는
힘없는 교회가 됩니다. 목회가 제대로 되려면 사람을 키우는 데
주력해야 합니다. 뿐만 아니라 하나님 나라의 비전을 수시로
열어 보일 수 있는, 앞을 내다보는 목회를 해야 합니다."

'광인론' 중에서

옥한흠_은혜의 발걸음 이태웅

1997년 10월 대각성 전도집회 마지막 날에

> "도대체 설교 한 편을 놓고 몇 시간을 준비합니까?
> 목사님은 평균 20시간 이상이라고 말씀하셨다.
> 실로 세계 여러 지도자와 교제하며 많은 나라 설교자들의 메시지를 들어 보았지만
> 목사님만큼 정확한 설교는 들어 본 적이 드물다."

내가 처음 옥한흠 목사님을 만난 것은 목사님이 미국 유학을 마치고 귀국한 지 얼마 되지 않은 때였다. 그때만 해도 목사님을 소문으로만 알았지 직접 교제를 나눈 적은 없었다. 어떤 학생 선교단체(한국기독학생회로 기억한다) 수련회에서 우연히 목사님을 뵙게 되었는데, 그는 그때 아주 한적한 곳에 혼자 서성거리면서 무엇인가를 구상하고 있는 것 같았다. 내 추측대로 이미 그의 머릿속은 사랑의교회 개척을 위한 그림으로 가득 차 있었다.

그런 만남이 그 후 수십 년간 함께 한국 선교의 꿈을 나누는 계기가 될 줄은 전혀 상상하지 못했다. 그 후 우리는 사랑의교회, 한국선교훈련원(GMTC) 창립, 한국해외선교회 활동, OM선교회 사역을 통하여 지난 30여 년간 서로의 마음을 깊이 이해하는 가운데 교제함으로 사역을 공유하였다.

특히 GMTC를 개원하기 위해 거의 1년 이상 구상한 후에 드디어 창립 준비 첫 이사회가 열렸을 때를 잊을 수가 없다. 목사님은 나에게 단도직입으로 이렇게 말했다. "너 뭐 먹고 살래? 흙 파먹고 살래?" 그리고 그 자리에서 함께 참석

하였던 홍정길 목사, 하용조 목사 등에게, "얼른 각자가 얼마나 후원할지 써내"라고 하여 순식간에 내 후원과 행정비가 해결되었고 그 후 목사님은 충실하게 약속을 지켰다.

이 시절에는 자주 사랑의교회에 찾아가서 목사님을 귀찮게 해드렸다. 때로는 식사를 같이하며 으름장도 놔보고 내 나름대로는 그에게 양심의 소리가 되기를 바랐다. 지금 생각하면 참으로 어처구니없는 일이었다. 하지만 그는 나를 아주 진지하게 대해 주고, 거침없이 때로는 버릇없이 하는 나의 직언을 경청하여 주었다. 내가 목사님을 너무 존경한 나머지 혹시 그분이 유혹을 받아 넘어지지나 않을까 하는 염려에서 비롯된 행동이었다고 자위해 보지만 지금 생각해도 낯이 뜨겁다.

그렇게 긴 세월이 지난 어느 날, 미국 코스타에서 일어난 일이 계기가 되어 그러한 나의 모든 생각이 한순간에 바뀌는 일이 있었다. 그날 저녁 집회에서는 먼저 고 김인수 장로님이 강의를 하고, 이어서 옥한흠 목사님이 설교를 하시게 되었다. 그날따라 고 김인수 장로님이 얼마나 강하게 기성 교역자들의 문제를 파헤쳤는지 나는 다음 말씀을 전할 목사님이 여간 염려스럽지 않았다. 게다가 목사님은 그날 저녁에 막 도착하여 여독도 채 풀리지 않았던 것을 감안할 때 내 염려는 더 커졌다.

하지만 그날 저녁에 있었던 일은 평생 잊지 못할 것 같다. 하나님께서 목사님 위에 얼마나 강하게 임재하셨던지 심지어는 두려움을 느낄 정도였다. 그날 나는 그동안 그와 같은 하나님의 사람을 허물없이 마구 대했던 것을 회개했다. 하나님께서 목사님을 깊이 사랑하시고 하나님의 기름부음을 받은 선지자와 같은 분으로 인정하셨던 점을 이전에도 이미 알고 있었지만, 그날 새롭게 그 무게가 크게 느껴졌다. 사실상 그날 이후 한 번도 목사님 앞에서 그전처럼 자유롭게 격의 없이 이야기를 나눌 수가 없었다. 하나님이 함께하시는 사람이라는 생각 때문에 그에게 깊은 존경심을 가지고 대할 수밖에 없었다.

목사님이 건강이 아직 좋았을 때 있었던 일이다. 한번은 사무실에서 이런저런 이야기를 나누다가 갑자기 호기심이 생겨서 목사님께 물었다. "도대체 설교 한 편을 놓고 몇 시간을 준비합니까?" 목사님은 평균 20시간 이상이라고 말씀하셨다. 실로 세계 여러 지도자와 교제하며 많은 나라 설교자들의 메시지를 들어 보았지만 목사님만큼 정확한 설교는 들어 본 적이 드물다. 철저히 성경 기자의 의도를 파악하여 이를 현대적인 메시지로 전환시키는 동시에 성도들의 필요를 꿰뚫어 적중시키는 메시지가 대부분이었다. 이런 메시지는 예술에 가까웠다. 지금까지 목사님은 항상 내 마음속에 세계적인 강해설교가로 깊이 자리 잡고 계신다. 그의 메시지를 들을 때마다 거의 매번 영적 감동이 일어나 내 마음에 깊은 흔적을 남겼고, 하나님 앞에 더 가까이 나아가게 해주었다. 얼마 전 부활절에 상암월드컵경기장에서 한 회개에 관한 설교는 내 심령 깊숙이 박혔고, 또 한국 교회에 이런 영적 통찰력이 있는 거장이 있다는 것에 대해서 하나님께 한없는 감사를 드렸다. 목사님 이외에 그 누구도 그처럼 강력하게 시의적절한 하나님의 말씀을 용기 있게 전할 수 없었을 것이라고 생각했다.

해외에 나가서 한국 교회에 대해 강의하거나 소개할 기회가 있을 때마다 나는 사랑의교회와 옥한흠 목사님의 교회론과 제자도의 통합을 나누곤 했다. 교회의 콘텍스트 가운데서 그 누구도 옥한흠 목사님만큼 권위 있게 제자도와 교회론의 통합에 대해 말할 수 있는 사람을 보지 못하였다. 이를 몸소 그 사역에 실현한 경우는 더더욱 드물었다. 그동안 하나님께서는 옥한흠 목사님을 통하여 교회가 어떻게 하나님의 왕국이 될 수 있는지, 제자도를 교회 내에 도입함으로써 에베소서 4장 11-16절에 나타난 모습대로 성도들이 사역의 주역이 되게 하는 지극히 정상적인 교회의 모습(그리스도의 장성한 분량에까지 자라 가는)을 우리에게 보여 주셨다. 제자훈련 세미나를 통해서 교회관이 바뀌고 교회론이 바뀌고 이로써 목회 방향이나 지도자관이 바뀐 수많은 목회자의 고백을 들을 때나 그러한 기사를 읽을 때마다 목사님만큼 한국 교회를 갱신하고 개혁을 이끌어 낸 목회자가 과연 또 있을 수 있을까 생각하고는 하나님께 영광을 돌린 적이 한두 번이 아니다. 심지어는 목사님을 교회론에 눈뜨게 만든 한스 큉 같은 학자도 교회를 어떻게 자신의 주장대로 만드는가에 대해서는 목사님께 한 수 배워야 한다고 생각했다. 예수님의 제자도를 간과하고서는 교회다운 교회가 될 수 없기 때문이다. 학자들 중에 제자도 없이는 교회가 교회다울 수 없다고 주장하는 이들도 없지 않다. 하지만 목사님처럼 제자도가 통합된 교회론으로 제시되고 이를 동시에 가시화한 사람은 교회론을 거론하는 많은 이들 중에서도 아직 만나 보지 못했다. 심지어는 선교적 교회론이나 소위 포스트모더니즘의 접목을 시도한 이머징 교회론을 주장하는 이들 중에서도 찾아보기 힘들다. 이와 같은 이론들을 몸소 실천해서 사랑의교회 같은 결실을 맺은 이들은 더더욱 찾아보기 힘들다. 목사님의 업적이 어찌 이뿐이겠는가? 나는 단지 내가 느낀 부분에 초점을 맞춰 그 내용을 언급하였을 뿐이다.

지난 30여 년간, 직접 만나 볼 때에나 멀리 떨어져서 볼 때나 목사님은 늘 내 마음에 존경심을 불러일으켰고, 자랑스러운 동료이자 스승이었다. 우리는 목사님을 이 땅에 오래오래 붙들어 두고 긴 대화를 하고 싶었다. 또 많은 젊은 사역자들이 목사님과 그런 기회를 가질 수 있기를 간절히 기대했다. 그가 남긴 발자취를 더듬어 가면서 그가 간 길을, 그가 남긴 발자국을 밟으면서 그 뒤를 따라갈 수 있기를 원했다. 목사님의 영향력은 이 땅이나 천국이나 어디에 계시든지 똑같을 것이다. 우리가 더 이상 그와 함께 차를 마시지 못하고, 논쟁을 벌이지 못하고, 귀찮게 하지 못하고, 직접 사랑을 표시하지 못하는 것이 아쉬울 뿐이다.

목사님은 그동안 많은 수고를 하셨고, 많이 마음 아파하셨다. 그러나 이제 아무 걱정도 없고 평안히 쉬실 것이다. 그렇게 사무치게 그리워하던 주님을 직접 만나 뵙고 그동안의 사역을 함께 평가하실 일만 남아 있다. 조만간 우리도 그 대열에 동참할 것이다. 그때까지 편히 쉬시면서 부활하신 주님과 좋은 시간을 가지시기를 간절히 바라마지 않는다.

이태웅 목사 · 글로벌리더십연구원 원장

옥한흠_은혜의 발걸음 이한의

2001년 4월 방문한 양화진에서

"'성령이 왜 오셨는가? 구원받도록 하기 위해서?
그것만이 아니다. 교회를 선교사 만들려고!'
시간마다 주옥같은 목사님의 이런 명강의가 순간순간,
스펀지가 물을 빨아들이듯이 쭉쭉 내 귀에 들어왔습니다."

참세월이 빨리도 흘러갑니다. 우리 모두 고향 갈 날이 얼마 남지 않았습니다. 그때까지 우리는 사람 살리는 사명 잘 감당하다가 주님 앞에 섰을 때, "잘하였도다, 착하고 충성된 종아!"라고 칭찬받아야 하지 않겠습니까?

제가 제자훈련을 수료한 해가 1988년 3월이니, 기수로는 5기입니다. 지금으로부터 22년 전인가요? 그러니까 목사님이 50세쯤 되셨고 저는 35세였던 같습니다. 목사님을 처음 뵈었을 때 아주 빈틈이 없어 보였습니다. 목소리도 카랑카랑하시고, 말씀 한마디 한마디가 내 심장을 도려내는 것 같았습니다.

그랬던 목사님! 2년 전인가요? 몇몇 팀장들과 서울에서 식사 자리가 있었습니다. 제가 일부러 목사님을 가까이 뵙고 싶어서 마주 보는 자리를 택하였습니다. 식사 중에 수저를 들어 올리며 손끝을 약간 파르르 떠시는 모습을 볼 때, 가슴이 미어지고 눈시울이 뜨거워지며 만감이 교차했습니다.

'우리 목사님이 벌써 이렇게 세월을 사셨구나! 더 오래 사셔야 하는데…' 이런 생각을 하며 밥을 먹는데, 목사님이 느닷없이 저를 쳐다보시면서 이렇게 물으셨습니다. "다른 사람은 다 얼굴이 익숙한데 목사님은 누군가요?"
"아, 예! 부산 은항교회에 시무하는 이한의 목사라고 합니다."
"교단은?" "예, 고신입니다."
"부산에서 고신교단으로 제자훈련 잘하는 데가 얼마나 있나?"
"글쎄요. 별로 없는 것 같습니다."
"열심히 하게!" "예! 감사합니다."

나는 중학교부터 대학까지 줄곧 인천에서만 살았습니다. 그러다가 대학 졸업 후 직장 때문에 부산으로 내려갔고, 고신 측 온천교회를 다녔는데 그때 참 앞뒤도 없이 열심히 봉사한다고 교회를 뛰어다녔습니다. 아마 제가 맡은 사역이 일곱 가지 정도 되었을 것입니다. 직장 생활한 지 5년쯤 되었을 때, 하나님의 소명을 받았습니다. 목사로서 헌신하고 싶은 마음이 가슴 벅차게 올라왔고, 결국 고려신학대학원을 졸업하고 이렇게 목사가 되었습니다. 부교역자 경험도 없는 대학원 다니는 전도사가 김해 쪽 시골 교회 담임교역자로 부임하게 된 것이 저의 가시밭길 목회의 시작이었습니다. 목회가 무엇인지, 설교가 무엇인지, 상담이나 사람 다루는 법을 알지도 못하면서 새벽기도, 수요예배 설교, 주일예배 설교, 사찰 업무까지 다 하면서 신학 공부를 하였습니다.

그러다가 목사 1년차에 제자훈련을 접하게 되었습니다. 물에 빠진 사람이 급하면 지푸라기라도 잡으려 하듯이 무엇이라도 빨리 배워서 목회에 적용하고 싶었습니다. 그런데 지금 생각해도 감사하고 또 감사한 것은, 처음 접했던 세미나가 제자훈련 세미나였기에 망정이지 다른 잡다한 세미나를 먼저 들었으면 아마 많은 시간을 낭비하였을 것입니다. 제자훈련을 받은 분이라면 누구나 다 마찬가지지만, 저는 정말 많은 복을 받은 사람입니다.

목사님은 나의 목회의 기초와 뼈대를 이루는 데 지대한 공헌을 하신 분입니다. 제자훈련 첫 시간이 무엇입니까? 광인론입니다. 영혼 구원하여 제자 삼는 일에 미쳐야 한다는 것입니다. 그렇지 않아도 사람 살리는 일이 가장 고상하다고 생각해 잘 다니는 직장 그만두고 목사 된 나로서는 불 탄 가슴에 기름을 끼얹는 말씀이었습니다.

세미나 듣고 숙소에서 잠을 청해야 하는데 도무지 흥분이 되서 잠이 오지 않습니다. 심장이 너무 아파서 베개를 가슴에 대고 엎드려서야 겨우 잠이 들 정도였습니다!

"지상 교회의 존재 이유가 무엇인가? 첫째는 하나님을 위하여, 예배! 둘째는 세상을 위하여, 선교(전도)! 셋째는 교회 자체를 위하여, 양육! 이 세 가지는 균형 있게 사이클처럼 돌아가야 한다. 성도가 양육받고 세상에 나가서 제구실을 하고 사람 살려서 함께 교회에 와서 주님 앞에 예배드리고, 또 양육받아 세상에 나가서 사람 살려서 함께 예배드리고…!"

"지상 교회의 새로운 정의는 저 세상으로부터 부름을 받은 하나님의 백성(특권 의식), 그리고 다시 저 세상으로 보냄을 받은 그리스도의 제자(소명 의식)라는 것을 잊지 말라!"

"성령이 왜 오셨는가? 구원받도록 하기 위해서? 그것만이 아니다. 교회를 선교사 만들려고!"

시간마다 주옥같은 목사님의 이런 명강의가 순간순간, 스펀지가 물을 빨아들이듯이 쭉쭉 내 귀에 들어왔습니다. 목회 22년 동안 한결같고 흔들림 없는 제자훈련 목회철학은 고스란히 목사님으로부터 받은 것입니다.

은항교회에 부임할 때, 나를 청빙한다고 청빙서 구비 서류에 도장을 찍은 성도는 33명에 불과하였습니다. 40평 건물 슬레이트 지붕에 종탑도 없었습니다. 그 후 지금까지 20년간 제자훈련 목회, 한결같이 영혼 구원하여 제자 삼는 운동을 펼친 결과, 하나님은 은항교회와 제게 엄청난 복을 주셨습니다. 지금은 어린 생명과 노년에 이르기까지 2000명이 넘는 성도로 넘쳐나게 하셨고, 본관과 교육관, 비전센터까지 주셔서 사람 살리는 일에 박차를 가하도록 하셨습니다.

목사님은 나의 목회의 큰 그림을 그리게 해주신 비전 메이커이십니다. 정도 목회를 가르쳐 주신 스승이시요, 영적 아버지이십니다. 목사님! 진정으로 당신을 존경하고 사랑합니다. 보고 싶습니다. 그 사랑의 빚, 영혼 구원하여 제자 삼는 일로 되갚겠습니다. 그래서 목사님처럼 하늘의 상을 많이 받고 싶습니다. 샬롬!

이한의 목사 · 은항교회

"고통은 분담할수록 좋습니다.
그리고 분담하는 것도 모자라면 교역자는 고통을 전담해야 합니다.
이것이 교역자가 권위를 갖게 되는 지름길입니다.
잃어버린 권위를 회복할 수 있는 길입니다.
매일 앉아서 대접받을 생각이나 하고,
사람들 앞에 외적인 권위나 세우려고 목에 힘주고,
우리가 그런 식으로 해서는 사람 보기에 권위가 있어 보일지 모르지만
사람을 변화시키는 권위는 절대 불가능한 것입니다."

'영적 권위의 회복' 중에서

옥한흠_은혜의 발걸음 이혜훈

2005년 7월 기독교사회복지엑스포 '행복한 친구 데이'에서

> "'공의의 하나님'은 뒷전으로 하고 '사랑의 하나님'만 찾고 있던 내게
> '공의의 하나님'을 되찾아 주신 분이 바로 옥한흠 목사님이었다.
> 예수님의 가르침을 생활 속에서 지키는 훈련,
> 예수님의 제자로 세상을 변혁시키는 훈련이야말로 하나님의 필요를 채워 드리기보다는
> 나의 필요를 채우기에 급급했던 내게 가장 필요한 것이었다."

중환자실로 목사님을 뵈러 갔을 때 병상을 지키고 계시던 오정현 목사님이 "기적같이 좋아지셨다"며 기뻐하셨던 게 불과 며칠 전인데, 소천이라니 믿지지 않는다. 우리 곁에 좀더 머물게 해주실 거라는 믿음도 있었는데….

오늘의 내 신앙세계를 만들어 준 한 기둥이 떠나가셨다. 모든 그리스도인의 소망, 주님과 함께 거하는 그 영광의 자리에 가셨기에 울지 않아야 한다고 굳게 마음먹었지만 목사님의 영정을 보는 순간 주체할 수 없이 눈물이 쏟아졌다. 그립다. 사무치도록 그립다. 이 그리움은 날이 갈수록 사그라지지 않고 오히려 더 깊어질 것 같다.

유학 시절 설교 테이프로 목사님을 처음 만났다. 그 당시 강렬한 표현과 극적 스토리의 자극적인 설교에 익숙해 있던 내게 차분하고 평이한 어조로 조곤조곤 말씀하시는 목사님의 말씀은 오히려 신선했다. 처음엔 쉬운 줄 알았는데 들으면 들을수록 하나님의 간절한 심정이 묻어 나오는 말씀이었다. 예배 때는

눈물 콧물 다 쏟으며 은혜를 받지만 예배가 끝나면 곧 익숙한 생활 습관으로 되돌아가는 그런 신앙이 아니라, 일상에서 지속적으로 변화하기를 원하시는 하나님의 절절한 사랑과 책망이 고스란히 느껴지는 그런 말씀이었다.

경건과 거룩을 강조하는 고신파 교회에서 성장한 내게 복음주의적 미국 교회 생활은 성령의 역사와 하나님과의 인격적 교제를 체험하는 코페르니쿠스적 전환을 가져다주긴 했지만, 시간이 지나면서 다소 구복적인 색채를 띠게 된 것 같아 고민하던 시점이었다. 우리가 세상에서 성공하는 것이 하나님의 뜻이고, 구하면 주시는 하나님이시므로 열심히 구하면 세상에서 성공할 수 있다는 숱한 설교와 간증의 홍수에 빠져 있었다. 거룩하신 하나님의 신성을 닮아 가기 위한 우리의 노력과 절제는 점점 잊어버리고, 하나님을 세상의 성공을 가져다 줄 요술방망이 정도로 전락시키기 일보 직전이었다.

'공의의 하나님'은 뒷전으로 하고 '사랑의 하나님'만 찾고 있던 내게 '공의의 하나님'을 되찾아 주신 분이 바로 옥한흠 목사님이었다. 예수님의 가르침을 생활 속에서 지키는 훈련, 예수님의 제자로 세상을 변혁시키는 훈련이야말로 하나님의 필요를 채워 드리기보다는 나의 필요를 채우기에 급급했던 내게 가장 필요한 것이었다.

요즘은 설교도 쇼핑하는 시대다. 듣고 싶은 설교만 골라듣는 경향이 늘어간다. 방송이나 인터넷으로 설교를 듣다가 듣기 싫은 부분이 나오면 바로 채널을 돌려 버리거나 설교가 불편하면 교회를 쉽사리 옮기기도 한다. 우리 자신을 쳐서 복종시켜야 한다는 설교보다는, 사랑의 하나님이 우리가 구하기만 하면 건강도 물질도 출세도 모두 주신다는 설교에 훨씬 솔깃해한다. 탐욕을 절제하고 말씀대로 살아야 한다는 설교보다는 예수님만 믿으면 만사형통이라는 설교를 듣고 싶어 한다.

'고객이 왕'인 시대에 살아서 그런지 교회에 와서도 고객으로 행세하려는 성도들이 있다. 고객이 싫어하는 설교를 하는 목자는 퇴출해야 한다고 생각하는 성도들 등쌀에 용기 있게 가르치지 못하는 목자들이 늘어 가는 현실을 우리 하나님은 어떻게 생각하실까? 복음을 변질시켰다고 책망하지는 않으실까?

"성도들의 입맛에 맞는 설교를 하려다 보면 창세기부터 요한계시록까지 다 뒤져도 설교할 본문이 나오지 않는다. 하나님은 세상의 축복을 약속하지만 무한하지는 않다고 말씀하셨던 사실을 목회자는 정직하게 가르쳐야 한다" 하신 목사님의 용기 있는 일갈이 점점 더 그리워질 것이다.

"복음을 변질시켰다는 주님의 질책 앞에서 자유로운 목회자가 얼마나 됩니까? '나는 아니오'라고 발뺌할 수 있는 목회자가 얼마나 됩니까? 바로 이 몸이 죄인입니다"라는 목사님의 깨어 있는 절규가 사무치도록 그리워질 것이다.

이혜훈 국회의원 · 한나라당

옥한흠_은혜의 발걸음 이화숙

2003년 11월 사랑의교회 25주년 기념예배에서

"나에게 목사님은 설교를 통해 정감운동의 꿈을 심어 주신 분,
개인적으로 만날 때는 내가 처한 고난을 불쌍히 여기는 발언에 이어
'아이고 무서워라'는 말씀으로 여성 법학 교수에 대한 편견(?)과
낯설음을 숨기지 않으시던 분, 그러면서도 늘 나를 대견해하시던 분이셨다."

기도하는 대통령 링컨, 한글을 만든 세종대왕, 노예선 선장을 지냈으며 "어메이징 그레이스" 찬송시를 지은 존 뉴턴 목사님, 독재자 히틀러…. 이들처럼, 사람은 누구나 그 이름 앞에 한마디 또는 몇 마디 말로 그가 지닌 고유한 품성이나 위대한 업적 또는 인류에 끼친 해악 등으로 요약될 수 있는 존재다. 옥한흠 목사님을 한마디로 요약한다면 "제자훈련을 강조하고 실천한 분"이라는 데 누구나 동의할 것이다. 여기에 하나를 더 보탠다면 "우리들의 멘토, 이 시대의 스승"이라는, 다소 진부하지만 숙연한 존경의 뜻이 담긴 수식어를 덧붙이고 싶다. 생각하면, 옥한흠 목사님같이 우리가 닮고 싶은 멘토가 있다는 것은 얼마나 다행한 일인지, 이 시대에 존경하는 스승으로 옥한흠 목사님을 알거나 만난 우리는 얼마나 행복한 사람인지 새삼 감사하는 마음이 든다.

나에게 목사님은 설교를 통해 정감운동의 꿈을 심어 주신 분, 개인적으로 만날 때는 내가 처한 고난을 불쌍히 여기는 발언에 이어 "아이고 무서워라"는 말씀으로 여성 법학 교수에 대한 편견(?)과 낯설음을 숨기지 않으시던 분, 그러면

서도 늘 나를 대견해하시던 분이셨다. 반면에 목사님에게 나, 이화숙의 존재를 요약한다면, 아마도 '법학을 가르치는 무서운 여자' 정도가 아닐까 싶다. 언젠가 법조선교회 모임에서 특강을 하신 후, 질문 시간에 아무도 질문을 하지 않기에 어색한 침묵을 깨려고 손을 들었더니 "난 이화숙 권사가 참 무섭더라. 무슨 질문을 하려는지 벌써부터 긴장된다"며 '이화숙 무서움증'을 공개적으로 선언하신 바 있으니 과히 틀린 말은 아닐 것이다.

나로 하여금 정감운동의 꿈을 갖게 하신 멘토이자 존경하는 영적 스승, 여성 법학 교수라는 이유로 늘 무섭다고 하시면서도 대견해하시던 분, 그 옥한흠 목사님이 하나님의 부르심을 받으셨다. 그분이 편찮으실 때 간절함과 그리움과 눈물로 하나님께 기도로 매달리면서 한 번만 살려 달라고 떼쓰는 나 자신을 보며, '목사님이 일어나시면 이렇게 눈물 많은 여자한테 여러 차례나 무섭다고 하신 데 대해' 사과하실 의향은 없으신지 여쭈어 보아야겠다고 다짐하곤 했는데…. 하루 속히 일어나셔서 나의 항의를 받아 주시기를 간절히 기도드렸는데…. 그만 천국으로 먼저 떠나가시니 그 아쉬움과 상실감을 어찌 달래야 할지 모르겠다.

목사님을 처음 만난 것은 설교를 통해서였는데, 마치 그 설교가 나를 향한 것으로 착각하곤 화가 나서 안절부절못하다가 어쩐 일인지 눈물을 펑펑 흘렸던 기억이 새롭다. 지금 생각하면 참으로 고마운 일이지만, 그날은 평소에 나에게 열심히 전도하던 윤 집사님이 느닷없이 찾아오더니 같이 교회 가자고 강권하는 바람에, 마치 죄수가 법정에 끌려오듯, 사랑의교회 주일예배에 따라와 매우 언짢은 기분으로 어색하게 앉아 있었다. 그런데, 그날따라 하필이면 목사님의 설교제목이 '돌아온 탕자'였던 것이 화근이었다. 목사님은 돌아온 탕자에 대해 담담하게 설교하셨을 뿐인데, 나는 '그 탕자가 바로 나'를 지목하는 것으로 굳게 믿고 화를 내면서, 그것도 나의 비밀(내가 돌아온 탕자라는 사실)을 알고 설교하시는 것으로 믿고 목사님을 마음속으로 미워하였으니 착각도 이만저만이 아닐 뿐 아니라 첫 만남이 과히 기분 좋은 것은 아니었던 셈이다. 그런데 이게 웬일인지, 설교를 들으며 공연히 눈물이 펑펑 쏟아지는 것이었다. 윤 집사님이 나의 눈물을 보면 좋아할 것 같아 고개를 돌려 눈물을 훔치다가 급기야는 자존심을 모두 내려놓고 하나님께 항복하고 회개하던 그날 이후 나는 오늘날까지 사랑의교회에 출석하고 있다. 뿐만 아니라, 미워하던 옥한흠 목사님을 회고하는 글을 지금 쓰고 있으니 하나님의 인도하심은 실로 신비하고 오묘하기 그지없다는 생각이 든다.

목사님을 개인적으로 만난 것은 고난을 통해서였다. 고난의 음침한 골짜기를 통과하면서 머릿속에만 존재하던 하나님을 살아 계신 하나님으로 만날 수 있었던 것처럼, 목사님과의 추상적 만남도 고난을 통한 개인적 만남으로 이어졌다.

건강하던 남편이 갑자기 의식을 잃고 쓰러져 소위 식물인간이 된 1996년 4월 5일은 내 평생 잊을 수 없는 날이다. 내가 고난의 골짜기에 들어선 첫날이기도 하고, 예수님의 십자가 사랑을 만난 해이기도 하며, 고난이 유익이었다고 고백하게 한 3년 반 동안의 고난의 세월이 시작된 첫해이기도 하기 때문이다. 그 고난 세월 중 예수님의 십자가 사랑을 알게 되면서 다음해에 제자훈련을 시작하였는데, 제자훈련 중에 내가 만난 하나님을 간증한 것이 어찌해서인지 교회에 알려지더니 고난주간에 교회에서 간증을 하게 되었고, 목사님을 개인적으로 알게 된 계기가 되었다. 그 당시(1997년)에는 아직도 고난이 현재 진행형이었지만 나는 이사야 53장 5절 말씀을 인용하면서 예수님의 십자가 사랑을 만난 기쁨과 감사를 털어놓으며 하나님이 나의 고난을 승리로 바꾸어 주셨음을 고백했다. 그런데 목사님은 그날은 물론 부활주일 예배에서도 나의 간증을 인용하셔서 얼굴을 들 수 없을 정도로 부끄러웠던 기억이 있다. 사실 그러한 깨달음과 간증이 가능했던 것은 스스로의 힘이 아니라, 목사님이 주일예배 설교에서 예수님의 십자가 사랑과 함께 우리의 신분이 종이 아니라 택하신 족속이요, 왕 같은 제사장이며, 하나님의 자녀라는 사실을 누차 대언하고 강조해 주신 덕분이었다. 그 가르침이 잠재해 있다가 고난 중에 성경을 묵상하고 간절히 기도하니, 마치 흩어졌던 구슬들이 꿰어져 아름다운 보석으로 거듭나듯이, 길이요 진리요 생명이신 예수님과 십자가의 사랑을 깨닫게 되었다. 또 제사장으로서의 나의 신분을 회복함과 동시에 고난에는 반드시 어떤 이유와 목적이 있으며 모든 것이 합력하여 선을 이루어 주시는 하나님임을 믿게 되면서 고난을 승리로 승화할 수 있게 되었다. 귀한 설교로 보석 같은 진리를 대언해 주신 목사님의 열정과 사랑에 머리 숙여 깊이 감사드린다.

어느 날인가, 목사님이 사모님과 함께 병원으로 심방을 오셨다. 말씀을 전하고 간절한 기도를 드린 후 차를 기다리면서, 무슨 과목을 가르치느냐고 물으시기에 '민법'이라고 말씀드렸다. 그때부터 그 "아이구야, 무서워라"가 시작된 것이다. 그 후 교회에서 만나 뵐 때면 "얼마나 힘드느냐"고 위로하시면서, "아직도 그 무서운 법을 가르치느냐"고 물으시는 모습이 얼마나 순진하시든지…. 나는 미처 "무서운 여자가 아님"을 설파할 기회를 잃고 말았다. 대형 교회 목회자들이 빠지기 쉬운 권위적인 모습과 달리, 솔직하고 순진하기까지 하신 목사님. 그분의 겸손함은 그분을 나의 멘토요 존경하는 스승으로 꼽는 가장 큰 이유이기도 하다.

2002년 여름, 미국 버지니아대학교 로스쿨에서 연구년을 보내기 위해 출국하기 며칠 전, 목사님께 이메일로 출국을 말씀드렸을 때, 두 가지 이유로 놀랐던 기억도 새롭다. 그 하나는 다음 날 즉시 답신을 보내셨다는 것이고, 다른 하나는 답신의 내용이다. 목사님은, 이 권사가 자리를 비우는 1년이 걱정스러우니 미국에 있는 동안이라도 사랑의교회를 위해 기도해 달라고 부탁하셨다. 내가 없어 사랑의교회가 걱정되니 기도해 달라는 말씀은 물론 농담에 가까운 말씀이거나 누구에게나 사용하시는 의례적인 인사일 수도 있겠지만 한 사람의 성도를 귀히 여기시는 목사님의 겸손과 인격을 읽을 수 있었고 잠시나마 나를 귀한 존재로 여기시는 듯하여 기분이 좋았던 것도 사실이다. 그나저나 제자훈련 하는 사랑의교회 옥한흠 목사님다운 인사법임에 틀림없다.

내가 한국을 비운 동안이 걱정된다는 목사님의 말씀대로 대한민국과 사랑의교회를 걱정하던 나는 목사님께 크리스마스카드와 성경 말씀을 쉽게 찾을 수 있는 CD를 선물로 보내 드린 적이 있다. 그 답신도 즉시 보내 주셔서 얼마나 놀랐는지…. 그리고 그 내용을 보고 또 한 번 놀랐다(지금 그 편지를 보며 이 글을 쓰고 있다). 내가 친필로 카드를 써서 보내 드린 데 대해, 목사님은 글씨를 잘 못 쓰셔서 컴퓨터로 작성하여 보내신다는 것을 친필로 간단히 쓰신 후, 이렇게 편지를 보내셨다. "우리가 마음을 열고 영적 교제를 나눌 수 있는 사이가 되게 하신 하나님을 찬양합니다. 보내 주신 편지 너무 반갑게 잘 받았습니다. 그리고 과분한 선물도요.…권사님에게 이런 따뜻한 면이 있다는 것은 새로운 발견입니다. 저는 아무것도 보내 드리지 못해 죄송합니다. 다만 제 마음을 담아 드립니다. 은혜 충만한 성탄이 되시고, 새해에는 주 안에서 더 풍성한 삶을 누리기를 바랍니다…." 내가 놀란 것은 목사님이 내게서 따뜻한 면을 처음 발견하셨다는 내용이었다. 목사님께 나는 그토록 무서운 여자로 보였나 보다.

고난을 통해 살아 계신 하나님과 하나님의 사랑을 체험한 나는 법을 공부한 사람으로서 어떻게 하나님을 기쁘게 해드릴까를 기도하던 중 몇몇 동지들과 함께 정직과 감사운동(정직한 나, 감사하는 우리, 정감 넘치는 사회)을 교회에 제안하게 되었다. 사실 정감운동은 몇몇 성도나 특정 선교회의 제안이라기보다는, 설교를 통해 하나님과 이웃을 사랑하고, 정직하며 범사에 감사하는 삶을 강조하신 목사님의 가르침과 제자훈련의 열매인 셈이다. 목사님이 정감운동을 방문하셨을 때, 나는 목사님의 설교와 제자훈련에 감동받아 정감운동이 출범하게 되었음을 상기시켜 드리면서 정감운동의 단초를 제공하신 목사님이 정감운동에 깊은 관심과 지원을 해주셔야 할 책임이 있음을 역설하는 부담을 드린 바 있다. 그날은 별다른 약속의 말씀이 없었던 것으로 기억한다. 며칠 후 정감운동을 시작하게 된 계기 등을 담아 이메일을 드렸는데, 다음 날인가, 강의를 마치고 연구실에 들어서자마자 전화벨이 울리더니 놀랍게도 목사님의 잔잔하고 겸손한 목소리가 거기, 전화선 너머에서 들려오는 것이었다. 지금 생각하니 목사님과의 마지막 통화가 되었는데, 목사님은 정감운동에 관해 여러 가지를 물으시고 의견도 주시더니 마침내 정감운동에서 요청하면 1년에 한두 차례 격려나 설교를 해주시겠다고 약속하신 것이다. 병석에서 일어나셔서 그 약속을 지켜 주시리라 믿었는데…. 약속을 지키기도 전에 천국으로 떠나셨으니 이래저래 천국에서 뵈면 목사님께 항의할 일이 하나 더 생긴 셈이다.

그나저나 '옥한흠 목사님 그리움 병'을 어찌 치유받을 수 있으려나. 그 해법은 목사님의 장남인 옥성호 님이 천국환송예배에서 한 인사말에 담겨 있다고 본다. 그것은 "우리가 옥한흠 목사님처럼 사는 것"이다. 그러자면 목사님처럼 겸손해야 할 것이고, 신행일치의 삶을 살아야 할 것이고, 오른손이 하는 일을 왼손이 모르게 선한 일을 할 것이며, 이웃과 형제에게 친절해야 할 것이다…. 열거하다 보니 지레 포기하고 싶어지지만, 목사님처럼 사는 삶을 상기하면서 '옥한흠 목사님 그리움 병'을 달래야 할 것 같다.

이화숙 교수 · 연세대학교 법학전문대학원

"목사만이 소명자가 아니라 교회의 전 구성원이 사도의 소명을
계승합니다. 평신도 역시 소명자입니다.
사도들과 똑같이 세상으로 보냄을 받은 소명자입니다.
잃은 영혼 한 사람을 위해 세상으로 보냄을 받은 소명자이기 때문에,
교회가 터져 나가도 복음의 증거자로 세상을 향해 나가야 합니다.
이것이 바로 교회의 본질입니다. 교회의 양적 부흥을 위해서가 아니라
사도로서의 소명을 계승하고 주님의 명령에 순종하기 위해서입니다.
우리는 사도의 말씀과 사역을 계승합니다.
이것을 일깨우는 것이 평신도를 깨우는 것입니다.
이것을 일깨우는 것이 제자훈련입니다."

'교회론' 중에서

옥한흠_은혜의 발걸음 **정제순**

2001년 5월 미국 웨스트민스터신학교 명예신학박사 학위 수여식에서

"솔직함이란 이런 것일까?
무엇이 그리 죄송스러운지 안식년 때마다 한국에 와서 인사하노라면
자신은 초라하고 한없이 부끄럽다고 하시면서,
'너처럼 단순하게 사는 삶이 참 부럽다'고 하셨다."

우리 모두는 누군가와 관계를 맺으며 성장한다. 예수를 믿기 시작한 1980년대부터 옥한흠 목사님을 빼놓고 나의 신앙 성장을 이야기할 수는 없다. 그분에 관해 짧은 지면에 표현해 달라고 하니 내가 그런 자격이나 있을까 반문했다. 잘 묘사도 못할뿐더러, 그분과 얼굴을 맞대고 사역한 햇수가 매우 짧기 때문이다. 1986년부터 지금까지 선교사로 사역하고 있는지라, 안식년에 나 잠깐 만나 볼 수 있고, 그나마도 2005년부터는 성경번역 선교사를 훈련하는 아시아언어문화연구소(아릴락)가 지방에 있다 보니 뵙기가 더더욱 어려웠다.

목사님을 처음 만난 곳은 서초동 진흥아파트 앞 허름한 상가 2-3층에 세워진 강남은평교회였다. 첫 만남도 이곳이고, 1984년 10월에 옥 목사님 주례로 결혼식(이때는 이름이 사랑의교회로 바뀌었다)을 올린 곳도 이곳이다.

목사님을 떠올리면, 가슴을 콕콕 찌르는 열정적인 설교, 머리카락 한 올도 흐트러지지 않은 깔끔한 외모, 평신도 제자화에 혼신의 힘을 기울인 몰입(평신도론 주장), 다른 교회가 불러도 여간해서 움직이지 않으시는 충성스러움, 당시에는 생소하게 들렸던 대각성 전도집회를 이끄시는 복음의 열정, 힘들어서 새벽 기도 못한다고 당당하게 선포하시는 정직함…. 이런 것들은 나 말고도 다른 분들이 더 훌륭하게 묘사하리라 믿는다. 대신에 나는 여기서 옥한흠 목사님과의 관계에서 있었던 일화를 몇 개 추려서 있는 그대로 소개하고자 한다.

설교는 이렇게 하는 것일까? 목사님의 설교는 생동감이 넘치고 가슴을 터지게 한다. 그중에서도 나의 가슴속에 아직도 살아 있는 설교가 있다. 1980년도 초에 부자와 나사로 비유를 통해 하신 천국과 지옥 설교다. 영적 대각성을 이끈 조나단 에드워즈의 "진노한 하나님의 손에 놓인 죄인들" 설교를 인용하셨는데, 심판하시는 하나님이 금방이라도 튀어나올 것 같이 힘이 있었다. 사랑의 하나님이 심판의 칼을 드신 모습, 너무나 선명한 대조를 이루는 천국과 지옥의 묘사에 가슴이 쿵쾅거릴 정도였다. 또 부자와 나사로 사이에 있는 큰 구렁텅이 묘사는 영원히 건널 수 없는 무저갱의 입 벌린 모습처럼 아직도 생생하다. 지금처럼 심판과 공의는 외면한 채 사랑과 은혜만을 강조하는 세속화된 복음 속에서 심판과 사랑을 역설적으로 조화시킨 경외의 십자가를 토해내셨던 옥 목사님이 다시 그리워진다.

지도는 이렇게 하는 것일까? 1983년 3월, 예수 믿은 지 3년 후 신학대학원에 들어가자마자 중등부 신출내기 전도사가 된 나를 보고 하신 말씀을 잊을 수 없다. "수, 금, 새벽, 철야기도 나올 생각 말고 주일에만 와서 봉사하고, 열심히 공부해. 지금 공부하지 않으면 날라리 목사 된다." 당시에 이 말씀은 가히 혁명적이었고, 나의 무식함과 어설픔을 꿰뚫어 보신 통찰력 있는 말씀이셨다. 이 짧은 말씀 한마디는 신학을 하면서, 선교사로 공부하고 사역하면서, 이제 후배들을 가르치면서 내내 피곤하여 게으르고 싶을 때 태만을 날리는 각성의 매 역할을 지금도 하고 있다.

격려란 이렇게 하는 것일까? 전도사로 부임한 그해 첫 겨울 중등부 수양회에 도착한 첫날 저녁식사 시간에 충격적인 사건이 터졌다. 간질환자인데 수양회에 참석한 한 학생이 혼자 쓰러져 죽은 것이다. 막 입대한 신병이 엄청난 사고를 친 기분이었다. 어떻게 할 줄 몰라 안절부절못하고 앞이 캄캄했다. 얼마 되지 않아 목사님이 전화를 하셨다. "여기 일은 내가 알아서 할 테니, 수련회 잘 마치고 와." 짧고 간단하고 차분한 이 한 문장에 또 무엇을 담으랴! 그 수련회를 참으로 은혜롭게 마쳤고, 죄인의 심정으로 돌아온 나에게 "모든 일이 잘되었다"라는 짧은 말 외에는 더 이상 말씀이 없으셨다. 좀더 최근의 격려도 기억난다. 19년 가까운 선교 사역을 마치고 성경번역 선교사 훈련소인 아릴락을 시작하기 전에 목사님께 인사드리러 갔다가 막 헤어지려는데, "정 선교사, 네가 오기 전에 누군가 뭔가를 주고 갔는데 아무래도 이것은 아릴락이 써야 할 것 같다" 하시면서 은행 계좌를 알려 달라고 하셨다. 한국에 들어와서 당분간 살게 되었기에 인사드리러 갔을 뿐인데, (엉뚱한 배려같이 보였지만) 당시에 아주 시의적절한 배려였다. 성령에 예민한 그 순박한 격려가 아릴락을 힘차게 시작하는 종잣돈(3000만 원)이 되었다.

관계는 이렇게 유지하는 것일까? 1996년 두 번째 안식년 중에 목사님께서 비서를 시켜 점심을 같이하자고 전화를 하셨다. 아뿔싸! 그날따라 약속이 잡혀 있지 뭔가? 선약이 있다고 말씀드렸다. 다시 전화가 왔다. 그래도 안 된다고 했다. 세 번째는 "야, 그날밖에 시간이 없는데 바꾸면 안 되냐?" 그래서 대담하게 제안을 드렸다. "취소할 수 없는 약속이고, 그분도 우리 사역을 위해 기도하셨던 분이라서 같이 만나면 안 되는지요?" 그래서 다 같이 만나 식사를 했다. 나의 제안에 선뜻 따라 주신 것이 참으로 고마울 뿐이었다. 안식년이라서 약속 없이 불쑥 찾아가서 인사드려도 언제든지 꾸미지 않고 반갑게 맞이하시는 그 모습을 다시 못 본다고 생각하니 아쉬움만 깊이 남는다.

사명은 이렇게 감당하는 것일까? 나는 신학원에서 설교와 제자훈련 과목을 배웠다. 목사님은 "설교 한 편에 20시간 이상 준비하지 않으면 강단에 서지 마라. 그 힘든 목회를 하겠다고 나섰으니 여러분은 참 용감한 사람이다"라고 하셨다. 매주 20시간? 한국에서 목사는 매일 설교기계처럼 말씀을 토해내야 하는데, 그런 현실을 아시고 말씀하시는 것일까? 사명에 목숨 걸라는 주문이자 엄중한 경고로 해석했다. 경배와 찬양이라는 미명 아래 말씀이 공허해지고, 자기 의도대로 말씀을 함부로 다루는 지금, 이 말은 설교자의 양심을 일깨우는 천둥소리 같다. 사명을 신실하게 수행하시다가 가신 목사님이 벌써 그립다.

솔직함이란 이런 것일까? 무엇이 그리 죄송스러운지 안식년 때마다 한국에 와서 인사하노라면 자신은 초라하고 한없이 부끄럽다고 하시면서, "너처럼 단순하게 사는 삶이 참 부럽다"고 하셨다. 게다가 "내 주의에 수많은 부교역자들이 왔다 갔는데 잔머리 굴리는 사역자치고 사역 잘하는 거 보질 못했다"고 토를 다셨다. 어떤 때는 선교에 관해 열심히 설명하는 내 이야기를 한동안 잠자코 듣더니, "나 선교 모르잖아!"라고 하신다. 한참 떠드는(?) 사람을 김새게 만들고, 머쓱하게 만든다. 그런 분이 2004년 성경번역선교회 20주년 행사 때 파푸아뉴기니 메께오 번역 주역이었던 빅토가 현지인 대표로 성경을 받으러 왔다는 소식을 듣고 바로 연락을 주셨다. 내가 듣기론 그날 일정이 매우 빡빡했었는데 다 미루고 점심시간 두 시간을 만드셨다. 식사할 때 빅토가 "제순이가 (선교지를) 너무 일찍 떠났습니다"라고 했다. 목사님은 망설임 없이 "그게 너에게 복이 아니었던가?"라고 응수하셨다. 그러자 빅토는 "지금 생각하니 그렇습니다"라고 했다. 선교를 모르시지 않았다. 선교지의 화려한 건물이나 거창한 그 무엇이 아니라 제자 한 사람이 크는 것을 그렇게 좋아하셨던 분이다.

신뢰감은 이렇게 생기는 것일까? 2005년 한동대학교 아릴락 창립예배에 오시기로 했는데, 창립예배를 얼마 앞두고 건강 때문에 오시지 못하겠다고 하셨다. 가까스로 오셔서 기도하시는데도 우리 사역과 현지인들의 이름이 기도 가운데 자연스럽게 흘러나왔다. 그렇게 바쁘신 분인데도, 제자를 기르는 곳이라면 변함없는 관심과 배려로 하늘의 눈처럼 훑고 계셨나 보다. 목사님의 몸에 배인 솔직함과 정직함, 자기 절제와 신실함은 종종 가까이하기엔 너무나 먼 당신처럼 차갑고 섭섭하고 냉정하게 보이기도 한다. 그러나 이런 차가움과 냉정함도 나에게 이내 깊은 신뢰감으로 보이는 것을 보면 그것이 목사님만이 가지신 매력인 듯하다.

마무리를 하고 싶으셨을까? 작년 11월 말에 나와 아내가 목사님과 얼굴을 맞대고 이야기한 것이 마지막이 될 줄이야! 그날은 나의 23년 선교 사역을 정리한 책 「로뻬아를 찾아서」가 출판되어 처음으로 목사님께 드린 날이다. 몸도 좋지 않으신데, 직접 추천사를 쓰시고, 다시 수정해서 보내겠다고 이메일로 격려하신 분이셨다. 노란 표지의 책을 받자마자 "책이 두껍네! 요즘 사람들 아무리 좋아도 두꺼운 책 안 읽는다!…" 하신다. 마지막으로 만난 그때도 손이 약간 떨리셨고, 피곤이 누적된 것을 눈치 챌 수 있었다. 건강 때문에 잠깐 인사만 하고 나오려는 우리를 기쁘게 맞이하시면서 술술 이야기가 나와 한 시간이 금방 가버렸다. 교회, 영성, 목회자 등 여러 주제가 오간 대화였지만, 몸도 안 좋으신데 나와 아내가 온다고 기다리신 것까지 치면 목사님이 하실 수 있는 사랑을 최선을 다해 베푸셨던 것 같다.

목사님, 더 이상 땀과 눈물과 고통과 아픔이 없는 그곳에서 영원한 안식을 누리세요. 저희가 목사님을 다시 만날 때까지 말입니다.

정제순 선교사 · 아시아언어문화연구소 소장

옥한흠_은혜의 발걸음 정필도

2005년 8월 교갱협 창립 10주년 기념행사에서 정필도 목사와

"언제나 말과 행실이 반듯하지만,
그러면서도 모든 사람의 마음을 기쁘게 해주고 편하게 해주는 분이었습니다.
아마도 이런 목사님의 정직함과 따뜻함 때문에
목사님 주변에는 항상 목사님을 닮아 보려는 사람이 많이 모여들었다고 생각합니다."

제가 옥한흠 목사님을 처음 만난 것은 1968년 총회신학교였습니다. 3학년에 재학 중이었던 제게 1학년 학생 중 몇 명이 모여 연구하는 모임에 와달라는 요청이 있었는데, 그 자리에 목사님이 계셨습니다. 제 기억으로 당시 그 자리에 모였던 분들은 모두 다 한국 교회 부흥에 크게 공헌한 분들이 되었습니다. 신학교에 들어오자마자 하나님 나라와 한국 교회의 미래를 위해 큰 꿈과 비전을 품고 함께 기도하며 목회를 연구하던, 옥한흠 목사님을 비롯한 그 자리에 모인 목사님들의 자세는 모든 목회자가 본받아야 할 자세였습니다. 한국 교회를 사랑하는 옥한흠 목사님의 신앙과 열정은 목회의 첫 출발선에서부터 분명하게 나타났습니다.

하지만 저는 이미 3학년들끼리 목회를 연구하는 모임을 하고 있었고 개척교회 전임 사역자로 일하고 있었기에 그 모임에 함께할 수 없었습니다. 옥한흠 목사님을 비롯해서 한국 교회를 위한 불타는 소명감에 사로잡혀 있었던 여러 목사님들과 함께하지 못한 것은 지금 생각해도 많이 아쉽습니다.

당시 목사님은 성도교회에서 대학부 담당 전도사로 이미 빛을 발하고 있었습니다. 목사님 안에 불타는 복음의 열정은 수많은 대학생의 마음을 사로잡았고, 그때 목사님을 통해 복음과 진리의 말씀으로 양육받은 많은 학생 중 오늘날 한국 교회의 기둥이 된 큰 일꾼들이 많습니다.

복음 전파와 제자훈련을 향한 목사님의 열정은 사랑의교회 개척으로 이어졌고, 사랑의교회는 곧 한국 교회에서 주목받는 교회로 급성장하였습니다. 특별히 목사님의 '제자훈련'은 목회자들에게 많은 감동과 도전을 주었고, 한국 교회 대부분의 목회자들이 배우고자 하는 훌륭한 목회철학인 동시에 교회에 적용할 수 있는 유용한 도구가 되었습니다. 저도 박희천 목사님과 함께 훈련을 받고 제3기생으로 수료를 하였습니다. 그때 훈련을 받으면서 다락방 모임에 직접 참관을 하였는데, 잘 훈련된 교인들의 수준이 너무도 탁월한 것을 보면서 잘 훈련된 평신도를 길러내면 웬만한 목회자도 감당할 수 없는 일을 할 수 있겠다는 생각이 들었습니다. 교인은 목사를 닮는다고 하는데, 제자훈련으로 양육받고 훈련된 성도들을 볼 때 참으로 부러웠습니다. 그래서 저도 목사님처럼 제자훈련을 시작하였지만, 아쉽게도 훈련을 시작한 지 몇 달이 안 되어 하반신 마비가 와서 그 후로는 제자훈련을 포기하고 말았습니다.

목사님을 생각할 때마다 잊을 수 없는 사건이 하나 있습니다. 부산에서 목회하는 제가 어느 날 사랑의교회를 방문하였는데, 목사님께서 너무 반가워하며 맞아 주셨습니다. 그리고는 당회장실에 있는 목사님의 개인 방을 내어주시며 쉬라고 해서 얼마 동안 목사님 침대에 누워 쉬었습니다. 사실 그런 개인 공간은 아무에게나 개방하지 않는데, 멀리서 온 나그네를 위해 선뜻 방을 내어주시며 쉬라고 하시는 목사님의 사랑을 잊을 수가 없었습니다. 이후 목사님과 함께 교회갱신을위한목회자협의회를 하면서 목사님의 신앙과 인격을 더욱 깊이 들여다볼 수 있었습니다. 목사님은 하나님 앞에서 정직했던 다윗을 많이 닮은 분이었습니다. 신앙과 양심이 깨끗한 분이었습니다. 주님을 위해, 교회를 위해 죽도록 충성하는 그의 삶은 모든 목회자뿐 아니라 성도들이 본받아야 하리라 생각합니다. 언제나 말과 행실이 반듯하지만, 그러면서도 모든 사람의 마음을 기쁘게 해주고 편하게 해주는 분이었습니다. 아마도 이런 목사님의 정직함과 따뜻함 때문에 목사님 주변에는 항상 목사님을 닮아 보려는 사람이 많이 모여들었다고 생각합니다.

10년 만이라도 더 살아 계셨다면 얼마나 좋았을까 생각해 봅니다. 아직도 한국 교회를 위해 할 일이 많은데, 참으로 안타까운 마음을 금할 수가 없습니다.

목사님! 당신께서 그토록 사랑하시던 하늘에 계신 아버지 품에 안기셨습니다. 주님과 함께 즐거운 시간을 가지시며 한국 교회를 위해, 우리를 위해 기도하시리라 믿습니다. 머지않아 주님이 재림하시는 날, 금 면류관을 쓰신 목사님을 만나뵙게 되리라 믿습니다.

하나님의 종으로 평생을 살아가며 열정을 불살랐던 목사님이었으니 이제 주님의 품에서 평안하소서. 다시 볼 날 고대하며 보내 드립니다.

정필도 목사 · 수영로교회

옥한흠_은혜의 발걸음

"저와 옥한흠 목사님 두 사람은 무릎 꿇고 얼싸안으며 서로를 위하여 기도했습니다.
목사님은 그토록 주님을 향한 열망이 가득하시고 겸손하시며 진실하셨습니다.
그날, 옥한흠 목사님을 처음 만났을 때의 일은
저에게 한평생 잊지 못할 귀한 경험이었습니다."

2005년 8월 기독교사회복지엑스포 폐막식에서

한국 교회의 위대한 하나님의 종이신 옥한흠 목사님이 하나님의 부르심 받은 것을 깊이 애도합니다.

제가 옥한흠 목사님을 처음 만난 것은 오래전에 목사님께서 제게 안수기도를 받으러 오셨을 때입니다. 당시 목사님은 성령충만을 위해서 저에게 안수를 받겠다고 하셨습니다. 저는 목사님을 적극 만류하며 오히려 저에게 안수해 주시기를 원한다고 간청했습니다.

결국, 저와 옥한흠 목사님은 무릎 꿇고 얼싸안으며 서로를 위하여 기도했습니다. 목사님은 그토록 주님을 향한 열망이 가득하시고 겸손하시며 진실하셨습니다. 그날, 옥한흠 목사님을 처음 만났을 때의 일은 저에게 한평생 잊지 못할 귀한 경험이었습니다.

옥한흠 목사님은 늘 목회자와 교회가 사회에서 솔선수범해야 한다고 강조하시며 한국 교회가 당면한 위기 상황 앞에서 선지자와 같은 심정으로 외치셨습니다. 사람을 귀히 여기고 한국 교회의 연합을 위해 누구보다도 뜨거운 마음으로 나라와 민족을 가슴에 품고 기도하셨습니다.

한국 교회를 새롭게 하고 새로운 시대에 쓰임 받는 사람을 만들기 위한 제자를 키우는 일에 모든 것을 걸고 헌신하시며, 한 사람이 제자가 되면 무엇보다도 기뻐하셨습니다. 이처럼 한국 교회의 부흥과 성숙을 위해, 또한 세계 교회의 갱신을 위해 제자훈련으로 수많은 목회자를 양성하며 크게 기여하신 목사님의 업적과 열매는 영원히 한국 교회와 사회에 남을 것입니다.

하나님은 우리에게 위대한 종을 보내 주셨고, 옥한흠 목사님을 통해 주님의 영광과 은혜를 전해 주셨습니다. 이 땅에서 치열하게, 그러나 헌신과 순종과 겸손으로 최선을 다하시고 지금은 하나님의 품에서 평안하실 목사님의 신앙을 이제 우리가 좇아야 합니다.

조용기 목사 · 여의도순복음교회 원로

옥한흠_은혜의 발걸음 조지 버쉬

1990년 8월 국제OM선교회 설립자 조지 버워 박사와

"저는 성격상 많은 사람 특히 목회자와 가깝게 지내는 것을 꺼렸습니다.
대형 교회 목회자들은 저처럼 과격하고 급진적인 연사를 초청하는 것을 꺼렸지요.
그러나 저와 같이 부족한 사람을 목사님은 계속 환영해 주셨고
저의 힘들고 부족한 부분을 어루만져 주셨습니다."

옥한흠 목사님을 생각할 때마다 저는 일곱 단어로 그분의 삶을 정리하곤 합니다. 지난 20년간 목사님과 교제해오며 알게 된 것은, 목사님이 한국OM선교회 이사장으로 섬기시며 그 누구보다 세계 선교를 위해 많이 애쓰신 분이라는 것입니다. 그러므로 저는 옥한흠 목사님과 김영순 사모님을 생각하며 다음 일곱 단어를 떠올립니다.

기도 - 목사님은 기도하는 분이셨습니다. 저를 만나자마자 은밀한 방으로 들어가 함께 기도하자고 하셨습니다. 성도들에게도 기도를 강조하셨고, 한국과 전 세계에 기도를 강조하셨습니다.

믿음 - 목사님은 틀 안에 갇힌 신앙이 아닌 다른 사람과 동역자들을 생각하고 그들을 위해 동역할 줄 아는 분이셨습니다. 그래서 그의 리더십은 사랑의교회뿐만 아닌 전 세계 수많은 사역자들과 교회에 영향력을 끼치게 되었던 것입니다. 하나님께서 그분에게 특별한 은혜를 내리시어 전 세계에서 찾아볼 수 없는 귀한 교회를 성장시키게 하셨습니다.

비전 - 목사님은 위대한 비전을 품고 사셨기에 그분과 저 사이에도 강력한 연결고리가 생성되어 더욱 끈끈한 관계가 형성되었다고 생각합니다. 세계 다른 나라에서 이루어지는 OM선교회 사역에 목사님을 초청한 적이 있는데 하나님께서 그분을 사용하시더군요. 아직 복음이 전해지지 않은 지역에 많은 관심을 보이셨는데 보통 그리스도인들은 별 관심이 없는 일이었습니다. 아마 그래서 OM선교회 도서 사역에 관심이 크셨던 것 같습니다.

실천 - 수많은 사람이 말로만 하는 일을 목사님은 실천으로 옮기셨습니다. 교인들을 훈련시켜 성숙한 참 제자의 삶을 살게 하는 일이었지요. AD2000운동을 시작했을 때도 목사님은 사역에 필요한 재정 모금을 위해 헌신적인 자세로 섬김을 실천하셨습니다.

너그러움 - 관대한 성격의 소유자로 세계 선교를 위해 많은 지원을 아끼지 않으셨습니다. 목사님의 너그러움으로 인도를 포함하여 수많은 지역에서 선교 사역이 힘을 얻었습니다.

우정 - 저는 성격상 많은 사람 특히 목회자와 가깝게 지내는 것을 꺼렸습니다. 대형 교회 목회자들은 저처럼 과격하고 급진적인 연사를 초청하는 것을 꺼렸지요. 그러나 저와 같이 부족한 사람을 목사님은 계속 환영해 주셨고 저의 힘들고 부족한 부분을 어루만져 주셨습니다. 주일 설교에도 저를 세워 주셨습니다. 이러한 배려는 저에게 큰 도움이 되었습니다. 함께 만나 식사하고 교제할 때에도 배려해 주셨기에 지속적인 우정을 이어 나갈 수 있었습니다. 사랑의교회도 계속 성장하였고 OM선교회도 너무 크게 성장하였기에 소속된 사람들과 소통하는 문제가 쉽지는 않았지만 이런 중요한 사안을 놓고 서로 허물없이 비전을 나눌 수 있는 분이셨습니다.

복음 - 자유주위와 무신론주의 앞에서도 그는 당당하게 말씀의 권위 앞에 서 있었던 분이셨습니다. 요한복음 14장 6절에 기록된 것과 같이 목사님은 예수만이 오직 하나님께로 갈 수 있는 길이라고 확신하며 주장하셨습니다. 목사님이 쓰신 영문판 「평신도를 깨운다」를 읽어 보았습니다. 수많은 교회 지도자들이 그 책을 읽고 제자 삼는 일에 주력하는 것을 알고 있습니다. 그리고 제자훈련이 더 나아가 세계 선교에도 엄청나게 기여하고 있다는 것을 알고 있습니다.

주님께서 목사님을 일찍 데려가셨습니다. 그리고 목사님도 기어이 가실 준비가 되어 있으셨습니다. 그럼에도 우리는 목사님을 많이 그리워할 것입니다. 목사님을 기억하며 우리도 주님의 참된 제자가 되어 우리 길을 걸어갈 것입니다. 목사님도 우리가 그렇게 하길 원하실 것이라 확신합니다.

조지 버워 박사 · 국제OM선교회 설립자

옥한흠_은혜의 발걸음 조현삼

2001년 2월 교갱협 임원수련회에서 조현삼 목사와

"목사님은 가셨다. 사람이면 누구나 가는 그 길을 떠나셨다.
좀더 사셨다면 하는 아쉬움이 많지만 감사의 기도를 하나님께 올려 드린다.
이 시대에 처음 가졌던 마음으로,
여전한 걸음으로 평생을 살고 죽음의 강을 건넌 사람이 얼마나 될까.
그렇게 사신 목사님이 부럽다."

제주도에서 옥한흠 목사님이 목회자들 수십 명과 함께 식사를 한 적이 있다. 그때 나도 그 자리에 있었다. 그날 뜻밖에 같은 식탁에서 목사님과 마주 앉아 식사를 했다. 목사님을 개인적으로 뵙게 된 첫날이다. 나는 그때 제자훈련 세미나에 참석해 훈련을 받고 그것을 교회에서 힘차게 적용하는 중이었다. 전도지를 들고 나가 복음을 전하는 전도 현장의 기쁨과 사람을 세우는 목회의 기쁨과 제자훈련이 목회 현장에서 얼마나 큰 힘이고, 기쁨이고, 생명인지를 전해 드렸다. 목사님은 빙긋이 웃으며 들어 주셨다. 그다음 주일 설교 시간에 목사님이 내 얘길 하셨다고 들었다. 우리 교회 권사 수도 안 되는 작은 교회의 젊은 목사가 내 기를 다 죽여 놓았다고 농담을 하면서 당신을 통해 흘러간 제자훈련이 목회 현장에서 어떻게 살아 움직이는지를 예로 든 것이다.

그 후 목사님은 나를 볼 때마다 따뜻하게 손을 잡고 격려해 주셨다. 「파이프 행복론」을 출간했을 때다. 어느 날 전화가 왔다. 깜짝 놀랐다. 목사님 전화를 처음 받은 날이다. 책을 읽었다고 하시면서, 조 목사는 그쪽에도 은사가 있는 것 같은데 글로도 한국 교회를 섬기라는 뜻밖의 분에 넘치는 격려를 받았다. 「말의 힘」을 출간했을 때도 전화로 격려해 주셨다. 며칠 전 새 책이 나왔지만 이번에는 전화를 받지 못할 것 같다. 이제 다시는 마음이 따듯한 목사님의 격려 전화를 받을 수 없다는 것이 많이 아쉽다.

큰 재난이 나서 구호를 나갈 때 급하면 목사님께 연락을 했다. 그러면 목사님은 고생이 많다고 하면서 건강 잘 챙기라는 당부와 함께 교회를 통해 즉각 수만 달러를 지원해 주셨다. 옥한흠 목사님 하면 제자훈련이라는 인식이 너무 강렬해서 어려운 사람들을 향한 목사님의 마음은 상대적으로 잘 알려져 있지 않은 것 같다. 내가 아는 목사님의 마음은 늘 어려운 사람들에게 있었다. 2003년 캄보디아에서 김정영 선교사와 이야기를 나누다가 목사님이 캄보디아의 고아와 어려운 아이들을 많이 생각하시는 것을 알게 되었다. 목사님은 고아와 어려운 아이들을 위해 개인적으로 수만 평의 대지를 구입해 주시기도 했다.

목사님은 만날 때마다 우리 교회 상황을 물었다. 어쩌면 우리보다 우리 예배당 걱정을 더 많이 해준 분이다. 내게만 그러신 것이 아니었다. 누구를 만나도 그 교회 사정을 묻고, 또 함께 마음을 써주고 격려해 주었다. 지난 6월, 그 불편하신 몸으로 우리 교회를 위해 사랑이 가득 담긴 글을 써 보내 주셨다. 한글로 이름을 쓴 목사님의 사인을 다시 펼쳐본다. 그 마음을 보고 또 본다.

옥한흠 목사님은 한국 교회 목사님이었다. 한국 교회를 뜨겁게 사랑했던 목사님이다. 너무나 사랑했기 때문에, 그 사랑하는 교회가 사람들에게 조롱과 조소를 받는 것을 보고 잠을 이루지 못하며 안타까워한 분이다. 때로 한국 교회가 목사님에게 큰 짐이 되어 숨을 쉴 수 없을 정도로 목사님을 내리누르기도 했다. 목사님은 한국 교회를 품에 끌어안고 사셨다. 사랑의교회 목회만 하셨다면 그렇게 아파하지 않아도 되었을 것이다.

목사님이 목회자들에게 한 설교 초반에는 한국 교회의 실상과 한국 교회를 향한 따가운 질책이 들어 있다. 이러면 안 된다고 절규한다. 설교가 중반을 넘어 끝을 향하면 우리에게는 예수 그리스도가 있다, 예수가 소망이라고 예수를 전한다. 예수가 있기에 그래도 교회가 소망이라고, 우리 다시 일어나 교회를 세우자고 감싸 안으며 설교는 끝난다.

목사님의 소천 소식을 듣고 검은 정장을 입고 집을 나섰다. 대학원을 다니는 큰딸이 전화를 했다. "아빠, 천국에서는 오늘은 기쁜 날이에요. 오늘 하나님이 목사님을 맞으시면서 얼마나 기뻐하시겠어요. 얼마나 많이 칭찬하시겠어요." 슬픔에 차 있는 내게 딸의 입을 통해 하나님이 들려주시는 소리 같았다. "그래요, 하나님. 오늘은 좋은 날입니다. 목사님을 품에 안고 계신 하나님을 바라보며 기뻐합니다."

목사님은 가셨다. 사람이면 누구나 가는 그 길을 떠나셨다. 좀더 사셨다면 하는 아쉬움이 많지만 감사의 기도를 하나님께 올려 드린다. 이 시대에 처음 가졌던 마음으로, 여전한 걸음으로 평생을 살고 죽음의 강을 건넌 사람이 얼마나 될까. 그렇게 사신 목사님이 부럽다. 부름 받은 자리에서 부름 받은 사람으로 충성을 다한 아름다운 모습으로, 하나님과 사람 앞에서 은총과 귀중히 여김을 받으며 이 땅의 생을 마감하고 천국에 입성하는 것은 큰 복이다. 그 큰 복을 받으신 목사님이 부럽다.

"하나님, 제게도 이 복을 허락하옵소서. 교만할 수밖에 없는 조건을 다 갖추고도 겸손을 잃지 않았던 목사님처럼 길을 가게 하소서. 이 길을 가게 하소서. 주님 가신 이 길을 끝까지 가게 하소서."

조현삼 목사 · 서울광염교회

옥한흠_은혜의 발걸음 주철기

2006년 9월 파리신학교에서

"한국 교회를 향한 기도 과제들을 말씀하시며
모든 면에서 절제하시는 모습을 보여 주셨다.
대형 교회가 된 사랑의교회가 순수성을 유지하며
제자훈련이 세계 속에 깊이 뿌리내리기를 희망하셨다."

옥한흠 목사님을 처음 뵙게 된 것은 유엔 근무를 마치고 귀국한 1986년이었다. 당시 개포동에 살게 된 우리는 사랑의교회에 한번 가보라는 주위 권고에 따라, 어느 날 주일예배에 출석하게 되었고 그 첫 예배의 감격으로, 또한 옥한흠 목사님의 설교에 은혜를 받아, 바로 등록하고 이후 열심히 출석하게 되었다. 사랑의교회 테두리 안에서 신앙 성장을 하면서, 매주 설교를 통하여 깨지고, 새로운 결단을 하곤 하였다. 이후 집사람과 함께 제자훈련을 받았고, 사역훈련을 목사님에게 받았다. 이어진 순장사역도 매주 목사님의 가르침에 따라 진행하였고, 서울과 재외 공관을 순회 근무하면서도 목사님의 사랑과 관심을 잊어 본 적이 없다.

양은 목자를 따르며 닮는다. 우선 목사님은 하나님 사랑의 뜨거운 열정과 성도를 향한 큰 사랑, 그러면서도 절제가 강하신 목자이셨다. 이는 예수 그리스도의 모습의 일부이기도 하다. 무릇 제자는 그리스도의 형상을 닮아 가기 때문에 제자훈련을 거치며 많은 사람이 인격 변화와 신앙 성숙을 체험했다. 젊었을 때, 냉정하고 출세 지향적이었던 나도 제자훈련을 통하여 조금씩 인격이 변하게 되었다.

목사님은 해외에 나가는 성도들에게 무엇보다 현지 교회를 잘 섬기라고 당부하곤 하셨다. 세계 어느 곳에서 근무하든지, 사랑의교회 교인으로서 부끄러운 행동을 않으며, 내가 속한 예배 처소에서 화평자의 역할을 조금이라도 하였다면, 이는 목사님의 가르치심으로 나타난 영향일 것이다.

목사님은 해외 선교에 특히 큰 정성을 기울이셨다. 예컨대 둘로스 선교선에 탑재할 자동차가 한 대도 없는 절박한 상황에서 현지 단장으로부터 급한 지원 요청이 왔을 때, 목사님은 그 필요성을 즉시 인정하고 상당한 수의 지프차를 구입토록 지원하셨다. 그 차가 얼마나 유효하게 선교 사역에 잘 쓰이고 있는가 하는 것을 둘로스 선을 방문할 때마다 목격할 수 있었다. 연변과학기술대학에 대한 아낌없는 지원도 목사님의 선교 비전의 구현이며, 이는 지금까지도 그랬지만 앞으로 더 큰 열매를 맺을 것으로 믿는다. 이와 같은 선교의 결실은 교회의 세계선교부를 통한 선교 영역 확장, 사단법인 한국국제구호문화협력회를 통한 대외 지원 여건 확충 등 말할 수 없이 많다.

내가 주 프랑스 대사 재직 시절인 2006년에는 현지 사역자들과 협력하여 「평신도를 깨운다」 불어판을 발간하고, 번역 출판을 계기로 목사님이 파리에 오셔서 프랑스 개신교 대표 목사님들과 회의와 교제 시간을 가졌다. 목사님은 파리 인근 보쉬르센느신학교에도 가서서 신학생들을 대상으로 강연 및 교제를 하셔서, 연약해진 교세지만 자부심은 강한 현지 개신교계와 협력 기반을 쌓으셨다. 그때 목사님 내외분을 파리 관저에 모시는 기쁨을 누렸다. 몸이 불편하신 가운데서도 최선을 다해 활동하셨고, 현지 장로교회에서 두 차례 설교를 통하여 파리 교민들에게 큰 감화를 끼치셨다.

2006년 말 공직을 그만두고 인생 후반전을 새로 구상해야 했을 때, 목사님께서는 따뜻이 격려해 주셨다. 이어 장로로서 국제제자훈련원을 담당하면서 때로 목사님을 뵐 때마다 늘 건강이 좋지 않으신 어려움 가운데서도 따뜻하게 맞아 주셨고, 한국 교회를 향한 기도 과제들을 말씀하시며 모든 면에서 절제하시는 모습을 보여 주셨다. 대형 교회가 된 사랑의교회가 순수성을 유지하며 제자훈련이 세계 속에 깊이 뿌리내리기를 희망하셨다.

목사님의 기도는 우리 생활에 늘 힘이 되었다. 시기적으로 사회정의 구현이 필요하며, 특히 한국 교회가 성장의 좌초라는 위기감 속에 새롭게 일어나야 할 때인데…. 세계 선교의 폭이 한 단계 더 넓고 더 광역적으로 잘 조직되어야 할 때인데…. 북한 정세의 심각성 속에 남북한 관계 등에 새로운 국면이 올지도 모를 변혁의 시대인데….

한국 교회와 사랑의교회는 목사님의 영적 유산을 바탕으로 새롭게 일어나야 한다. 제자훈련의 기치를 세계 끝까지 들고 나가야 한다. 우리 성도들은 각자 인생의 시한 속에서 최선을 다해 그리스도의 제자로 후회 없는 삶을 살아야 한다. 그리고 때가 되면 우리 모두 천국에서, 예수님 곁에서 다시 만나리라.

목사님은 복음 전파와 제자 양성의 불타는 삶을 주 안에서 살아오셨다. 이제는 주 곁에서 상급이 크실 것이다. 제자 된 우리 모두는 주 안에서 새로운 영생의 교제를 하게 될 것이다. 목사님의 인생을 회고하면서 다니엘서의 예언을 떠올린다. "지혜 있는 자는 궁창의 빛과 같이 빛날 것이요, 많은 사람을 옳은 데로 돌아오게 한 자는 별과 같이 영원토록 빛나리라"(단 12:3).

주철기 사무총장 · 유엔글로벌콤팩트 한국협회

옥한흠_은혜의 발걸음 지형은

2003년 가을 특별새벽부흥회에서

"사랑의교회가 점점 커져 가면서도 옥한흠 목사님의 순수한 열정은
윤색되거나 퇴색하지 않는 것이 참으로, 참으로 감사했다!
교계 후배로서 진짜로 눈물이 날 정도로 감사했다!
바라보고 걸어갈 선배가 계시다는 것이, 그분은 나를 알지 못해도,
후배로서는 얼마나 고마운 일인지!"

신학공부를 하면서 하나님의 말씀에 늘 관심이 많았다. 하나님께서 이런저런 기회를 통해서 말씀이 중요하다는 도전을 주셨다. 여러 종류의 성경공부를 시도해 보았고 성경공부에 대한 책도 많이 읽었다. 그러면서 점점 더 와 닿는 확신은 말씀이 삶을 변화시켜야 한다는 것이었다.

말씀에 대한 도전과 더불어 '한국 교회가 이대로는 안 된다'는 생각이 늘 내 신학적 사고를 따라다녔다. 교회 갱신은 점점 내 신학공부의 중심이 되었다. 신학공부를 시작하고 중간에 군복무하고 제대하고서 대학원까지 공부할 때가 70년대 후반부터 80년대 중반이었다. 사실 그때는 한국 교회가 양적으로 크게 성장하던 때다.

어떤 계기로 갱신이라는 주제가 내 신앙과 신학에 깊이 자리하게 되었는지 기억은 정확하지 않다. 신앙인들의 삶의 모습과 교회 사역의 현실적인 모습을 보면서 '이건 아닌데' 하는 생각을 많이 갖게 되었을 게다. 젊은 신학도라면 누구나 한 번쯤 거치게 되는 신학적 비평 의식이 그저 통과의례로 지나가지 않고

좀더 깊은 신학적 사고로 이어지면서 신앙과 교회의 본질에 대한 열망으로 이어졌을 것이다.

대학원 3학기 때였다. 조직신학을 전공하면서 졸업논문을 구상하고 있었는데 '교회론'을 다뤄야겠다는 생각이 들었다. 그때 한스 큉의 저 유명한 「교회」를 읽기 시작했다. 다는 아니지만 내가 그동안 고민하며 갈망했던 신앙과 교회의 본질적인 부분이 보이기 시작했다. 처음부터 '현실 교회'를 다룬다는 큉의 교회론에서 교회 갱신이란 주제가 신학적으로 명백해지기 시작했고, 오랜 갈증이 해소되었다. 깊고 해박한 성경 지식과 교회사에 대한 정확한 통찰을 근거로 하여 큉은 교회를 하나님의 백성, 그리스도의 몸, 성령의 피조물로 규명한다. 그러나 논문을 완성할 무렵, 큉의 교회론에도 가톨릭의 한계가 있음을 보게 되었다.

석사학위를 마친 뒤 바로 독일로 가려던 계획이 바뀌어 강원도 대관령으로 목회하러 내려갔다. 신앙생활과 현실 교회의 문제는 거의 대부분 교회론에 걸려 있다는 생각이 목회 현장에서 여러 가지로 연결되는 것을 체험했다. 시골 교회였지만 교회는 크든 작든, 서울에 있든 시골에 있든 본질적으로 같은 신앙 현상을 갖고 있다는 것을 관찰했다. 글도 모르는 분도 계셨고 교육을 거의 받지 못한 분도 계셨지만, 대관령 지역에서 몇 년 목회를 하면서 성경 말씀을 읽고 묵상하며 나누는 걸 중심으로 목회했다.

그러던 중에 옥한흠 목사님의 책 「평신도를 깨운다」를 만났다. 옥한흠 목사님이 주관하시는 훈련에 직접 참여한 적은 없지만, 이 책을 읽으면서 마치 오랫동안 서로 얘기를 나누던 분을 만나는 듯한 느낌이었다. 책을 읽으면서 무릎을 치며 감동했다. 한국 교회의 미래가 희망으로 이어지리란 확신이 들었고 하나님의 백성이 일어서는 것을 보았다. 성경적 교회론을 기초해서 평신도를 깨워야 한다는 현장 체험의 갱신론은 한국 교회의 출구를 가리키고 있었다.

한번은 서울에 왔다가 친구 목사를 만났다. 친구가 '평신도를 깨운다 제자훈련 지도자 세미나'에 참여했다는 얘기를 하기에, 한참을 같이 얘기했다. 나는 열심히 묻고 친구는 세미나에 대해 얘기했다. 친구 얘기를 듣고서 교회론과 교회 갱신에 대한 내 생각도 얘기했다. 신학적 사고가 깊은 친구였다. 현장에 대한 열정, 특히 선교적 헌신이 분명한 친구였다. 둘이서 오랫동안 얘기하면서 나는 옥한흠 목사님을 마치 오래전에 만나 뵌 듯한 느낌을 다시 한 번 가졌다.

1990년대 후반에 국민일보에서 종교 담당으로 일한 적이 있다. 몇 개월 데스크로 있다가 논설위원으로 1년 반 정도 일했다. 데스크로 있을 때 같이 뛰는 기자들에게 국민일보 종교 지면은 한국 교회의 갱신에 초점을 맞춰야 한다고 강조했다. 진실한 마음으로 예수 그리스도의 십자가 위에 세워진 교회를 사랑하고 복음의 영향력이 사회 전체를 이끌어야 한다고 생각하는 사람들, 그런 생각과 그들의 삶이 하나 되는 교회들과 활동들을 지면에 모아야 한다고 말했다.

그때 한국기독교목회자협의회(한목협)가 출범했다. 옥한흠 목사님의 아름다운 영향력을 기자 입장에서 바라보면서 참 행복했다. 그때가 한국의 일반 언론이 교회 문제를 많이 다루기 시작한 시기였다. 한번은 신문에 칼럼을 쓰면서 앞으로 한국 교회를 보려면 한목협을 주목해야 한다고 썼다. 옥한흠 목사님의 설교와 책은 늘 내게 기쁨이었고 생수였다. 사랑의교회가 점점 커져 가면서도 옥한흠 목사님의 순수한 열정은 윤색되거나 퇴색하지 않는 것이 참으로, 참으로 감사했다! 교계 후배로서 진짜로 눈물이 날 정도로 감사했다! 바라보고 걸어갈 선배가 계시다는 것이, 그분은 나를 알지 못해도, 후배로서는 얼마나 고마운 일인지!

2007년 7월 8일 상암동월드컵경기장에서 열린 한국교회 대부흥 100주년 기념대회에서 옥한흠 목사님이 설교하셨다.

"요한계시록에 나오는 사데교회는 오늘의 한국 교회 실상을 들여다볼 수 있는 거울이라고 저는 생각합니다. 솔직히 저는 이 말씀을 전하고 싶지 않았습니다. 우선 제가 너무 부담스러운 말씀이고, 듣기에 거북한 말씀이고, 기분이 좋지 않은 말씀이기 때문입니다. 그래서 저는 이 말씀 전하고 싶지 않아서 꽤 고집을 피웠습니다마는 주님은 밤낮 이 말씀에만 매달리도록 종을 몰아붙였습니다. 그러므로 설교자가 전하고 싶어서 전하는 말씀이 아님을 알아 주시기 바랍니다. 오른손에 일곱 영과 일곱 별을 가지신 예수 그리스도께서 한국 교회를 위해서 주시는 말씀이라고 저는 믿습니다. 사데교회를 향해서 주님은 이렇게 책망하십니다. '내가 네 행위를 아노니 네가 살았다 하는 이름은 가졌으나 죽었느니라.' … 저는 사데교회를 보면서 오늘의 한국 교회를 보는 것 같다는 불안을 감출 수 없습니다."

이 설교를 듣고 어떤 사람들은 "그래도 한국 교회의 축제인데 그렇게 찬물을 끼얹을 수 있느냐"고도 했다. 그러나 나는 그때 거기에 앉아 설교를 들으면서 눈물이 났다. 한국 교회 역사에 길이 남을 설교였다. 구약의 많은 예언자들, 신약 시대의 많은 하나님의 사람들, 이천 년 기독교 역사의 거룩한 사람들, 그리고 그때 또 한 분의 예언자가 말씀하고 계셨다!

가까이서 모시면서 목회를 배우거나 삶을 나누지는 못했어도, 목사님은 내 신앙과 신학과 목회의 스승이시다. 목사님께 이렇게 배운 사람들이 이 땅에 많으리라.

지형은 목사 · 성락성결교회

"결국 가로막는 것은 나 같은 존재입니다.
차라리 큰 교회를 하지 말고 시골에 있는 작은 교회를 한다면
아무도 모르는 사람이니까 가만히 있다가 죽어도 좋고 자기 교회만 하다가
죽어도 좋지만 제 입장은 이미 노출이 되었기 때문에 책임이 있는 겁니다.
그래서 가만히 있다는 것은 비겁한 일이고 하나님 앞에서도
죄를 범하는 일인지도 모르겠다는 생각에 제 자신이 생각을 바꿨고
저의 뜻을 조금씩 나누고 보니까 한 가지 놀라운 일이 있었어요.
너무나 참신한 마음을 가지고 똑같은 걱정을 하는 사람들이
주변에 생각 외로 많다는 것입니다."

'약한 데서 심히 큰 능력' 중에서

옥한흠_은혜의 발걸음 **최종상**

2007년 7월 둘로스호 인천 입항식에서

> "목사님은 예수님을 사랑하고,
> 예수님을 위해 미쳐야 하는 것을 삶으로 가르쳐 주셨다.
> 진실하게 말하는 것, 감(減)하여 말하고 가(加)하여 말하지 않아야 하는 것을 가르쳐주셨다.
> 주님 일은 매사에 최선을 다하는 본을,
> 사람에게는 진심으로 대하는 본을 보여 주셨다."

1987년 8월 30일이었다. 그날은 하용조 목사님이 옥한흠, 홍정길, 이태웅 목사님을 모시고 완공된 온누리교회를 보여 드리는 날이었다. 홍정길 목사님은 런던에서 신학공부를 마치고 막 귀국한 내게 인사도 드릴 겸 같이 가자고 하셨다. 인사만 드리려던 나는 목사님들과 자리를 끝까지 하게 됐다. 낄 자리가 아니었기에 불편한 게 사실이었지만 그분들이 나누는 교제와 대화의 폭을 보면서 많은 것을 느끼고 배우는 축복의 시간이었다. 이 자리에서 '이방인'인 나에 대한 이야기부터 나왔다. 영국에서 교환교수를 마치고 막 귀국한 이태웅 목사님의 제안과 하용조 목사님의 적극적 지지로 목사님들은 나에게 런던으로 돌아가 박사 공부를 시작하라고 조언해 주셨다. 참으로 감사했다. 하지만 나는 이미 결정한 대로 둘로스로 가서 선교 사역을 계속하고 싶다고 극구 사양했다. 당시 나를 전혀 모르셨던 옥한흠 목사님은 잠자코 이야기를 듣고만 계셨다.

"최 선교사, 박사 공부를 시작하지 그래." 점심식사 후 앞서 걸어가시던 목사님이 걸음을 늦추고 나를 기다리시더니 이 말씀을 하셨다. 내게 처음으로 건네신 말씀이다. 이렇게 지원해 주는데 왜 안 하느냐는 말씀으로 들렸다. 그러나 목사님은 둘로스를 향한 내 굳은 의지를 확인하시고는 "둘로스로 갈 선교비는 다 준비되었소?"라고 물으셨다. 그해 11월 27일, 우리 가족은 둘로스를 탔다. 사랑의교회는 그때부터 지금까지 재정 지원을 지속해 주고 있다. 런던에서 공부한다고, 목회한다고, IMF 외환위기라고 후원을 끊은 교회도 있었지만, 사랑의교회는 꾸준했다. 목사님의 사랑 덕분이다.

목사님과의 관계는 후원 교회 담임목사와 협력 선교사로 시작되었지만, 곧 목사님은 나에게 가장 자상한 멘토가 되셨다. 선교사로 늘 해외에 있었던 나는 목사님을 뵐 기회가 많지 않았다. 그러나 목사님의 통찰력과 자상함, 균형, 한번 말씀하신 것은 꼭 지키시려는 신실함을 경험하면서 나는 자연히 중요한 일들을 상의하고 싶어졌다. 무척이나 바쁘셨을 텐데도 귀국할 때마다 만나 주시고, 전화 받아 주시고, 편지와 이메일을 직접 써주시기도 하셨다.

돌아보면 내가 중요한 결정을 내릴 때마다 목사님의 조언이 없었던 적이 없다. 아내의 건강 때문에 둘로스에서 내려야 했을 때도, 그래서 결국 박사 공부하러 갈 때도, 공부를 마치고 모교에 교수로 남을 때도, 런던 근교 이스트버리 영국인 교회를 개척할 때도 그랬다. 소수의 영국 성도들이 개척해 달라고 한다는 보고를 드렸을 때는 "그건 신 마케도니아 환상이구만. 영국인 교회를 개척해서 한국 교회가 진 복음의 빚도 갚고, 쓰러져 가는 영국에 모델 교회를 세워 봐. 우리가 기도할게"라고 말씀해 주셨다.

그런데 정작 내가 둘로스 단장으로 초청을 받고 기도와 조언을 부탁드렸을 때는 묵묵부답이셨다. 목사님이 한국OM선교회 이사장이시기에 더욱 의견을 들어야 할 사항이어서 재차 이메일을 드렸지만 대답이 없으셨다. 나는 다른 분들과 후원 교회들의 조언을 종합하고, 또 기도한 후 단장직을 수락하기로 최종 결정했다. 그로부터 며칠 후 귀국한 길에 목사님께 인사를 갔다. 둘로스로 가기로 결정하고 그 내용을 통보했다고 말씀을 드렸다. 목사님이 자리에서 벌떡 일어나시더니 집무실을 왔다 갔다 하시면서 좋아서 어쩔 줄 몰라 하셨다. 아내와 나는 의아해하면서 "목사님, 이렇게 좋아하시면서 왜 둘로스로 가라고 미리 말씀해 주지 않으셨습니까?"라고 여쭸다.

"나야 가길 바랐지. 하지만 아이들 놔두고 가는 게 쉬운 일인가. 또 둘로스 생활은 얼마나 힘들고, 단장 역할은 얼마나 짐이 무겁겠어. 선교사 부부가 주님 앞에서 결단하고 가야지, 내 말에 무게가 실려서 간다면 안 되지 않겠어? 잘 결정했어." 나와 아내는 목사님의 깊으신 생각에 진한 감동을 받았다.

출국에 앞서 2004년 8월 18일 사랑의교회 수요 저녁예배 때 둘로스 단장 취임 감사예배를 드리기로 했다. 당연히 목사님께 설교를 부탁드렸다. 목사님은 오히려 내가 설교해야 한다고 하시면서, 당신은 그날 선약이 있어 참석조차 어려울 거라 하셨다. 그러나 정작 예배 당일 교회에 계시는 것이 아닌가. 약속을 바꾸신 것일까, 아니면 처음부터 먼발치에서 축복해 주려 하신 것일까 여러 생각이 지나갔다. 예배에 참석하신다면 격려사를 해달라고 부탁드렸지만 목사님은 안 된다고 하셨다. 은퇴 후 쉽게 단에 서지 않으시려는 결심에서 그러셨던 줄도 모르고 사회를 맡은 목사와 나는 강권했다. 마지못해 5분만 서시겠다고 했다. 목사님의 따뜻한 격려와 축하와 당부의 말씀은 5분을 넘어 끊일 줄 몰랐다. 결국 "격려사가 설교보다 길게 생겼으니 이제 내려가겠다"는 말씀으로 마치셨다.

이렇게 시작된 5년간의 둘로스 단장 사역을 마치고 인사를 드리러 갔을 때다. 그간의 보고를 간단히 마치고 향후 영국에서 시작할 사역으로 이야기가 이어졌다. 신학교를 졸업한 영국인 20명을 모집하여 교회 개척학교를 시작하려 한다는 것과 함께 여러 구상을 말씀드렸다. 목사님은 "이 사역은 너무도 중요하기 때문에 처음에 10명밖에 안 온다 해도 실망하거나 포기하지 말고 반드시 시작하라"고 격려해 주셨다. 영국과 유럽 교회를 소생시키는 일을 하게 해달라고 우리 부부를 위해 기도해 주셨다. 목사님의 그 당부와 기도를 잊을 수 없다.

옥한흠 목사님은 부족한 나를 믿어 주신 것 같다. 2003년 8월 6일 런던으로 전화를 주셨다. 사랑의교회 창립 25주년 기념으로 제자훈련 페스티벌을 계획하는데, 이때 교회사, 선교, 설교, 목회 등 여러 관점에서 본 제자훈련에 대해 학술집을 내어 이론적 근거를 마련하고자 하신다고 하셨다. 이미 여러 학자와 목회자에게 기고문을 청탁한 상태였지만, 신학적 관점에서 본 제자훈련이 들어가지 않으면 심장 없는 몸과 같다는 것을 뒤늦게 알았다 하시면서 이 부분을 내게 부탁하셨다. 제자훈련이 성경에 근거한 진리의 하나라고 굳게 믿는 나는 기꺼이 쓰기로 했다. 그때 나온 것이 「제자훈련과 교회」라는 책이다. 페스티벌 학술대회에서는 네 명만 발표했는데 목사님은 내게 첫 순서를 주셨다.

이런 일도 있었다. 런던신학대학에서 김대조 목사가 존 스토트 목사님과 옥한흠 목사님의 로마서 설교를 비교·연구하는 박사논문을 쓰려고 계획하고 있었다. 나는 목사님께 이에 대한 허락과 협조를 부탁드렸다. 그러나 목사님은 절대 안 된다고 말씀하셨다. 당신이 하늘같이 생각하는 존 스토트와 비교될 수는 없다는 것이었다. 평소 옥한흠 목사님의 설교 원리와 방식, 내용을 서양에 알려야 한다고 생각했던 나는 영국에서 박사 논문으로 다루어지는 것이 좋겠다고 말씀드렸다. 내가 지도교수는 아니지만 지켜보며 돕겠다고 말씀드렸더니 "그러면 유(you)가 알아서 해. 유가 봐 준다면 안심을 하지"라며 허락해 주셨다. 그로부터 몇 년 후 내가 이 논문의 심사위원이 되었다고 말씀드렸을 때 목사님은 한결 마음을 놓으셨고, 후에 이 연구를 흡족해하셨다. 이 연구로 옥한흠 목사님은 존 스토트 목사님과 대등한 동양의 설교가로 서양에 알려지게 되었다.

1994년 영국에서 '네트워크 94'라는 국제OM선교회 선교전략회의가 열렸다. 한국OM선교회 이사장이셨던 목사님은 개회예배 설교를 위해 사모님과 함께 오셨다. 미국에서 오정현 목사님 부부도 오셨다. 회의를 마친 후 런던으로 돌아와 호텔을 마련해 드렸다. 하루를 지내신 목사님은 우리 집으로 옮기면 안 되겠느냐고 조심스레 물으셨다. 큰 도로변이어서 너무 시끄러워 한숨을 못 주무셨다고 하셔서 송구했다. 우리 집에는 이미 오정현 목사님 부부가 와 계셨다. 우리 가정은 두 분 목사님 부부를 일주일간 모시는 축복을 받았다. 목사님은 두 살짜리 막내 은지의 친구가 되어 주셨다. 안경을 코끝에 걸치시고 아이와 눈을 맞추시기 위해 엉금엉금 기면서 은지와 며칠이고 놀아 주셨다. 은지의 바지 양쪽 주머니에 큰 성경을 넣으시고는 아이가 겨우 일어나 뒤뚱거리는 모습을 보고 파안대소하시기도 했다. 한번은 귀국길에 인사를 갔더니 세 딸의 안부를 물으셨다. 같이 귀국했다는 것을 들으시고는 다시 날짜를 잡으셨다. 며칠 후 아이들은 목사님이 사주시는 맛있는 음식을 먹으며 행복해했다.

지난해 10월에는 목사님을 두 번 찾아뵀다. 처음에는 둘로스 사역을 마치고서였고, 두 번째 만남은 목사님을 웃겨 드리고 싶다고 말씀을 드리고 약속을 잡았다. 하지만 아내와 나는 준비한 유머를 하나도 못 쓴 채 오히려 목사님의 유쾌한 유머를 듣고 왔다. 그날 목사님은 많은 시간을 할애하여 어떻게 예수님을 섬겨야 하는지를 뼈 있게 말씀하셨다. 믿음만 강조하다가 구원받은 성도가 해야 할 착한 행실, 거룩한 삶의 행동을 강조하지 못한 것은 개신교의 실수라고 단언하셨다. 예수님의 제자는 인격을 다듬고 성품을 성숙시켜야 한다고 강조하셨다.

선교와 한국 교회에 대해서도 말씀해 주셨다. 보통 30분 앉아 계시는 것을 힘들어하시던 때였는데, 그날은 1시간 가까이 앉아 계셨다. 편하고 즐거우셨던 것 같다. 하지만 나는 내심 댁에 돌아가셔서 힘드실 텐데 하는 걱정이 됐다.

그런데 이 만남이 목사님과의 마지막이었다.

나는 목사님으로부터 성경을 단 한 시간도 배운 적이 없다. 사랑의교회 교인도, 파송 선교사도 아니다. 자주 만나 뵌 것도 아니다. 그러나 목사님은 나의 스승이시다. 나는 부족하지만 목사님의 제자라고 자부한다. 아니, 목사님이 빚어내고자 했던 제자 중 하나가 되고 싶다. 목사님에게서 많은 것을 배우고, 많은 사랑을 받았기 때문이다.

목사님은 예수님을 사랑하고, 예수님을 위해 미쳐야 하는 것을 삶으로 가르쳐주셨다. 진실하게 말하는 것, 감(減)하여 말하고 가(加)하여 말하지 않아야 하는 것을 가르쳐 주셨다. 주님 일은 매사에 최선을 다하는 본을, 사람에게는 진심으로 대하는 본을 보여 주셨다. 한 영혼을 소중히 여기는 것과, 남의 유익을 생각하여 말을 아끼고 넣어 두는 것을 가르쳐 주셨다. 한쪽을 강조해야 할 때는 다른 쪽도 언급하여 균형을 맞추려는 모습을 보여 주셨다. 늘 선교를 잘 모른다고 말씀하시면서도 선교에 적극적이셨다. 형식과 가식과 허세가 없으신 분이다. 당신의 사람을 만들려고 하지도 않으시고, 모두가 하나님 나라에서 쓰임 받는 예수님의 제자가 되기를 바라시고, 그 길을 열어 주려고 노력하신 분이다.

이제 목사님에게서 배운 것을 더욱 실천해 가야겠다. 목사님이 하시던 일을 이어 가야겠다. 그래서 또 다른 사람이, 목사님이 발견하여 경험으로 입증한 예수님의 제자훈련 원리대로 살도록 도와야겠다.

목사님, 감사했습니다. 이제 편히 쉬세요.

최종상 선교사 · 전 둘로스 선교선 단장

"여러분, 옥 목사는 참 못된 사람입니다.
여러분이 몰라서 그렇지요. 우리 집사람에게 가서 물어보세요.
얼마나 못됐는지. 그런데 내가 그래도 이만큼 목사 수명을 유지하는
이유가 뭔지 아세요? 제자훈련 때문이에요.
내가 평신도 때문에 어마어마하게 도전받은 거예요.
'평신도가 이렇게 되는데 내가 목사면서 이래서 되겠나?'
그러니까 평신도 앞에 맥을 못 추는 거예요.
이게 내 심정이에요."

'제자도' 중에서

옥한흠 _은혜의 발걸음 **최홍준**

1985년 사랑의교회 마당에서 교역자들과 함께

> "목사님의 죽음은 마침표가 아니며 천국에서의 영원한 쉼표이기에,
> 한국 교회를 향한 목사님의 희생과 눈물로 깨어난
> 수많은 예수님의 신실한 제자들이 오고 오는 세대로 이어져
> 강이 되고 바다를 이룰 것입니다. 그리고 기대합니다.
> 주님께서 한국 교회를 위해 제2, 제3의 옥한흠을 주실 것을."

목사님! 지금 이 자리에 있는 우리 모두는 아직도 목사님의 소천을 실감하지 못하고 있습니다. 바로 이 강단에서 혼신을 다하여 설교하시던 목사님의 모습이 생생할 뿐입니다. 당신은 하나님께서 이 땅의 교회를 보시고 한탄하시며, 이 땅의 교회를 긍휼히 여기시어 주님의 몸 된 교회를 갱신하기 위해 보내 주신 특사였습니다. 우리는 지금도 기억합니다. 상암월드컵경기장에서 "주님, 이놈이 죄인입니다" 하신 목사님의 절규와 3년 전 부산 해운대 백사장 집회 때 "주여, 우리를 살려 주옵소서" 하셨던 그 외침을 우리는 결코 잊지 못할 것입니다.

목사님! 목사님은 저의 스승이며, 형님이시며, 멘토이시며, 친구셨습니다. 제가 처음 사랑의교회 전신인 강남은평교회에 부름 받아 왔을 때엔 함께 심방도 가고, 새벽예배 후 함께 탁구도 치며 운동을 했었지요. 그땐 다들 건강했었지요.

제가 7년차 시무하던 해에 부산에서 청빙을 받았다는 것을 아시고 가라고 하셨을 때 한편 서운한 마음이 있었지만, 저를 보내기로 결정하시고 사흘이나 밤잠을 설치셨다는 이야기를 듣고 섭섭한 마음이 풀렸습니다.

목사님은 그때 제가 부산으로 가야 하는 이유를 두 가지 말씀하셨습니다. "제자훈련이 전통 기성 교회에 접목이 되어야 하지 않는가! 난 개척 교회에서 했으니 당신은 전통 교회에 그 해답을 줘야 하네. 그리고 자네가 지금은 부목사로 평생 섬기는 것이 좋다고 하지만 50대가 되면 그렇지가 않아. 그땐 갈등할 거야." 진정으로 후배를 생각하는 따뜻한 마음이 가슴에 스며드는 순간이었습니다. "그리고 정 못 있겠으면 다시 돌아와"라고 말씀하셨을 때, 딸을 시집보내는 부모의 마음이 이런 것이겠구나 하는 생각을 했었지요.

그 후 사역으로 제가 힘들어할 때면 목사님께서 더 마음 아파하시며 "목회는 인내야. 성령 하나님은 당신 편이니까 원리를 붙잡고 힘내" 하며 격려하셨던 진정한 멘토셨습니다.

목사님! 이 자리에 모인 우리는 더 이상 목사님을 뵐 수 없다는 사실에 너무 마음이 아프고 슬프지만 목사님께서 하나님이 맡겨 주신 사명을 충분히 감당하셨기에 그렇게도 사랑하고 좋아하시던 주님을 만나 영원한 나라에서 하나님께 영광을 돌리실 목사님을 생각하며 애써 위안을 받습니다.

목사님의 죽음은 마침표가 아니며, 천국에서의 영원한 쉼표이기에, 한국 교회를 향한 목사님의 희생과 눈물로 깨어난 수많은 예수님의 신실한 제자들이 오고 오는 세대로 이어져 강이 되고 바다를 이룰 것입니다. 그리고 기대합니다. 주님께서 한국 교회를 위해 제2, 제3의 옥한흠을 주실 것을.

목사님! 개인적으로 하고 싶은 말이 남아 있습니다. 제가 올해 목사님의 뒤를 따라 65세에 은퇴하게 되면 형님이라고 부르려고 작심했는데 결국 그 말을 듣지 못하고 떠나가셨네요! 형님, 형님, 옥한흠 형님, 이제 누구와 상의하고, 누구와 마음을 나누어야 하나요….

형님, 이제 안식하십시오.

우리 후배 제자들이 형님의 사역을 계승하여 천국에서 형님과 부끄러움 없이 해후할 것을 약속합니다.

최홍준 목사 · 호산나교회

옥한흠 _은혜의 발걸음 하용조

2004년 2월 국제제자훈련원 사역센터 개원 기념예배에서

"한국 교회의 큰 바위 얼굴이셨습니다."

옥한흠 목사님은 소리 없는 큰 바위 얼굴이셨습니다. 그리고 우리 목회자들의 영원한 멘토였습니다.

목사님이 없는 한국 교회는 그 빈자리가 너무 큽니다. 우리 곁에 계실 때는 몰랐는데, 천국으로 가셨다는 소식을 듣는 순간 나의 숨도 멈춘 듯했습니다.

목사님의 지나온 생애를 돌이켜 보면 눈물도 나고 웃음도 납니다. 목사님은 머리카락 한 올도 흩어지는 법이 없었습니다.

목사님의 사무실과 서재는 언제나 정돈되어 있었습니다. 목사님의 설교는 복음과 열정으로 가득 차 있었습니다.

목사님은 강대상 위에서나 아래에서나 삶이 항상 일치하셨지요. 하나님께서 당장이라도 오라고 부르시면 언제든지 달려갈 신부처럼 사셨습니다.

목사님은 어머니처럼 포근하면서도 아버지처럼 엄격하셨고 형님처럼 든든했습니다. 그래서 병중에라도, 숨 쉬고 살아 계시는 것만으로도 감사하고 또 감사했습니다.

목사님은 존재 그 자체가 의미요 기적이요 희망이었기 때문입니다.

그런데 목사님께서 그 모든 것을 뒤로한 채 떠나시니 이제는 그런 그리움도 눈물이 됩니다. 그러나 지금은 우리 차례가 되었습니다.

목사님의 인격과 삶과 뜻을 이어받아 복음의 길을 달려갈 것입니다.

"살아도 주를 위하여 죽어도 주를 위하여"라는 바울의 고백처럼 우리도 그 길을 따르겠습니다.

하용조 목사 · 온누리교회

옥한흠_은혜의 발걸음 한명수

2007년 8월 교갱협 제12차 영성수련회에서

"교단 안에 이단이 잠입하고 그들의 사주를 받은 이들이 횡행할 때
그 쓴 뿌리를 자르고자 함께 노력하던 어느 총회 현장의 뒷방에서,
총회를 걱정하면서 내쉬던 그의 한숨에 나는 앞산이 무너지는 줄 알았다."

나는 옥한흠 목사님을 만나기 전부터 그에 대한 소문을 들어 관심을 갖고 있었다. 지금은 미국 메릴랜드에 있는 배기주 목사님이 은평교회에 시무할 때 일이다. 은평교회 하계수양회에 강사로 갔던 나는 배 목사님에게서 그 교회 전도사로 사역했던 옥한흠 목사님에 대한 특이한 소개를 듣고 관심이 쏠렸다. 배 목사님에 의하면, 옥 목사님은 전도사 시절부터 누구보다도 부지런하고 윗사람에 대한 예의가 깍듯했으며, 개교회를 넘어 한국 교회를 걱정하는 분이었다. 그때 배 목사님은 옥한흠 목사님이 '무슨 일을 내기는 낼 사람 같다'는 생각을 했는데 역시 예감대로 사랑의교회(처음 이름은 강남은평교회였다)를 크게 일으켜 세우더라고 했다.

배 목사님은 귀국할 때마다 나를 찾아오곤 했는데 그때마다 먼저 옥한흠 목사 댁이나 사랑의교회에 다녀온 얘기를 하곤 했다. 내가 왜 거기부터 다녀오느냐고 하면 언제나 하는 말이 한국에 오면 여기저기 다니며 고생하지 말고 자신한테 연락해 달라고 옥 목사님이 간청을 해서 늘 그렇게 됐다고 했다. 배 목사님의 말에서 옥한흠 목사님의 정과 의리, 대인관계의 섬세함을 엿볼 수 있었다.

　사랑의교회가 급성장한다는 소식과 제자훈련이 잘된다는 소식이 신선하게 들리고, 그분이 우리 교단(예장합동)에서는 배우고 본받을 분이라고 생각되어 한번은 전화로 약속하고 만난 적이 있다. 나와의 만남을 진심으로 반가워하면서도 자신은 아무것도 아니라 내놓을 것이 없다 하였다. 지나칠 만큼 겸허한 목사님의 태도에 나는 더 이상 할 말이 없어서 싱겁게 첫 만남이 끝나고 말았다.

　70-80년대 한국 교회 내에서는 교파가 우후죽순처럼 생겨났고, 군사독재에 항거하여 민주화 운동이 한창일 때 일부 대형 교회 목회자들은 소위 어용적 처세로 비판의 대상이 되기도 했다. 당시 옥한흠 목사님은 조용히 제자훈련에 매진하여 한국 교회를 깨워 나가며 정도를 걸었다. 그는 보수적 개혁주의자이면서도 폭넓은 연합 정신으로 모든 교단을 한 울타리 안에 감싸 안았다. 자신이 속한 교단을 비롯해 여러 교단에서 금권과 교권이 연계되어 왕래할 때 교회갱신을위한목회자협의회(교갱협)를 만들어 한국 교회를 바로 세우려고 갖은 애를 쓰셨다.

　교단 안에 이단이 잠입하고 그들의 사주를 받은 이들이 횡행할 때 그 쓴 뿌리를 자르고자 함께 노력하던 어느 총회 현장의 뒷방에서, 총회를 걱정하면서 내쉬던 그의 한숨에 나는 앞산이 무너지는 줄 알았다. 언젠가 내가 목사님께 총회나 총신 등의 조직에 들어와서 함께 일해 볼 생각이 없느냐고 제의했을 때, 그게 무슨 소리냐고 펄쩍 뛰던 모습이 지금도 눈에 선하다.

　2002년 총회장을 역임한 후에 나는 한국 교회 부활절연합예배 대회장을 맡았기에 이듬해 부활절 설교는 직전 회장이 한다는 관례에 따라 내가 설교를 해야 했다. 나는 한걸음에 옥한흠 목사님을 찾아가 설교를 부탁했다.

　나는 세 가지 이유를 말씀드렸다. 첫째는 성도 사이에 옥한흠 목사님이 친숙하게 알려져 있고, 둘째는 옥한흠 목사님이 설교하신다고 하면 성도들이 많이 모일 것이고, 마지막으로 나보다 월등히 설교를 잘하시기 때문이라고 했더니 내 무릎을 아프리만치 치시면서 거절하셨다. 그런 어린애 같은 겸허와 순진성을 그 어디에서도 본 일이 없다.

그래도 한 시간을 매달려 사정한 끝에 허락받고 나니 그렇게 기쁠 수가 없었다. 역시 기대 이상으로 목사님의 설교는 성공적이었고, 지금 돌이켜 봐도 내 생애에 잘한 일 하나가 있다면 옥한흠 목사님께 설교를 부탁하고 또 부탁한 일이라고 생각된다.

목사님이 중환자실에 계실 때 꼭 가서 기도해 드리고 싶었지만 면회가 사절돼 뜻을 이루지 못했는데, 나 역시 담낭이 부패하고 간에 돌이 있다 해서 두 번 대수술을 받고 입원해 있는 중에 그의 소천 소식을 들었다. 방송으로 장례식 생중계를 지켜보면서 한없는 아쉬움과 서운함을 느꼈다.

교단 내 일각에서는 옥한흠 목사님은 교단성이 없다고 비판하기도 하지만 내가 아는 목사님은 교단성이 부족한 것이 아니라 초교단적인 넓은 아량과 한없이 큰 통의 소유자였다.

언제나 성도를 사랑하고 아꼈던 목사님. 목사님은 교단을 넘어 한국 교회의 앞날을 얼마나 걱정하셨던가. 목사님은 늘 선지자적 책무와 예언자적 기풍이 가득 차 있는 분이었다.

지금 목사님이 이 땅에 계시지 않아도 제2, 제3의 옥한흠이 나타나 제자훈련이 더 강력하게 진행되고 교회 갱신도 더 힘차게 이어질 것이라 확신한다.

한명수 목사 · 창훈대교회 원로

옥한흠_은혜의 발걸음 한완상

2006년 1월 한목협 열린대화마당에서

"교회 규모가 커질수록 사랑의 공동체는 어려워지는
이 심각한 모순 앞에서
옥한흠 목사님처럼 진솔하게 고민하고 하나님께 호소하는
눈물의 목자들이 많이 나와야 합니다."

저는 옥한흠 목사님과 긴 얘기를 나눈 적은 없습니다. 그렇지만 그의 설교를 매체를 통해 들었고, 지인 중에 사랑의교회에 열심히 다니는 분들이 있어 그들에게서 제자훈련이라는 독특한 목회에 대해 듣기도 했습니다. 평신도가 교회의 주인이 되어 섬기려고 끊임없이 노력하신다는 얘기도 들었습니다. 한국의 거대 교회가 세습의 거침돌에 걸려 시달릴 때, 그는 빈 마음으로 겸손하고 용기 있게 사랑의교회를 떠났고, 많은 이들에게 큰 감동을 주었습니다.

평양에서 터져 나온 대부흥운동의 100주년을 기념하는 대형 집회에서 그는 한국 교회의 그 엄청난 양적 성장을 승리주의 관점에서 자랑하거나 감사하지 않고, 교회는 비대해졌으나 사랑의 하나님 나라는 커지지 못했음을 통회하였습니다. 목사님의 그 진지한 겸손, 그 고독, 그 고뇌를 멀리서 지켜보면서 저는 한국 복음주의 교회의 앞날이 그로 인하여 밝아질 수 있음을 따뜻하게 느낄 수 있었습니다.

이제 목사님은 떠났습니다. 그가 남긴 복음의 향기가 새로운 동력이 되어 한국 교회를 올곧은 방향으로 변화시키길 기도합니다. 먼저 자신에게 끊임없이 정직해지려고 애쓰는 제2의 옥한흠 목사님이 많이 나오길 기도합니다. 자기에게 정직하다 함은 곧 하나님 앞에서 정직하다는 뜻입니다.

아바 하나님께서는 오늘도 사랑의 능력으로 교회와 세상을 변화시키시기를 원하십니다. 비움과 나눔의 힘으로 살벌한 이 세상에서 공의가 강물처럼 흐르고 평화가 이슬비처럼 내리는 일에 교회가 모범이 되어야 합니다. 이 같은 목회에 이르지 못한 자신의 모습을 보고 항상 부족하게 여기고 진솔하게 고백하는 목자들이 많이 나와야 합니다. 특히 교회 규모가 커질수록 사랑의 공동체는 어려워지는 이 심각한 모순 앞에서 옥한흠 목사님처럼 진솔하게 고민하고 하나님께 호소하는 눈물의 목자들이 많이 나와야 합니다.

저는 때로 목사님의 설교를 접할 때마다, 코미디언처럼 은혜롭지 않게 설교하는 분들의 모습이 겹쳐 떠오르면서, 새삼 목사님의 진지한 말씀에서 큰 은혜를 받았습니다. 왜 오늘 한국의 텔레비전 설교자들(televangelists)은 옥한흠 목사님을 벤치마킹하지 못하는지 안타깝습니다.

오늘 목사님의 소천 소식을 듣고 저는 그의 고뇌와 고독이 바로 갈릴리 예수님의 고뇌였음을 새삼 깨닫습니다. 예수님의 하나님 나라 운동으로 새로운 희망과 용기를 맛본 무리가 구름처럼 몰려들었습니다. 나아가 그들은 예수님을 그들의 왕으로 옹립하려 하였습니다. 이때 예수님은 세속의 메시아나 거대 교회의 왕으로 군림하려 하지 않았습니다. 만일 그가 그런 생각을 순간적으로 했다면, 광야에서 일찍이 예수님을 시험했던 사탄의 유혹으로 믿어 단호하게 그 유혹을 물리쳤을 것입니다. 예수님은 무리를 떠나 홀로 산으로 물러나시어 진지한 자기 성찰에 몰입하시면서 하나님의 뜻을 다시 확인하셨을 것입니다. 하나님 앞에서 자기 속 깊숙한 곳에 있는 승리주의 신앙과 번영신학의 유혹과 진지하게 싸우는 목회자들이야말로 '예수 따름이'가 아니겠습니까.

한 생명의 소중함을, 갇힌 자들과 눌린 자들의 온전해짐을, 가난한 자들과 꼴찌들에게 기쁜 소식을, 모든 억울한 고통을 당하는 생명들에게 아바 하나님의 사랑을 증거하고 실천하는 목회자들이야말로 예수 선교의 목회자들이 아니겠습니까. 그래서 저는 옥한흠 목사님의 고뇌에서 예수님의 향기를 맛보는 듯합니다. 저는 목사님께서 이제 주님 곁에 가시어 그곳에서 주님과 얼굴을 서로 맞대고 오순도순 담소하고 있다고 상상해 봅니다. 그간 세상에서 다 못했던 일, 특히 주님께 다 못해서 아쉬웠던 일, 미안했던 일, 평소 여쭈어 보고 싶었던 일을, 탁 터놓고 주님과 소통하며 기뻐하시리라고 상상해 봅니다.

목사님의 소천은 한국 교회에게는 슬픈 소식이지만 그에게는 새로운 세상과의 기쁜 만남이라 믿습니다. "사는 것도 그리스도니, 죽는 것도 유익하다"는 바울의 기쁨이 바로 이 시간 옥한흠 목사님의 기쁨이라 믿습니다. 그래서 목사님의 소천을 저는 멀리서나마 기뻐합니다. 오늘의 한국 목회자들이 목사님의 삶과 목회에서 옥처럼 빛나는 그의 고민과 고뇌와 겸손을 이어받기를 바랍니다. 그러면 목사님은 하늘에서 매우 기뻐하실 것입니다.

한완상 장로 · 전 부총리

옥한흠_은혜의 발걸음 한태수

2007년 6월 한목협 전국수련회에서

"한 사람을 그렇게도 소중히 여기면서 몸부림치시던 목사님!
제자훈련에 목숨 걸며, 주님 사랑에 그렇게도 잠 못 이루던 밤의 고통을
이제 나도 조금은 알 듯하다. 목사님께서 심어 주신 강력한 메시지와 모델을 통해
'한 사람을 크게 보는 목회는 큰 목회요,
한 사람을 작게 보는 목회는 작은 목회'라는 생각을 하게 되었다."

한 달 가까운 긴 시간을 말없는 침묵으로 말씀하시던 그 말씀이 귓가에 들려온다. 황혼에 붉게 물든 저녁노을 속에 넘어가는 태양이 여전히 아름답게 머물러 있는 목사님의 작품 사진을 보고 있노라면, 목사님도 이 사진의 태양처럼 조금은 더 우리와 함께할 것이라는 기대가 생겼고, 그렇게 목사님의 회복을 기다렸다. 다시 벌떡 일어나 복음의 불을 토하는 새날을 기대했다.

그러나 태풍 곤파스가 요란하게 한반도를 스쳐가면서 엄청난 비바람과 함께 목사님을 하늘로 옮겼다. 이 땅의 사람들이 너무나도 목사님을 그리워하며 붙잡고 놓아주지 않기에, 하늘의 눈물을 담아 이 땅에 뿌려 두고 이제는 좀 편안히 쉬시도록 하늘 문을 열고 인도하셨나 보다.

돌이켜 보면 목사님을 만난 것이 내 삶의 큰 은혜요 행복이었다. 조금도 방황하지 않고 기쁨으로 목회할 수 있는 길을 발견하게 되었던 것이다. 목회에 갈등과 문제가 생길 때마다, 새로운 비전을 품을 때마다 언제나 목사님의 말씀과 저서들은 내 목회의 교과서요 삶의 모델이었다.

한 사람을 그렇게도 소중히 여기면서 몸부림치시던 목사님! 제자훈련에 목숨 걸며, 주님 사랑에 그렇게도 잠 못 이루던 밤의 고통을 이제 나도 조금은 알 듯하다. 목사님께서 심어 주신 강력한 메시지와 모델을 통해 '한 사람을 크게 보는 목회는 큰 목회요, 한 사람을 작게 보는 목회는 작은 목회'라는 생각을 하게 되었다. 한 명을 만 명처럼 소중히 여기고, 만 명 속의 한 사람 한 사람을 소중히 여기며 섬기려고 힘쓰게 된 것이다.

뿐만 아니라, 성부 성자 성령께 미치도록 집중하여서, 성부 하나님의 큰 사랑을 가슴에 품고, 성자 예수 그리스도의 보혈의 능력으로 온 땅을 물들이며, 성령의 능력으로 사역하는 목회를 배웠다. 철저히 하나님의 능력에 의존하여 설교하고, 제자훈련 하며 살아가는 삶의 모습에서 나는 너무나 큰 영향을 받았다.

1986년에 제1기 '평신도를 깨운다 제자훈련 지도자 세미나'에 참석해서, '광인론' 첫 시간 강의에 깊은 도전을 받고 마음이 뜨거워졌다. 그날 이후 나는 사람에게 미쳐 지금까지 제자훈련 현장을 한 번도 떠나 본 적이 없다. 그때의 세미나는 제자훈련 및 목회의 기본기를 새롭게 다듬는 기회였다. 감미롭고 따뜻하면서도 송곳으로 찌르는 듯한 날카로운 질문 앞에 내 모습이 벌거벗겨지고 말았다.

그 후로도 가끔 목사님의 소그룹에 초대를 받아 식사를 나누면서 많은 격려와 사랑의 말씀을 받게 된 것을 잊을 수가 없다. '제자훈련 지도자 네트워크' 서울 지역 팀장으로 봉사하면서 여러 번 가까이서 만날 수 있는 기회를 갖게 된 것이 얼마나 큰 행운인지 모른다.

목사님은 한 번 잠깐 만나도 긴 여운을 남기시는 분이다. 아쉬운 마음을 달래려고 목사님이 쓰신 저서를 모두 구입하여 가장 가까운 책꽂이에 두고 언제나 읽고 또 읽어 본다. 수필집, 사진첩까지도 목사님의 숨결을 느낄 수 있다.

벌써 30년이 넘는 나의 목회생활 중에서 '제자훈련 옥한흠 목사님'을 빼고는 할 말이 없다. 지금도 제자훈련이라는 고가의 사역의 대가를 기쁘게 지불하는 것은 위대한 스승이요 멘토이신 옥한흠 목사님이 눈을 열어 주신 덕분이다. 목사님은 가셨지만 따뜻한 심장으로 외치시는 목사님의 목소리는 지금도 들려온다. 영원히 지울 수 없는 목사님 말씀은 나의 심장에 남아 숨 쉬고 있다.

"한 사람이 소중하다. 사람에게 미쳐야 한다."

"작은 예수가 되라."

"사람을 세우는 제자훈련 이외에는 미래 목회의 대안이 없다."

지금도 그 말씀들이 잔잔한 파도가 되어 내 속에서 계속 들려온다.

목사님이 평소에 하시던 귀한 말씀들을 가슴에 담았다. 그 말씀이 하나둘씩 실현되고 있다. 주님의 품에 안긴 목사님을 육신으로는 볼 수 없지만, 그 흔적은 우리에게 남아 제자훈련 후예들에게 계속 이어지고 있다.

한태수 목사 · 은평성결교회

옥한흠_은혜의 발걸음 허원구

> "이 모든 나의 사역 곁에 바로 옥 목사님이 계셨다.
> 교단이 다름에도 아랑곳하지 않고 얼마나 세밀하게 챙겨 주셨던지.
> 직접 오셔서 말씀 집회를 해주시고 교회 위에 더욱 기름을 부어 주셔서
> 계속해서 부흥의 불이 붙게 해주셨다."

칠레 선교 사역을 마치고 다시 선교사의 마음으로 돌아온 한국에서 시작한 나의 목회는 '평신도를 깨운다 제자훈련 지도자 세미나'를 통해 옥한흠 목사님을 다시 만남으로 새롭게 열렸다. 내 가슴은 다시 새롭게 '한 사람 철학'으로 불타올랐다. 고착화된 전통 교회가 서서히 깨어나기 시작했다. 교회는 힘을 얻고 부흥하기 시작했다. 14년이 지나면서 부산 산성교회는 제자훈련 목회의 한 모델로 자리 잡고 선교사를 62명이나 파송하는 역동적인 교회로 탈바꿈했다. 이 모든 나의 사역 곁에 바로 목사님이 계셨다. 교단이 다름에도 아랑곳하지 않고 얼마나 세밀하게 챙겨 주셨던지. 직접 오셔서 말씀 집회를 해주시고 교회 위에 더욱 기름을 부어 주셔서 계속해서 부흥의 불이 붙게 해주셨다. 그뿐 아니라 부산을 지나가시는 길에는 그 바쁘신 중에도 제자훈련 철학을 공유하는 제자들에게 꼭 전화로 안부를 물어오셨다.

한번은 모임도 주선하셨는데 마침 독감에 걸려 참석하지 못했다. 그런데 목사님이 직접 전화를 걸어 주셨다. "허 목사, 너무 열심히 하다가 병이 났구나.

조심해. 몸을 아껴야지" 하며 위로해 주셨다. 또 언젠가는 구역 지도자 훈련을 하면서 목사님이 집필하신 교재가 얼마나 은혜스러웠던지 온 지도자들이 풍성한 은혜를 받았다. 그래서 감사드리려고 전화를 걸었는데 의외의 말씀을 하셨다. "난 허 목사가 너무 부러워. 얼마나 좋을까!" 그땐 이미 은퇴하신 이후인지라 아마도 한창 제자훈련에 열중하시던 시절을 회상하면서 하신 말씀이라는 생각이 들었다.

나는 말씀을 통해, 책을 통해, 훈련을 통해 목사님을 만났다. 지난 14년의 목회 사역 중에 늘 곁에 있는 목회 멘토로 지금까지 만남을 계속해왔다. 만약 목사님을 만나지 못했더라면 내 목회는 어떻게 되었을지 생각만 해도 아찔하다.

척박하기로 소문난 부산의 목회 풍토에서 6년 만에 제자훈련이 정착되고 부흥을 계속하자 교회는 50년 만에 처음으로 담임목사에게 안식년을 허락해 주었다. 안식년 후 돌아왔더니 선임 장로님이 놀라운 말씀을 하셨다. "목사님께서 제자훈련 목회를 잘해 주셔서 자리를 비우신 동안에도 교회가 평안하고 부흥했습니다."

내 마음은 기쁨으로 넘쳐났다. 그리고 또 7년 교회는 성장을 계속했고 나에게 두 번째 안식년을 허락해 주었다. 안식년 중 애틀랜타에서 목사님의 입원 소식을 듣고 너무 안타까웠다. 아직도 할 일이 너무 많으신데, 그리고 수많은 제자들의 사역을 뒤안길에서 격려하고 동행해 주셔야 하는 멘토이신데….

"주님, 목사님을 조금만 더 저희 곁에 머물게 해주십시오." 간절한 기도가 터져 나왔다. 내 인생의 등불이고 위로자이며 멘토였던 사랑하는 목사님의 쾌유를 그렇게 기원했는데 안타까운 마음 그지없다.

허원구 목사 · 산성교회

옥한흠_은혜의 발걸음 홍정길

2000년 6월 한목협 전국수련회에서 홍정길 목사와

"기독교에서 성자는 핍박하는 이교도에 의해 탄생하기도 했지만,
교권이 휘두르는 잔인한 칼날에 성자의 반열에 오른 사람도 많습니다.
거대한 난공불락의 성과 같은 교권의 독소를 제거하기 위한
옥한흠 목사님의 선한 싸움이 하나님의 부르심으로 끝이 났습니다."

19 68년, 처음 옥한흠 목사님을 만났습니다. 총회신학교에 입학하고 아직 신학의 진미도 모르던 시절, 1년 후배였던 옥한흠 목사님의 성실한 학교생활은 깊은 인상을 주었습니다. 2학년이 되면서 후배들과 스터디 그룹을 만들어 면학 분위기를 조성했는데, 공부에 열심인 옥한흠 목사님의 모습이 지금도 선명합니다.

옥한흠 목사님이 목회한 시기는 한국 교회의 융성기였다 할 수 있습니다. 뜻이 맞는 동지들은 '교회가 이처럼 활발하게 펼쳐져 나갈 때 주님이 기뻐하시고 성경에서 말하는 목표를 가진 교회가 점점 자라고 있으면 한국 교회는 이전과 다른 모습이 될 것이다'라는 마음으로 전심으로 목회를 했습니다.

한국 교회는 종교개혁 시기에 이미 확립된 만인제사장이란 진리가 유교 문화에 이식되면서 무늬만 개신교였습니다. 교회의 중심은 목회자였습니다. 이런 통념이 목회 현장을 지배하던 시절 옥한흠 목사님은 강단에서만 '읽히던' 성경을 성도 개개인이 '읽는' 성경이 되게 했습니다. 당시 신학 훈련을 해야만 볼

수 있다던 성경이었지만, 성령의 조명을 받아 누구든지 성경을 읽으면 최고의 스승이신 성령님께서 우리를 진리 가운데로 인도하실 것을 믿었습니다. 또 평신도를 깨우는 제자훈련에 평생 심혈을 기울여서 오늘날 사랑의교회와 국제제자훈련원을 일으켰습니다. 이것은 한국 교회가 평신도 중심으로 방향을 잡은 계기가 되었습니다.

옥한흠 목사님의 목회 중심 사역이 너무 분명해서 다른 사역들은 잘 드러나지 않습니다. 그렇지만 목사님은 하나님이 기뻐하시는 일을 광범위하게 섬기고 헌신했습니다. 오늘의 연변과학기술대학, 장애인을 향한 사랑, 빈민 구제, 대북 지원, 청년 학생 운동 등이 그 열매입니다.

돈과 힘이 있는 곳에 악이 싹트고 타락의 영들은 그 속에 깊은 저주의 주문을 심어 넣습니다. 한국 교회가 힘없고 어려웠을 때는 문제가 있어도 작은 문제에 불과했지만, 100만 그리스도인이 1000만 그리스도인으로 성장하면서 그 속에 모인 돈과 힘은 10배, 50배로 자랐고 그 안의 악은 100배로 자라났습니다. 옥한흠 목사님은 항상 "이 땅에 빛과 소금이 되어야 할 주님의 교회에서 오히려 사회에서도 일어나서는 안 될 일들이 계속 발생하다니, 특히 내가 속한 교단이 가장 추악한 일을 자행하다니, 가장 이기적이고 독선적이라니!"라고 탄식하곤 했습니다.

이 어처구니없는 현실 속에서 목사님은 한국 교회가 바로 서야 한다는 일념으로 과감하게 교회 갱신 운동을 펼쳤습니다. 가까운 지인들은 바위에 계란치기다, 해야 할 다른 일이 태산 같은데 거기에 에너지를 다 쏟으면 어떻게 하느냐, 아무 소득 없는 일에 힘쓰지 말라고 만류했지만, 그럼에도 불구하고 목사님은 교회갱신을위한목회자협의회를 만들고 교단마다 뜻있는 동지들을 모아서 한국 교회를 바로 살리는 운동을 펼쳤습니다.

옥한흠 목사님은 한국 교계에서 비리로 얼룩진 후임 목사 선임 문제에 모범을 보였습니다. 그 혼탁을 깨는 유일한 방법은 자신이 모범을 보이는 것이라 결심했던 것 같습니다. 목사님이 제게 오정현 목사님을 후임으로 정했다고 말씀하셨을 때, 저는 두 사람의 스타일을 너무 잘 알기 때문에 후임으로 적당하지 않은 사람이 아니냐 얘기했습니다. 그때 목사님이 이렇게 말씀하셨습니다. "내 시대에는 나다운 목회를 해야 하고, 다음 시대에는 오정현 목사와 같은 사람이 정답일 것입니다." 세계 교회 역사상 부흥하고 발전한 교회가 한 대가 지나면 동력을 잃고 마는데 사랑의교회는 지금 2대째를 맞아 더욱 탄력을 받아 힘 있게 전진하는 모습을 보여 주고 있습니다. 오정현 목사님을 후임으로 정한 데에는 이렇게 깊은 뜻이 있었습니다.

목사님은 한국 교회에 내재된 비리와 고통, 암처럼 번져 가는 악을 껴안고 제거하기 위한 몸부림을 치다가 2010년 9월 2일 주님의 부름을 받아 가셨습니다. 기독교에서 성자는 핍박하는 이교도에 의해 탄생하기도 했지만, 교권이 휘두르는 잔인한 칼날에 성자의 반열에 오른 사람도 많습니다. 거대한 난공불락의 성과 같은 교권의 독소를 제거하기 위한 목사님의 선한 싸움이 하나님의 부르심으로 끝이 났습니다. 여기 그분의 영혼을 평생 담은 그릇이 관 속에 누워 있습니다.

그러나 이것이 전부이고 끝이 아닙니다. 옥한흠 목사님은 달려갈 길을 마치고, 주께서 주실 상급을 바라보는 개선대 앞에 서 계십니다. 지금 우리, 믿음의 눈을 뜨고 보좌를 바라봅시다. 믿음의 귀를 열어 하늘의 음성을 들읍시다.

"또 내가 들으니 하늘에서 음성이 나서 이르되 기록하라. 지금 이후로 주 안에서 죽는 자들은 복이 있도다"(계 14:13). 하늘의 음성이 들린 다음 성령께서 말씀하십니다. "그러하다 그들이 수고를 그치고 쉬리니 이는 그들의 행한 일이 따름이라 하시더라"(계 14:13). 이제 옥한흠 목사님은 천국에서 하나님 영광의 개선식에 이미 참여했습니다. 오늘 우리는 옥한흠 목사님의 영혼을 담았던 육체의 그릇 앞에 있지만, 그 영혼은 하나님의 영광의 보좌에 있음을 믿음의 눈으로 바라봅니다. 영광의 개선식이 펼쳐집니다.

그 장소는 어떤 장소입니까? "내가 너희를 위하여 처소를 예비하러 가노니…"(요 14:2-3). 주께서 우리를 위하여 예비하신 가장 소중한 처소입니다.

예비하신 그곳을 요한계시록 21장 21절은 "그 열두 문은 진주니 각 문마다 한 개의 진주로 되어 있고 성의 길은 맑은 유리 같은 정금이더라"라고 말합니다. 천국에 맑은 유리 같은 황금 길을 깔아 놓았다고 했습니다. 왜 황금일까요? 황금은 세상이 귀히 여기는 최고의 가치이기 때문입니다. 황금 앞에서 머리 숙이지 않을 사람은 거의 없습니다. 그러나 주님께서는 말씀하셨습니다. "너희가 알거니와 너희 조상이 물려준 헛된 행실에서 대속함을 받은 것은 은이나 금 같이 없어질 것으로 된 것이 아니요 오직 흠 없고 점 없는 어린 양 같은 그리스도의 보배로운 피로 된 것이니라"(벧전 1:18-19). 옥한흠 목사님은 지금 황금 길을 발아래 두고 걷고 계실 것입니다.

또 성경은 열두 진주 문을 이야기합니다. 진주는 무엇입니까? 진주는 고통이 만들어 낸 보석입니다. 조개는 살에 파고든 이물질의 고통을 잊기 위해 계속해서 진액을 덧바릅니다. 세월이 진주의 크기를 결정합니다. 얼마나 고통받았느냐가 얼마나 큰 진주가 되는지를 결정합니다. 천국에서는 주먹보다 더 큰 진주로 문을 만들어 "수고했다. 네 고통을 내가 알고 네 눈물을 내가 안다" 하시며 주님께서 열두 번이나 위로하실 것입니다.

우리는 주께서 마련하신 최상의 아름다운 집에서 영원히 거할 것입니다. 그곳에서 우리는 다시 만날 것입니다. 이 땅은 이별의 땅입니다. 우리 인생은 사실 이별의 보고서입니다. 곳곳에서 이별의 아픔을 겪으며 삶을 삽니다. 그런데 천국은 아픔도 고통도 이별도 없는 땅입니다. 그곳에서 다시 만날 것입니다.

옥한흠 목사님은 그 땅에서 먼저 가신 사랑의교회 성도들을 만날 것이고, 박

윤선 목사님, 손양원 목사님, 주기철 목사님도 만날 것이고, 좋아하셨던 어거스틴과 성 프란체스코도 만날 것입니다. 황금 길과 빛나는 보석 집, 아름다운 사람들과의 만남도 소중하지만 천국의 클라이맥스는 나의 왕 되신 우리 주님이 그 면류관을 들고 환영해 주시는 것입니다. 주님이 뛰어나와 옥한흠 목사님 두 눈의 눈물을, 그가 한국 교회를 위하여, 목회 현장에서 흘렸던 고통의 눈물을 씻어 주시며 그 머리에 면류관을 씌워 주실 것입니다.

오늘 이 시간 우리는 그 영혼이 누리는 영광의 개선식을 바라봅니다. 그래서 우리는 천국환송예배를 드립니다. 우리는 환송했기 때문에 반드시 다시 만날 것입니다. 영원히 이별 없는 그 땅에서 목사님을 만날 것입니다.

혹자는 기독교가 내세만 중시하고 현실은 무시한다고 말합니다. 이만큼 사실이 아닌 말도 없습니다. 순간이 순간으로 마모된다고 믿는 사람과 순간이 영원의 한 시점이라고 생각하는 사람은 똑같이 순간을 대할 수 없습니다. 우리에게는 하나님의 영원이 기다리고 있습니다. 우리 모두를 위하여 기다리고 있습니다. 이것을 믿지 아니하기에 이 땅이 전부라 여겨 오염 속을 헤매며 타락할 수밖에 없습니다. 우리는 그 영원 아래서 다시 이별이 없는 만남을 예수 그리스도 안에서 누릴 것입니다. 그때까지 이 땅에 남아 있는 우리는 주님이 기뻐하시는 뜻을 이루어 나가야 하고, 주님의 소원이 이루어지는 교회가 되도록 힘써야 합니다. 교회가 있기에 세상 사람들이 예수님이 누구신 줄 아는 이런 축복이 이루어지는 사랑의교회가 되기를, 그리고 한국 교회가 되기를 진심으로 소원합니다.

홍정길 목사·남서울은혜교회

옥한흠_은혜의 발걸음 **황병구**

2009년 12월 송구영신예배에서

"의외로 그 시간 가운데 제가 접했던 목사님의 설교는
따뜻한 목자의 음성이었다기보다는 아들을 꾸짖는 아비의 음성으로 기억됩니다.
신기했던 것은, 보통 혼나는 설교를 들으면 맘이 상하기 마련인데
저의 느낌은 늘 '좀더 혼나고 싶다'는 것이었습니다."

옥한흠 목사님이 하나님의 부름을 받으시던 그날 아침, 그 사실을 알리는 문자 한 통을 받았습니다. 문자를 보내 준 이는 10년 가까이 목사님의 비서로 일했던 자매였고 저는 그날 출근길 트위터에 이런 글을 남겼습니다.

"오늘 아침 옥한흠 목사님의 비서로 일했던 자매님에게서 목사님이 소천하셨다는 문자 한 통을 받았습니다. 가장 가까운 이들에게서 가장 존경받으셨던 그분의 인품과 신앙을 기억하게 됩니다. 주님, 저도 부활을 믿습니다."

입관예배에 참석한 후 조문을 마치고 빈소에서 그 자매를 만날 수 있었습니다. 사실 이젠 비서가 아니고 유족의 일원으로 장례를 치르고 있었습니다. 자매를 아끼셨던 목사님께서 급기야 조카며느리로 삼으셨던 것이죠. 그간의 안부를 나누면서 제가 트위터에 남긴 글을 이야기해 주는데, 자매는 다시 눈물을 글썽였습니다. 일생에 그런 분을 섬기는 자리에서 만난 것은 분에 넘치는 시간이었다는 목이 멘 고백이 이어졌습니다.

저와 그 자매는 작은 지역교회에서 주일학교와 중고등부, 청년대학부를 함

께 다녔고, 딸만 넷이었던 그 댁 어머님을 지금도 편하게 '어머니'라고 부를 수 있는 몇 안 되는 사이이긴 합니다. 다른 대학을 다녔지만 선교단체 생활과 캠퍼스 연합운동도 함께했고, 당시 제가 하던 노래 운동을 행정으로 도와주던 때도 있었습니다. 1993년 봄쯤으로 기억합니다. 선배를 통해 옥한흠 목사님의 비서직을 제안받고 고민하던 자매에게 공원에 앉아 선배의 조언이라며 해주던 이야기가 떠오릅니다.

"그런 신앙의 거인을 곁에서 모신다는 것은 어쩌면 더 괴로운 일이 될지도 모르겠다. 대중의 존경을 받으시는 분의 목회 현장과 개인의 일상사를 다 알고도 여전히 마음을 다해 섬긴다는 것이 과연 가능할까? 고민스럽겠다."

그러나 이 설익은 염려는 기우였습니다. 이후 비서로 일하던 자매의 한결같은 고백을 빌리자면, 목사님의 일상을 알아 가면 알아 갈수록 더욱 그 인격에 감복할 수밖에 없었다고 했습니다. 비서로서 교회 조직의 연약한 모습을 보게 될 때에도, 교계의 진실치 못한 상황에 몸서리치면서도, 목사님의 변함없으신 신앙의 길을 지켜보면 성심을 다해 도울 수밖에 없었다는 것이었습니다. 그저 순진하고 착한 성격이라기보다 똑 부러지고 냉철했던 비서의 마음 깊은 곳에서, 오랜 교회 오라버니였던 제게도 일상과 신앙의 직언을 아끼지 않던 누이의 입에서 나온 그 고백은 참이었습니다.

저는 늘 이런 식으로 저와 가까운 이들의 증언과 고백을 통해 목사님을 알아 갔습니다. 체온을 느끼는 거리에서 목사님께 손수 가르침을 받은 적은 없지만, 한동안 주변 분들은 다 저를 사랑의교회 대학부 출신으로 오해하시기도 했습니다. 워낙 사랑의교회 대학부에 함께 어울리던 친구와 후배들이 많았고, 제가 참여하고 섬기던 모임들이 주로 사랑의교회 소망관과 친교실 인근에서 이루어졌기 때문이기도 했습니다.

의외로 그 시간 가운데 제가 접했던 목사님의 설교는 따뜻한 목자의 음성이었다기보다는 아들을 꾸짖는 아비의 음성으로 기억됩니다. 신기했던 것은, 보통 혼나는 설교를 들으면 맘이 상하기 마련인데 저의 느낌은 늘 '좀더 혼나고 싶다'는 것이었습니다. 몰래 잘못을 저지른 자녀가 결국 부모에게 들통 나서 혼쭐이 나고서는 '들킬까 봐 조마조마했던 시간은 참 괴로웠는데 혼나고 나니 맘이 편하다'는 느낌이랄까요. 이 시대와 교회와 그리스도인 개인이 하나님 앞에서 어떻게 행해야 마땅한지를 주저 없이 훈계하실 때면 우리의 숨은 마음이 드러나고 하나님의 의를 더 명료하게 의식하게 되는 시간이었습니다. 한양대학교에서 있었던 '선교한국 96대회'에서 해주신 말씀도 "하나님의 선교에 동참하려면 제자답게 똑바로 살아라"라는 말씀으로 들렸고, 특별히 상암월드컵경기장에서 열린 '2007 평양대부흥 100주년 기념집회'에서 전하셨던 한국 교회의 각성을 촉구하는 말씀과 참회의 기도는 장례 기간 내내 몇 번씩 다시 보며 눈물을 삼켰던 유언의 메시지였습니다.

추상같은 말씀과는 달리, 다음 세대를 대하시는 태도는 의외로 넉넉하셨습니다. 풋내기처럼 보였던 기독 대학생들의 각종 운동에 기대 이상의 관심과 지원을 보내 주셨고, 교회의 시설과 공간을 자유롭게 쓸 수 있도록 배려해 주신 것도 기억에 남습니다. 목사나 간사, 전도사 같은 전임 사역자가 아닌 대학생 리더들의 헌신과 도전도 격려하시고 지켜보아 주셨습니다. 지금의 각종 선교단체와 기독운동단체들이 나름 그 역할을 해내고 있는 모습 뒤편에는 이렇게 젊은 시절에 옥한흠 목사님 같은 진실한 영적 지도자의 응원을 받은 일꾼들이 그 길을 포기하지 않고 계속 가고 있기 때문이라는 생각을 하게 됩니다. 특별히 저는 개인적으로 '평신도'로서 그 좁은 길에 동행하고 있음을 자랑스럽게 여기며, 목사님이 깨우신 평신도 중의 한 사람이라고 조심스레 자부해 봅니다.

제 서가 한편에는 목사님의 사진 묵상집이 꽂혀 있습니다. 목사님이 직접 찍으시고 묵상의 글을 적으신 잔잔한 화보입니다. 비서로 일하던 자매가 증정본

중에서 선물로 챙겨 준 귀한 사진집입니다. 이렇게 맑으신 분이 하나님의 교회를 살리시기 위해 뼈를 깎는 고통을 감내하시고 스스로에게 회초리를 대셨던 것을 생각하면 마음이 저밉니다. 아마 하나님께서 목사님의 일생 중 우리 눈에 비쳤던 귀하고 아름다운 부분을 인화하신 후, 사랑의 글을 적으셔서 목사님께 손수 보여 주시고 "잘하였다. 애썼구나, 내 아들아…" 하시며 영원한 나라에서 즐거운 '애프터'를 하고 계시리라 기대해 봅니다.

목사님의 장례 일정 마지막 날, 저는 현장에는 가지 못하고 사무실에서 맡은 일을 하고 있었는데 집에 있던 제 아내가 문자 한 통을 받았습니다. 사랑의 교회에서 10년 가까이 성가대 반주자로 섬기다가 지금은 지방에서 후학을 가르치는 친구에게서 온 문자였습니다. 목사님의 장례에 참석하고 돌아가는 길이라며, 아버지같이 존경했던 분의 마지막 길을 찾아뵙지 못하면 맘에 큰 짐이 될 듯하여 힘든 시간을 별려서 왕복 하룻길을 오가게 되었다는 안부였습니다.

물론 목사님께서 직접 기르고 가르쳤던 분들과, 사역의 동반자로 기둥 같은 역할을 감당하셨던 분들에게도 더없이 사랑과 존경을 받으셨던 목사님이지만, 이른바 '사역자'나 '지도자'가 아닌 평범한 이들의 마음속에 이렇게 오래도록 남아 계시다는 것을 또 한 번 확인했습니다.

목사님은 평신도를 깨우는 '회초리'이자 '경종'이셨고, 깨어난 평신도에게 아바 아버지의 모습을 대신 보여 주셨던 '걸어 다니는 하늘아버지 학교'였습니다. 그 모습을 오래 기억하겠습니다.

황병구 편집위원장·월간 〈복음과상황〉

"교역자에게 구원의 감격이 주는 은혜가 마르면 죽음입니다.
공동묘지인 것입니다.
그러므로 은혜의 감격이 서서히 식어 가는 줄 알면
비상대책을 세워야 합니다.
이것은 내가 시한부생명이 되어 간다는 신호이니까
비상대책을 세워야 됩니다."

'그러나의 은혜' 중에서

에 필 로 그

10년 9월 2일 아침, 목사님이 하나님 품에 안기셨다는 믿을 수 없는 이야기가 귓전을 때렸습니다.

"아직 하실 말씀이 많은데…."

"우리가 더 많은 말씀을 들어야 하는데…."

목사님의 소천 시기를 앞뒤로 해서 만나는 분들에게서 표현은 달랐지만 거의 대동소이한 내용을 반복해서 들었습니다.

도무지 꿈만 같았습니다. 훈련원 4층에 계시던 목사님께서 5층에 있는 저의 방문을 불쑥 열고 들어오실 때 항상 똑같이 반복적으로 하셨던 말씀이 있습니다. 늘 비슷한 톤으로 '잘 지내냐. 별일 없지'라는 말씀을 하시고, 사무실을 한번 휘 둘러보신 후 '잘해라'는 함축적인 한마디를 덧붙이시고는 사무실을 휙 나가셨습니다.

뵐 때마다 같은 어조로 반복해서 말씀하신 '잘 지내냐. 별일 없지. 잘해라'는 인사같이 평범한 말은 없습니다. 하지만 가만히 생각해 보니 경건의 권위가 도전받고 있는 세대를 갈파하면서, 교회의 교회다움과 그리스도인의 그리스도인다움이 조금이라도 더 확장성과 깊이를 가지면 좋겠다는 의미에서 그 말씀들은 정신이 번쩍 나게 하는 채찍이었고, 동시에 격려였습니다. 지금 이 글을 쓰고 있는 이 순간에도 자꾸만 목사님께서 불쑥 문을 열고 들어오시면서 '잘 지내냐'라고 말씀의 서두를 꺼내시고, 언제나처럼 '잘해라'는 함축적인 말씀을 툭 던지시고 문을 나서실 것 같아 자꾸만 문 쪽을 쳐다보게 됩니다. 사실 '잘해라'는 그 말씀을 독특한 그분의 음성으로 자연스럽게 다시 들을 수 없다는 것이 아직도 믿기 어렵고 생각할 때마다 마음이 정돈되지 않습니다. 그러나 마음을 추슬러 기도의 두 손을 모을 때마다 "'예수님의 신실한 제자가 되기 위해, 그리고 교회의 새로움'을 위해 내가 나름의 발걸음을 떼었으니 흔들림 없이 지속적으로 나아가라"는 메시지가 마음 깊은 곳에서부터 큰 울림이 되어 올라오는 것을 온몸으로 느낍니다.

 목사님께서 늘 염려하셨던 것처럼 지금은 그 어느 때보다 경건의 권위가 불신을 당하고 교회의 존립 자체가 위협을 받고 있는 시대입니다. 그러나 평소 목사님께서 '잘해라'라고 말씀하신 이유를 깊이 이해하는 귀한 분들의 소중한 글들을 통해서 다시 한 번 주님의 교회만이 영원한 희망인 것을 증언할 수 있는 새로운 힘을 얻습니다.

 이제 정말 목사님의 음성을 직접 들을 수 없는 현실이 되어 버렸습니다. 그렇지만 목사님께서 끊임없이 외치셨던 '제자훈련과 주님 교회의 새로움'을 늘 기억하며 '잘하기 위해' 애쓰다가 영원한 하나님의 집에서 목사님을 뵈었을 때 부끄럽지 않은 열매를 가지고 자신 있게 만날 수 있는 시간을 기다리고 기대하며 귀한 책을 닫습니다.

이상화 목사 · 〈크리스채너티 투데이 한국판〉 편집인